杭州市第四届重大教育科研成果

从"甜点"到"配餐"
项目化学习的学校探索

周华松 沙立国 杨封友◎著

东北师范大学出版社
NORTHEAST NORMAL UNIVERSITY PRESS

前　言

1. 时代发展的呼唤

教育是面向未来的事业，旨在培养学生具备适应并引领未来发展的素养。世界经济和科学技术的迅猛发展，如蒸汽时代的蒸汽机、电气时代的发电机、信息时代的计算机和互联网、人工智能时代的机器学习，正日益深刻地改变着人类的生产和生活方式。进入21世纪，科学技术突飞猛进，知识经济已见端倪，国际局势风云激荡，百年未有之大变局加速演进，人才竞争日趋激烈。

未来社会将在数智化、人才复合化等方面呈现出重要特征，个体是否成功越来越依赖于能否持续学习和适应。在这个"知识爆炸""数智进化""瞬息万变"的新时代，不仅要求学生掌握深厚的学科知识，更要求他们具备创新精神、批判性思维、有效沟通、团队合作等素养，具备创造性地处理庞杂信息、解决实际问题的能力。这就给教育提出了挑战，单一的知识学习、以考试成绩为导向的教育模式已难以满足这些新的要求。教育方式和学习方式需要与时俱进，以培养适应未来社会发展需要的新一代公民。

新时代以中国式现代化全面推进中华民族伟大复兴，在经济、政治、文化、社会与生态文明等方面致力于实现国家的富强、民主、文明、和谐，让人民拥有美好生活。科技与教育是支撑起民族振兴、国家繁荣的重要支点。我们要成为世界科技的中心，要成为教育的强国，就需要培养具有极强社会情感能力的人，有同理心、责任心、开放性思维，有自律能力、

懂得尊重他人,有优秀学习品质的新时代公民。在这样的时代背景下,教育要回应"培养怎样的人""怎样培养人"的问题。

2022年,新课程改革方案发布。我们需要深刻理解课程育人价值,落实育人为本理念,准确把握课程要培养的学生核心素养,培养学生正确的价值观、必备品格和关键能力,同时强化学科实践、推进综合学习。注重"做中学",引导学生发现问题、解决问题、建构知识、运用知识,加强知识学习与学生经验、现实生活、社会实践之间的联系。积极开展主题化学习、项目化学习等综合性教学活动,促进学生举一反三、融会贯通,加强知识间的内在关联,促进知识结构化。

2. 项目化学习概述

项目化学习可以追溯至约翰·杜威(John Dewey)的教育思想,主张学生应该通过参与现实世界中的经验来获得知识和技能。此后,杜威的学生克伯屈(William Heard Kilpatrick)于1918年9月首次明确提出"项目方式(project methods)"的概念,系统阐述了项目教学的理念,认为教育应该围绕有意义的活动进行。项目化学习(Project-based learning,简称PBL)作为一个学术概念,源于1958年美国医学院,从引入北美的创新健康科学课程演变而来,它是一种以学习者为中心的教学(课程)方法,使学习者能够整合理论和实践进行研究,并应用知识和技能来寻找到可行的解决方案。这种方法成功的关键在于选择劣构问题(通常是跨学科的)进行研究和学习的全过程指导,以及在结束时进行展评交流。

"项目"研究在"五四运动"时期开始传入我国,1927年克伯屈到中国进行讲学,使项目教学法得到了大力倡导,进入到中国学者的研究中。比如,张伯苓先生在南开小学先行试点了项目教学理念,陶行知随后也在他创办的晓庄学校里实施项目教学法。2001年4月,教育部颁布了《基础教育课程改革纲要(试行)》(教基[2001]17号),把综合实践活动作为必修课程实施,明确了综合实践活动的地位,主要是为了提高学生的研究能力,培养学生的创新精神,使学生能够形成游刃有余地解决问题的能力。从此以后,项目化学习逐渐成为中小学倡导的新型教学方式,得到了广泛应用。①

随着建构主义与学习科学的发展,项目化学习有了情境、建构、认知学徒制等理论依据,从而获得广泛的认同与推崇。以信息技术与人工智能为发展动力的21世纪呼吁人类具备新的技能、思维方式、工作方式,这对传统教育提出了巨大的挑战,而项目化学习因更有利于培养学生批判性思维与创造性思维、团队协作能力、解决问题等能力,从而能在更大范围内被实践运用。

作为专门研究项目化学习的机构,巴克教育研究所(Buck Institute forEcucation,简称BIE)将项目化学习界定为学生在一段时间内通过研究并解决一个真实的、有吸引力的和复杂的问题、课题或挑战,从而理解重要知识、发展关键能力。巴克教育研究所提出了项目化学习的八大"黄金准则",强调对核心知识的理解,在做事中形成专家思维,引发跨情境的迁移。②

关于项目化学习的特征,不同的学者有不同的见解。在国外,布德(Boud)和费莱蒂(Feletti)指出PBL提供了基于问题学习的哲学和策略的实践列表。杜赫(Duch)、格罗(Groh)和艾伦(Allen)描述了PBL使用的方法和开发的特定技能,包括批判性思考,分析和解决复杂的现实问题,寻找、评估和使用适当学习资源的能力;小组合作,展示有效的沟通技巧,并利用内容知识、技能成为持续学习者。③托普(Torp)和萨奇(Sage)将PBL描述为围绕调查和解决复杂的现实世界问题而组织的集中式体验学习,他们将学生描述为积极参与的问题解决者,在寻求根本问题的解决方案中成为自我导向的学习者。国内,刘景福和钟志贤认为项目学习

---

① 高艳.项目化学习在小学语文单元整体教学中的应用研究[D].武汉:华中师范大学,2021:13-14.

② [美]巴克教育研究所著,任伟译.项目学习教师指南:21世纪的中学教学法(第2版)[M].北京:教育科学出版社,2008:45-48.

③ Duch B J, Groh S E, Allen D E. Why problem-based learning? A case study of institutional change in undergraduate education[J]. In: Duch B, Groh S, Allen D, Eds. The power of problem-based learning. Sterling, VA: Stylus Publishing, 2001:3-11.

具有七大特征。[①]瞿少成、黄俊年和周彬基于刘景福的已有研究,运用建构主义理论分析了基于项目学习的学习过程,构建了复杂任务学习模型。有研究者总结了目前对项目化学习的构成要素主要从内容、活动、情境和结果这四个方面谈起。[②]为了更深入地解析项目化学习的特征,通常将项目化学习与主题式学习、STEAM学习(与STEAM教育不同)等进行对比。项目化学习一般具有如下特征:一是实践性,即项目化学习是解决实际问题的学习;二是深度性,即项目化学习是进行深度理解的学习;三是综合性,即项目化学习是达成多门学科整体建构的学习;四是创生性,即项目化学习是形成具体作品的学习。

  关于项目化学习分类也呈现多元化的理解,国内学者夏雪梅根据项目化学习所覆盖知识范围的大小、对学校课程的影响力度,将项目化学习划分为微项目化学习、学科项目化学习、跨学科项目化学习、超学科项目化学习四种课程样态。[③]也有学者将跨学科的项目学习作为一种新型的教学方式,强调学生的参与性和实践性,并在教师指导下完成的一种创造性综合学习活动,通过项目化学习的教学模式实现跨学科教学。学生通过一定时间的小组分工、合作交流学习,在解决项目任务的过程中,运用多学科的知识,打破学科间知识的壁垒,提升科学的思维能力。

  项目化学习设计是学习实施的关键。有学者在梳理STEAM教育理念和项目化学习特点的基础上,总结出了项目化学习的设计要求与步骤(主题设计、活动设计、环境设计、共同要素设计、评价设计)。[④]也有学者提出项目化学习的设计离不开对知识观的探讨,项目化学习是系统的学习设计,包括六个维度(核心知识、驱动性问题、高阶认知、学习实践、公

---

① 刘景福,钟志贤.基于项目的学习(PBL)模式研究[J].外国教育研究,2002(11):18-22.

② 张丽娟.项目式学习在小学语文阅读教学中的应用研究[D].成都:四川师范大学,2018:19-20.

③ 夏雪梅.项目化学习设计:学习素养视角下的国际与本土实践[M].北京:教育科学出版社,2018:17.

④ 吴红.STEAM教育中心项目学习设计研究[J].科教导刊(中旬刊),2018(11):31-32.

开成果、全程评价)。①不同的设计流程,但其出发点是一致的,即从"项目主题设计""项目实施设计""项目评价设计"三个方面展开项目化学习设计。

国内外对项目化学习实施的模式研究较为广泛,而项目化学习又是以设计作品为导向,以作品制作为过程,以作品的最终形成评估证据为特征,因此项目化学习实施主要围绕"项目制作"展开。从学生的角度出发,可以将项目化学习实施的流程或步骤总结为:解读任务、提取核心问题、建立问题情境与已有经验之间的联系、建构新知与新能、制作产品、作品公开与修正。在这个过程中还应考虑教师的行为,包括:提出驱动任务、为学生提供认知工具与信息资源(特别是相关网络资源与网络技术的使用)、请校外专家进校指导、协调学生之间的矛盾冲突、统筹项目学习的推进等,以帮助学生顺利制作项目产品。并且,教师行为应与学生行为有机联系起来。

随着实践与应用研究的深入,项目化学习效果也被国内外的专家广泛证实,孔利弗(Condliffe)评论了2016年之前三十多年来项目化学习重要的研究成果,发现在高质量的项目化学习和学生学习质量间有积极正向的关系。②后续的一系列研究表明,对于学习成绩一般或较差的儿童来说,项目化学习方法更为有效。这种以实际世界为焦点的学习方式能激发那些原本对学业缺乏兴趣的儿童的学习热情,从而提高他们的积极性与参与度,并促进主动学习。③同时,已有研究测试了项目化学习在影响学生的学习成效中的变量及相互作用的关系,创设了一些路径模型,如把输入变量(如问题的质量、教师的表现和学生的现有知识)、过程

---

① 夏雪梅.项目化学习设计:学习素养视角下的国际与本土实践[M].北京:教育科学出版社.2018:31-127.

② Geier, R. etal. Standardized Test Outcomes for Students Engaged in lnquiry-Based Science Curricula in the Context of Urban Reform[J]. Journal of Researchin Science Teaching,2008(8):922-939.

③ 夏雪梅.在学科中进行项目化学习:学生视角[J].全球教育展望,2019,48:83-94.

变量(如小组功能和花在自主学习上的时间)和学习结果联系起来,这些研究证明了问题质量会影响协作小组的运作,而协作小组的运作又会影响个人学习的时间,个人学习上花费更多的时间会使得学习成绩的提高。[①]之后其他学者进一步完善了该模型,认为项目化学习中的问题会促使以概念解释为导向的学习,也会促使学生在汇报交流阶段"更深入地讨论",这种深度的交流使得学生取得了更好的学习成效。[②]

在新一轮的研究中,尤其是新课标发布以来,学者们对项目化学习设计和实施有了进一步的认识,突出了真实问题解决和学科实践育人。并且,学者们通常认为项目化学习是跨学科的,但学科知识的深度理解是当前项目化学习中不可或缺的,项目包含知识的建构与转化,如果主要的项目活动对学生来说没有挑战性,只是知识的应用,或者只是已经学会的技能的呈现,其实并不是素养时代所倡导的项目化学习。[③]夏雪梅认为设计跨学科项目化学习的时候,遵循跨学科立场和学科立场,并通过项目建立起学生自己的跨学科立场分析的能力,跨学科项目化学习的整体设计逻辑应该呈现出从真实而复杂的问题到澄清问题中的不同学科视角再到整合学科视角形成新理解,反哺真实世界和学科世界的过程。具体包含提出跨学科的真实问题;选取可用于问题解决的指向各学科核心素养的知识和技能;学习不同学科的知识持续深入地解决;形成整合性的项目成果和新理解。[④]李兰按照课程设计、组织实施、总结评价的纵向线索,立足跨学科项目化学习的六个核心要素,系统思考基于标

---

① Gijselaers WH, Schmidt HG. Towards a causal model of student learning within the context of a problem-based curriculum[J]. Innovation in medical education:An evaluation of its present status,1990:95-114.

② Van Den Hurk M M,Dolmans D H J M,Wolfhagen I H A P,et al. Testing a Causal Model for Learning in a Problem-based Curriculu[J]. Advances in Health Sciences Education,2001,6(2):141-149.

③ 夏雪梅.在学科中进行项目化学习:学生视角[J]. 全球教育展望,2019,48:83-94.

④ 夏雪梅.跨学科项目化学习:内涵、设计逻辑与实践原型[J]. 课程·教材·教法,2022(10):78-84.

准的跨学科课程开发与实施的模型框架①。当前项目化学习的重要特征,逐步落在了解决问题完成项目的同时,实现对概念知识的深度理解,或者说对核心概念的再建构的过程。

未来已来,如何更好地寻找项目化学习与书本知识的对接点,更好地设计和实践,是一道摆在每个教师面前的时代考题,需要每一位教师整理思绪再出发,从学科课程标准和学科教学内容出发,在学科与学科间、学科与生活间探寻关联,生成主题,确立目标,聚焦目标设计驱动性任务、提供学科基础的支持(包含事实性知识、程序性知识、综合实践探究活动等),以达成对驱动性任务的深度理解,引发跨情境的迁移;持续思考学生在项目化学习中可能遇到的障碍,给予学生个性化辅导和评估,让项目化学习真正成为学生链接书本和生活的"锚点"。

3. 我们的行动

杭州市保俶塔实验学校始终关注人的可持续发展,在发展过程中始终坚持"面向全体"的公平观、"以德为先"的育人观、"差异发展"的课程观,扎实推进基础教育课程改革。这为推进项目化学习、形成教育主张奠定了坚实的基础。2001年《基础教育课程改革纲要》要求设置综合实践活动并作为必修课程,学校就开始探索科技、体育、艺术、综合实践等九年一贯制培养机制,开设信息技术、研究性学习、社区服务与社会实践以及劳动与技术教育等课程,培养学生的综合素养与实践能力。

2010年《国家中长期教育改革和发展规划纲要(2010—2020年)》中"以人为本、全面推进素质教育是教育改革发展的战略主题,其核心是解决好培养什么人、怎样培养人的重大问题,重点是面向全体学生、促进学生全面发展,着力提高学生服务国家服务人民的社会责任感、勇于探索的创新精神和善于解决问题的实践能力"。其间,学校立足于学教方式的改变,积极探索创新人才、特长人才培养模式,基于项目为师生成长搭

---

① 李兰.基于课程标准的跨学科项目化学习探索[J].现代中小学教育,2020(8):29-33.

从『甜点』到『配餐』项目化学习的学校探索

建舞台,以空间建设、课程平移、与高校协作联办等方式推进项目化学习,从"综合实践活动"逐渐聚焦到"STEM教育""跨学科项目化学习",以期引导学生围绕核心命题开展探究实践,让学生经历自主式的设计、制造、交流等学习过程,课堂里更多的是实践,教学变"先学后用"为"做中学"。如,创设科技、体育、艺术俱乐部,考察美国STEM教育,建设CCTSS创新实验室、航空航天实验室、乐高与机器人教室、智慧农场,周二下午两节课连排保障拓展性课程有序开展,承办"浙印"STEM课程平移、浙江省初中科学综合课程30周年暨国际科学教育学术研讨会等活动,每年举办以跨学科项目化学习为主题的"保俶春韵"学术节,组织跨学科项目化学习工作坊,以更好地研究教学。2013年以信息技术教师为主力针对运动场上如何提高校园服务水平,开展了《运动场上的关怀》主题活动,形成跨学科项目化学习案例,2016年通过对西湖21份水样的pH值、溶解氧、电导率等进行检测分析呼吁保护"西湖蓝",实践活动《西湖蓝,我们在行动》获浙江省青少年科技创新大赛一等奖,2019年陆源同学在拓展性课程活动中为患阿尔茨海默病的太外婆设计制造了"勿忘我"人像识别语音报告仪而引起广泛关注……从师生的实践中我们感受到了跨学科项目化学习的魅力,课题《指向"关怀与创造"的学科+项目化学习探索》被立为杭州市第四届教育科学规划重大课题、《课程视角下"学伴联盟"支持系统构建与运行的实践研究》被立为浙江省教育科学规划2021年度重点课题(2021SB001)、《基于跨学科学习的STEAM课程开发与实施范式研究》被立为全国教育科学"十三五"规划2019年度教育部重点课题(DHA190443),在研究中逐渐形成了"以关怀激发创造、以创造实现关怀"的教育主张,总结了跨学科项目化学习样式,建构了关怀圈层模型、创造层级模型及评价量表,并申报市、省、国家级教学成果,《指向"关怀与创造"的跨学科项目化学习十年探索》获国家级教学成果二等奖。

总之,我们在实践中努力思考和变革,寻求"教、学、评"上理念和方式的改变。在实践中,我们主张为思维而教、指向深度学习,建设素养导向的课堂教学模型,倡导在学伴协作下解决真实问题,培养创新实践能力,让学生在学习的意义建构过程中发挥积极作用,努力解决如何确定真实性问题、如何转化素养目标、如何让孩子亲历学科实践以及如何设计表现性、过程性、增值性评价等现实问题。

4. 本书的结构与内容概览

本书以《从"甜点"到"配餐"：项目化学习的学校探索》为名，从"甜点"到"配餐"喻指项目化学习在教学中的角色变化，反映学校项目化学习从"拓展性课程"到"基础性课程"、从"跨学科"到"学科+"、从"少数学生"到"全体学生"的推进实施过程。

全书共分六章：一是我们的教育主张，二是跨学科项目化学习的设计与实践，三是学科项目化学习的设计与实践，四是项目化学习的内容开发，五是项目化学习的评价设计，六是项目化学习的推进策略。首章阐述让孩子传承关爱、让孩子亲历创造、让师生体验自我实现等主张，第二章至第五章分别从不同角度总结项目化学习的设计、实施和评价，第六章探讨如何将项目化学习深入学校文化和日常教学。全书展现了学校教师对项目化学习的理性认识、实施策略、量表开发、案例分析、教师研训等实践性智慧。

通过本书，我们希望能够为教师和广大教育工作者提供一种全新的教学视角和实践策略，帮助他们更好地理解和开展项目化学习，以培养学生面对未来挑战所需的核心素养。同时，我们也期待这本书能够激发更多关于教育创新的思考和对话，共同推动教育的持续发展和进步。

5. 致谢！

本研究在省、市、区教育行政部门和研究机构的大力支持下逐渐展开，它们为学校开展项目化学习建立了研究的机制，提供了发展的空间，搭建了展示的平台。其间，我们得到了教育部人文社科重点研究基地华东师范大学课程与教学研究所所长崔允漷教授，教育部跨学科教学指导专委会委员郭华教授，原浙江省教育厅教研室任学宝主任，浙江省教育科学研究院朱永祥院长，浙江省教育厅教研室张丰副主任、管光海博士，浙江大学顾建民教授、刘正伟教授、刘徽教授，杭州师范大学项红专教

授、蒋永贵教授等专家学者的倾情指导和鼎力帮助,更得益于学校全体师生对学教方式变革进行持之以恒的探索与实践。值此研究成书之际,对各单位、专家学者、全体师生致以最诚挚的感谢!

周华松

2024年1月7日

序

当我们站在教育的十字路口,试图寻找那条能引导学生走向全面发展、自我实现的道路时,杭州市保俶塔实验学校的项目化学习实践就如同一盏明亮的灯塔,为我们照亮了前行的方向。这本《从"甜点"到"配餐":项目化学习的学校探索》就是他们多年实践的结晶,是他们用心血和智慧写下的教育诗篇。

项目化学习,是一种以学生为中心,以问题为导向,通过实际操作、亲身体验来获取知识和技能的教学方式。在杭州市保俶塔实验学校,这种学习方式已经深入人心,成为学校教育的一大特色。几年来,学校始终坚信每个孩子都有创造的潜能、关怀的意愿,指向"关怀与创造"的项目化学习成功地把这种潜能和意愿联系了起来。学校由点到面,在课程建设、学教方式、素养评价上积极探索,让项目化学习从"零星实践"走向"系统推进",从最初的尝试,到现在的全面发展,他们的探索历程充满了挑战和创新,也收获了满满的成果和喜悦。

这本书的标题,《从"甜点"到"配餐":项目化学习的学校探索》,形象地揭示了项目化学习在学校教育中的地位和作用的转变。最初,项目化学习可能只是一种尝试,一种补充,如同餐后的一道甜点,给学生的学习生活增添一些乐趣和新鲜感。然而,随着实践的深入,他们发现,项目化学习不仅能够激发学生的学习兴趣,提高他们的实践能力,还能培养他们的创新思维和解决问题的能力。因此,项目化学习逐渐从"甜点"变成了"配餐",成了学校教育中不可或缺的一部分。

从「甜点」到「配餐」项目化学习的学校探索

这本书的内容,就是杭州市保俶塔实验学校在项目化学习实践中的经验总结。他们分享了如何设计项目,如何引导学生参与,如何评估学生的学习成果,以及如何处理实践中遇到的问题和挑战。他们的经验,既有成功的案例,也有失败的教训,但都是宝贵的财富,都值得我们去学习和借鉴。

我相信,这本书的出版,将对我们的教育实践产生深远的影响。它不仅为我们提供了项目化学习的实践经验和操作指南,更为我们展示了一种全新的教育理念和教育方式。在这个信息爆炸、知识更新迅速的时代,我们需要更多的创新和探索,才能培养出适应未来社会的人才,而杭州市保俶塔实验学校的项目化学习实践,无疑为我们提供了一条可行的道路。

最后,我要向杭州市保俶塔实验学校的领导和老师们表示衷心的感谢和崇高的敬意,他们的勇气和智慧,他们的付出和坚持,都让我们深受感动和启发。我相信,在他们的引领下,我们的教育将迎来更加美好的明天。

是为序。

教育部基础教育指导委员会委员、跨学科专委会主任委员
中国教育学会学术委员、浙江省教育学会副会长

2024年1月23日

目录

第一章　我们的教育主张 ……………………………………001
　　第一节　让孩子传承关爱 ………………………………003
　　第二节　让孩子亲历创造 ………………………………015
　　第三节　让师生体验自我实现 …………………………028

第二章　跨学科项目化学习的设计与实践 …………………041
　　第一节　以"分析"为中心的学习 ………………………043
　　第二节　以"设计"为中心的学习 ………………………057
　　第三节　以"建构"为中心的学习 ………………………073
　　第四节　以"展评"为中心的学习 ………………………090

第三章　学科项目化学习的设计与实践 ……………………103
　　第一节　学科项目化学习的基本特征 …………………105
　　第二节　学科项目化学习的设计策略 …………………115
　　第三节　学科项目化学习的组织样态 …………………129

第四章　项目化学习的内容开发 ……………………………………171
　　第一节　内容开发的基本原则 ………………………………173
　　第二节　内容开发的类型路径 ………………………………192
　　第三节　项目化学习的作业设计 ……………………………241

第五章　项目化学习的评价设计 …………………………………255
　　第一节　行为导向的评价工具 ………………………………257
　　第二节　促进学习的评价实践 ………………………………275
　　第三节　引导内省的师生诊断 ………………………………295

第六章　项目化学习的推进策略 …………………………………323
　　第一节　基于问题开展项目化学习探索 ……………………325
　　第二节　基于机制引发项目化学习行动 ……………………341
　　第三节　基于成效厚植项目化学习内驱 ……………………363

后　记 ………………………………………………………………380

第一章

我们的教育主张

学校教育传承并孕育着文化精神，为每一个尚未踏入社会谋生的个体，提供与将来接触生活的群体相互了解交流的重要途径。每一个个体都会有大量的时间在校园中生活，但个体各不相同，学校为其创设适合大多数个体成长的学习机会，丰富个体有意义的校园经历，是学校应有的责任和挑战。

我们以对人、自然、社会的人性关爱为初心，从现实世界中发现真实需求，选择与学科有意义关联的任务，通过项目化学习，为现实需求提供创造性的解决方案，从而提升参与者的创新精神和实践能力，丰富解决问题、帮助他人、贡献社会、实现自我价值的积极体验，如图1-1。

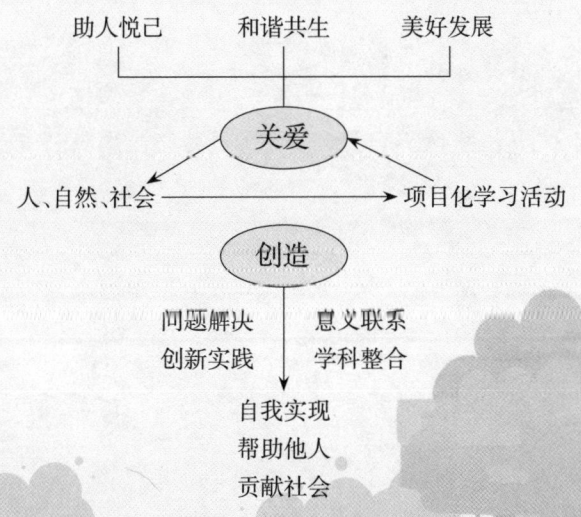

图1-1 项目化学习的保实教育主张

1. 聚焦问题解决,传承关爱光辉

给予人、自然、社会以人文关怀,促进学生对现实的真实认知,是开展项目化学习的育人动因,关怀表现为:一是赋予人生以意义,实现自我追求和素养的全面发展;二是赋予自然以灵性,实现人与自然的和谐共处;三是赋予社会以生命,实现人与社会的美好发展。

2. 探索学科关联,建构意义联系

从社会生活与各学科间的联系出发挖掘主题,选择相互间具有论证、带动、支持、逻辑等紧密联系的素材为内容,遵循认知规律进行重组或加工,避免各学科知识的简单叠加,实现有意义的跨学科整合。

3. 亲历创新实践,体验自我实现

立足于对美好生活的需求,在协作中解决问题,经历分析、设计、建构、应用等学习过程,促进质疑批判、逻辑实证、创新实践等关键能力的发展,并获得助人悦己、贡献社会、自我证成的情感体验,体验自我实现的快乐。

第一节 让孩子传承关爱

战国时期,孟子在人性问题上提出性善论,南宋时期则发展为"人之初,性本善"。关爱这一词,从我们民族的文化里就能找到基因。着眼本校,追寻红色历史,关爱也是我们师生教育情怀的基底,在我们学校的办学历史中,学校师生从对人、自然与社会的关爱出发,培养出自信、自主的品格,演绎着一个个生动感人的教育故事。放眼未来,往小了说,学生应该具备助人悦己的品格和能力,往大了说,在倡导构建人类命运共同体的背景下,基于物质生活的满足,我们更应该追求精神生活的富足,在教育中应提升学生在未来创造美好事物、让人类社会美好发展、让人与自然和谐共生的能力。从历史传承中的文化基因、学校独有的红色文化特色以及未来社会对人类提出的要求,我们确定以对人、自然、社会的人性关爱为目标,并让孩子学会传承关爱。

一、恻隐之心,仁之端也

孟子提出的"四端"学说,是他对于人性本善的深刻洞察,也是他对于人文教育和社会和谐的独到见解。这一学说认为,每个人天生就具有恻隐、羞恶、辞让和是非之心,这些内在的善端是人性中最本质、最纯粹的部分。通过适当的教育和引导,这些善端可以逐渐发展成仁、义、礼、智等优良品质,为个人的品德修养和社会的和谐进步提供源源不断的精神动力。

"仁爱"思想,作为中华传统文化的核心理念,与"四端"学说紧密相

连。它强调人与人之间的关爱、尊重与和谐,是个人品德培养的重要基石,也是社会价值认同的根基。在当今时代,"仁爱"思想依然具有强大的生命力,它不仅为社会主义核心价值观提供了深厚的文化底蕴,也为构建人类命运共同体注入了人文关怀和精神力量。

在教育实践中,我们应当深入挖掘和传承"四端"学说和"仁爱"思想的丰富内涵,通过创新教育的理念和方法,引导学生培养内在的善端,发展优良的品德,增强社会责任感和家国情怀。同时,我们也要积极开拓教育的国际视野,推动不同文明之间的交流互鉴,为构建人类命运共同体贡献智慧和力量。

(一)四端的关系

孟子对"仁"有这样的表述:"恻隐之心,仁之端也。"(《孟子·公孙丑上》)

孟子认为恻隐之心是仁刚发芽的状态,等这个芽长大了,就变成了仁。恻在《说文解字》中的意思是"痛也",所以恻隐其实可以理解成隐隐的心痛。孟子认为,这种恻隐之心,是人人都有的。他举了一个例子:

"今人乍见孺子将入于井,皆有怵惕恻隐之心,非所以内交于孺子之父母也,非所以要誉于乡党朋友也,非恶其声而然也。"(《孟子·公孙丑上》)

孟子在这里的意思是人们看见小孩子落入井中,都会有恐惧、担忧、心痛的心情。但有这种心情,不是为了去和孩子的父母拉近关系,不是为了在乡邻朋友中博取声誉,也不是因为厌恶这孩子的哭叫声才产生这种惊惧同情心理的,一般人都是因为孩子啼哭才会有恻隐之心。孟子认为,如果没有恻隐之心、羞恶之心,这不是人的行为,没有辞让之心,更加不是仁的行为,没有是非之心,也不能算是人。在此基础上,他得出结论:

"恻隐之心,仁之端也;羞恶之心,义之端也;辞让之心,礼之端也;是非之心,智之端也。人之本是四端也,犹其有四体也。有是四端而自谓不能者,自贼者也。"(《孟子·公孙丑上》)

这个恻隐之心是仁的发端,羞恶之心是义的发端,辞让之心是礼的发端,是非之心是智的发端。每个人都拥有这四个发端,就像每个人都拥有四肢一样,有了这四个发端,却说不能行仁义之事,这就等于自暴自弃了。

我们如何来理解孟子的这四个发端呢?这四者的关系可以这样来看:

教育的重点应该放在"仁"和"义"上,我们应教育孩子要有恻隐之心和羞恶之心。在这"二心"之上,分别加上是非之心,就能激发孩子的同理心和自尊心。"礼"很重要,但是"礼"必须建立在"仁义"的基础上。如果我们内心没有"仁义",只是一味讲礼节,这就会变成一种形式教育,失去教育本身的意义。而有了"仁义",再来实现"礼"则是比较容易的,孩子此时能够知道羞恶,以自尊心来驱使自己向上;同时他拥有同理心,对社会有责任感,知道感恩父母、老师、同学,会热情帮助他人。这样的人,他也一定是发自内心讲礼、守礼的。孩子们要有真正的爱心,这才是我们的德育目标。

(二)培育善的因子

孟子认为每个人都有这四端,凡是有这四端的人,都要将这四端发展壮大。星星之火,可以燎原,就像泉水是一点点流出来的,如果能够将其汇聚起来,足以坐拥四海。

孟子提出人的"四端"学说,是他提出性善学说的理论依据,也是他进行社会人文教化的基础。孟子认为,每个人一生下来,与生俱来就拥有内在的善性。在后天的教育中,我们可以进一步开发培育人的"仁、义、礼、智、信"这些内在的优良品质。

孟子从人的内心出发,尽力去发展人本身的"良知"和"良能",让人们认识到自己内心所固有的善性,并将这种善性服务于整个社会国家。因此,孟子人文教育思想的社会价值就是发现人性中善的因子,让儒家社会人文教育思想有了内在的人性基础,肯定了只要通过后天良好的教化,每个人都有可能成为像尧、舜那样品德高尚的人。

(三)"仁义"的时代意义

历史上,在中华各民族融合的过程中,"仁爱"逐渐成为传统价值体

系的内核。广义的"仁"包括"仁、义、礼、智、信"五常,狭义的"仁"则是五常之一。"仁爱"也是"孝悌忠信,礼义廉耻"等四维八德的基本精神。"仁爱"思想具有根本性,是各民族老百姓的基本诉求。各种蒙学、家训及口耳相传的人文教化,以润物细无声的方式把这种大爱精神普及到千家万户,传承于世世代代。"仁爱"是历朝历代官德的中心内容,为官之道首先要讲爱心,关心百姓疾苦,仁民爱物。"仁爱"思想中蕴含着浓厚的家国情怀和强烈的社会责任感,激励着历代仁人志士前仆后继、赴汤蹈火,凝聚成中华民族共同的价值追求。

"仁爱"在如今仍具有巨大的生命力。"仁爱"是社会主义核心价值观的重要源泉,现代社会、国家、个人的发展,必须以"爱人""成己成人成物"为前提与目的。"仁爱"思想为社会主义核心价值观中的个人层面、社会层面、国家层面的逻辑演进提供了丰厚的历史底蕴,是增进人民价值认同的文化前提。一定意义上讲,"仁爱"是二十四个字核心价值观总的基础。因此,在"仁爱"思想浸润下形成的人文精神,构成了建设新时代中华民族共有精神家园的重要基石。

中华民族倡导仁爱的优良传统,奠定了人类命运共同体理论的人文根基。"仁爱"思想浸润下的中华民族,历来讲求"天下一家",始终崇尚和平,主张民胞物与、协和万邦、天下大同,憧憬"大道之行,天下为公"的美好世界。在教育中,传承和弘扬中华传统文化中的"仁爱"思想,不仅能够为孩子的未来发展奠定基础,也能为社会主义思想道德建设和精神文明建设提供重要的理论依据,还能够为世界和平与发展贡献中国智慧和中国方案。

二、学校的红色血脉

杭州市保俶塔实验学校是一所与共和国同龄的学校。学校的前身是浙江省儿童保育院、浙江省省级机关干部子弟学校,是一所与延安保育院具有共同血脉的红色学校。七十余年薪火相传,艰苦奋斗,一代又一代的创办者呕心沥血,兢兢业业,拼搏进取;七十余年栉风沐雨,不断创新,一个又一个动人的故事在这里诞生,不忘初心,砥砺前行;七十余年弦歌不断,桃李芬芳,一批又一批的学子在这里起航,带着"红色记忆",满载着智慧与理想驶向四面八方。

(一)情怀是师生员工们的底色

这一份情怀,体现在对人、自然与社会的关爱中。

对人的关爱体现在教师员工对学生的关爱中。赵兰阿姨是同学们最尊敬的人,她曾随毛主席参加过两万五千里长征,1949年9月她来到保育院担任保育组班长。每天晚上,她总是披着一件旧棉大衣,打着手电,走进每个寝室查夜,给踢掉被子的同学盖好被子。赵兰阿姨对同学们的关爱是无微不至的。记得当时条件差,卫生环境也差,班上有同学长了虱子,忙坏了赵阿姨,她千方百计从药店买来草药,用开水泡了一大锅水,帮助有虱子的同学洗头,洗完了还要在阳光下一绺一绺地把头发拨开,寻找虱子的卵……这样的事情数不胜数,教师员工们对学生的关爱就体现在这些细致入微的细节中。

这一份底色在新时代得到了传承,现在的杭州市保俶塔实验学校秉承着关爱学生的理念,每年都会进行"温度教师"的评选,寻找"关爱"细节,展现教育的底色。我们的孩子也高举着这把"关爱"的火炬。原来保育院的孤儿们,如1955届学生叶卫国,在学校老师和员工的照顾下健康成长,在学校发动保家卫国的活动中,他把所有的零用钱都捐了出来。1957届学生陆小田,是被绍兴民政局送来保育院的,当他得知是解放军让他获得第二次生命时,便立志参军,复员后,他还自愿到贵州,义务担任了贫困山区的教师,把这份"关爱"传递给他人。新时代,2022届学生陆源,在学校"关怀与创造"实验室的指导下,利用编程的知识,设计了一款认人神器——"勿忘我",其设计初衷是让患阿尔茨海默病的太外婆能够"认人"。陆源表示:我认为阿尔茨海默病患者最需要陪伴和关注,这个设计发明也是希望以这种方式陪伴他们。"勿忘我"体现了学校学子对人的关爱的传承。不仅是陆源,还有大批学子身上也展现出"关爱他人"这一宝贵的精神品质,如张璟华同学开发的"智能主动导盲杖"获2017国家实用新型专利;童话剧"塑月"获全球DI创意思维大赛第六名等。

这一份关爱,还延伸到自然和社会。当时浙江省直属机关干部子弟小学的同学们从西湖畔的柳营路搬到了宝石山下的新校舍,他们经常到绿树满山的宝石山上搞活动,积极建设学校周边的自然环境。当中国人民解放军相继解放了大陈岛、小陈岛和一江山岛后,少先队员们想到刚解放不久的海岛经过战争的洗礼,一定非常需要绿化,于是他们便开展了"种一棵树种一颗心,建设祖国有我份"的主题活动。少先队员们举着队旗,拿着竹竿,背着书包,排着整齐的队伍,走进山林,钻入树丛,纷纷选择最饱满、成熟的树种装入书包……孩子们将树种送出后不久,就收到了解放军叔叔的回信,信中感谢了孩子们对一江山岛建设的支持。同学们的这些举措,体现了孩子们对自然的关爱,也展现出孩子们的一份社会责任感。

对社会的关爱更多体现在学校的其它方方面面。解放之初,为了让党政干部安心地搞好和平建设,党组织指示要安置军政干部子女的保育工作,要收养烈士子女。当时困难重重,物资匮乏,但参加革命的老红军严永洁同志欣然接受了这项艰巨的任务,迅速建立了筹备小组,筹建完成"浙江省直属机关儿童保育院",这体现了学校第一代奋斗者对社会的责任感。1949年9月,陈朱康、徐竞心、胡绍月、郑秀梅、傅亚光、李青等同志开始筹建小学部工作。1955年2月,当时的省直属机关干部子弟学校迁入松木场新校舍,更名保俶塔小学。在学校发展的历程中,学校一直承担着社会责任和历史的特殊使命,与我国普通基础教育齐步前进。

现在,杭州市保俶塔实验学校的老师们参加G20志愿者、亚运会志愿者活动,在疫情来临时勇挑重担,走进社区一起参加抗疫工作。我们的少先队员们带着歌舞节目去敬老院陪伴老人,团员们参加社会的爱河护河志愿者活动、西湖区的小小市民议政厅活动,这些活动无不体现着学校师生对社会责任精神的传承。

(二)自信是扬帆远航的动力

自信在革命时代,源于对理想信念的坚定。严永洁同志和地下党的9位同志,为什么欣然接受了筹备保育院的任务?是因为他们心目中有着革命必胜的信念。小学部的筹建白手起家,所有的教室、走廊全是泥地,晴天满是灰尘,雨天满地泥泞,但就在这样的条件下,仅仅经过一个多月的筹备,小学部就正式接收孩子,开学上课。为什么前辈们能不怕劳苦、完成使命?是因为他们心中有着坚定的信念。

这样的信念还体现在学子对理想自信的追求中。吴胜利出生在革命家庭,受家庭影响,他从小热爱祖国,理想是长大做一名光荣的解放军战士。在他读三年级时,人民解放军海陆空三军联合作战解放了一江山岛等岛屿,他在中国地图上寻找这些岛屿,当他看到被台湾海峡相隔的台湾时,便立下了长大当海军的理想。什么是巡洋舰、驱逐舰,它们配有什么口径的大炮,有多大的排量,对于这些海军知识,他如数家珍,成了班中的军事小专家。有一次中队组织到西湖划船,他还把这次划船活动变成了海军演习。有理想、有目标、有自信的他,在学校各方面进步都很快,几十年后,他真的当上了海军。从战士到中国人民解放军海军司令员,指挥着整个海军朝着现代化建设的方向前进。

这样的例子还有很多。张义胜是1967届毕业生,他从小就很有是非观,曾因种下去的树苗被同学破坏,便拉着高年级同学要求其道歉,这种对自己价值观的坚定信念,让他在重大任务面前,总是冲在前头。1979年,作为解放军战士的他申请上前线,在12月27日攻打高八岭战斗中荣立二等功。学生冯秋英凭借对武术的自信与热爱,不管严寒酷暑都坚持训练,最终成为全国武术冠军,并且荣获"武英级"运动员称号。

自信有多方面,但最重要的是师生面对校园文化的自信。习近平总书记多次在重要场合都提及文化自信。文化自信是一个民族、一个国家以及一个政党对自身文化价值的充分肯定和积极践行,是对其文化的生命力持有的坚定信心。同样,校园文化自信也是一个学校以及师生对自身文化价值的肯定与践行。

"文化自信"的底气何在?走进杭州市保俶塔实验学校的校史室,映入眼帘的是满墙满柜的奖牌与奖杯,是一位位优秀校友的光辉历程,这是荣誉带来的文化自信。学校不仅文化底蕴深厚,而且紧跟历史潮流,探寻先进教学理念。2017年,学校被评为"浙江省首批中小学STEM教育项目种子学校";2018年,学校获评"市教育机器人应用示范建设校";

2019年,学校被全国航天学会授予"全国航空特色学校"等。底蕴与未来的融合,让"自信"的底气流淌在红色血脉之中,使学生能够满怀自信,带着智慧与梦想远航。

(三)自主是蓬勃发展的源泉

我国自古以来就有"人定胜天"的说法,强调主观能动性的重要性。主观能动性,是一个哲学概念,它指人的主观意识和实践活动对于客观实践的指导作用。自主的基因,也一直流淌在学校的红色血脉中。

胡绍月老师创建了浙江省第一批少年儿童大队,她是第一批大队辅导员。为了孩子们的成长,她把全部精力都放在工作上,白天上课,晚上照顾孩子,没有休息日,任劳任怨,无私奉献。当时的工作条件很差,睡的是地铺,吃的是大锅饭,院里的体力劳动都要去做。虽然一天忙到晚,但胡老师总是精神饱满、劲头十足,充满着工作的主动性。

保育院的孩子全部住校,孩子们在学校集体用餐,孩子们的医疗保健也归学校。学校有专职的医生、护士,保育院的所有工作人员都是集体住校,只有周六晚上孩子们被接回家,并留下值班人员后,他们才能回家。他们与孩子们一起用餐,以便了解学生的情况,进行思想品德教育。孩子们淘气,不好好吃饭,工作人员就放下饭碗去解决他们的纠纷,晚上还要经常去查看寝室。虽然工作非常辛苦,但大家都很团结、主动,没有人叫苦叫累。胡绍月老师身体不好,家中困难也多,本来55周岁的她可以离休了,但学校工作离不开她,她就又在学校工作了两年。每当被问起是什么力量支持着她这样努力地工作时,胡校长总是说:"我是党员,领导相信我。同学们喜欢我,我要为我一生工作的学校尽我全部的力量。"这样由内而发的自主的力量,蓬勃在每一位保实人身上。

从吴胜利立志参加海军、为国防事业作贡献,到张义胜申请参战最后牺牲,成为保卫祖国疆土的英勇烈士;从冯秋英咬牙拼搏、挥汗如雨只为在亚洲武术锦标赛上夺冠,到吴易昺历经鏖战,在男子职业网球协会(ATP)250巡回赛美国达拉斯站男单决赛中成为首位捧起ATP巡回赛单打冠军的中国大陆球员……这样自主投入、自主发展的精神,一直不断传承,让学校走向了辉煌的顶峰。

一直以来,我们认为主观能动性、自主学习是成就优秀品质的密码。从学校出发,培养学生的主观能动性,是学生创造性思维与能力培养的关键。如何培养学生的自主能力？七十几年来,学校一直在探索有利于学生自主学习能力提升的学习模式或方法。项目化学习是以项目为驱动,以学生为学习主体,旨在提升学生的综合素养与能力的学习新态势。项目化学习的课堂日常实践,更是为学生带来了更多自主学习的机会。自我革新,正是红色血脉继续迸发活力的源泉。

三、把爱洒向人、自然与社会

人一诞生就开启了学习的历程,学习是人的天性,也是人的生命本性。正如古人所言:"穷则独善其身,达则兼济天下,读书之用,可谓立身立命之本!"如果说学习是生命的天性,那么爱就是教育的本性,没有爱就没有教育,有了爱才能成就教育。①学校教育要让学生具有爱的意识、爱的能力、爱的行为,既有爱的感受,也有爱的给予,将立德树人根本任务落实到具体的教学实践之中。

爱有多种多样,如友爱、博爱、关爱……"友爱"是双方相互关系的共识,是善意的、互惠的期待,需长时间的生活和工作积累而成。"博爱"原指广泛地关爱所有人,战国时代墨家就有"兼爱"的论述,唐代韩愈在《原道》中有"博爱之谓仁,行而宜之之谓义"的说法。博爱是无私的、广泛的,既能给予亲人、朋友,也能给予不认识的人,还能在别人遇到困难时给予帮助。现在,博爱还包括爱集体、爱祖国、爱环境、爱大自然、爱人类的劳动创造,即爱一切真善美的事物。"关爱"既是一种值得肯定的心理状态,如习性、品质、能力等,也是一种活动、实践或过程,还是一种各种交叉概念的集合,或多重定义并存的概念。②诺丁斯(Nel Noddings)认为关爱理论"最大的贡献在于它关注关心关系"。斯洛特(Michael Slote)最

---

① 杨志成.教育需要返璞归真[J].教育家,2021,No.266(14):44-45.
② 朱韬.当代西方关爱伦理思想研究[D].武汉:湖北大学,2021:104.

早将关爱理解为一种类似仁爱的德性,对陌生人的仁爱可以解释为关爱。特朗托(Joan Tronto)和费舍尔(Bernice Fischer)认为关爱是"一种活动,它包括我们所做的一切旨在维护、控制和修复我们的世界,以便我们可以尽善尽美地生活于其中的活动。这一世界包括我们的身体,我们自己和我们的环境。"我们认为关爱反映的关爱者与被关爱者的关系,是体现于具体的活动之中;关爱者需要积极主动的意识与行为,关爱者对知行合一的追求。被关爱者是多元的,每一生命个体并非独立地存在,而是与他人、社会、自然之间有着各种联系,关爱者需要关注并理解被关爱者的需要、感受和反应。可见,友爱基于相互关系,博爱指向多元对象,关爱蕴含积极主动的意义,追求知行合一。

(一)助人悦己

在人与人的关系中,每一个生命个体都有被尊重和被关爱的需求,也有尊重和关爱他人的责任,也就是说,尊重与关爱是相互的。同时,人是社会性群居的,个体在社会的生存与发展中也是需要利他、合作的。

当下,大多数家庭为独生子女,孩子出生后便得到父辈众星捧月式的关爱,有些孩子对他人的关爱便不敏感;个体在成长过程中,将面临比赛、升学、竞聘等各种排他性活动,"适者生存、不适者淘汰"的达尔文自然选择观也影响着人类,精致利己主义的思想与行为便在许多个体身上萌生与扎根。久而久之,个体容易以自我为中心,不利于产生关爱他人的意识与行为。

在日常教育中强调关爱他人,倡导助人悦己,引导孩子学会关注他人的需要,并努力为他人提供帮助,解决他人面临的实际问题,既可消除部分精致利己思想,还可让孩子感受他人的感激或赞赏,从而增强自己的自信心和成就感,享受"赠人玫瑰,手有余香"的快乐。同时,也要引导孩子当好被关爱者,学会识别他人的关爱,并对他人的关爱给予积极反馈,实现关爱者与被关爱者的共振共鸣。

(二)美好发展

在人与社会的关系上,个体组成群体,群体与环境的总和即社会。马克思主义唯物史观认为,社会是一个人际关系和物质基础及信息技术或近或远、或稠密或稀疏、或多或少的一个集成。社会存在是指社会物质生活条件的总和,包括自然地理环境、人口因素和物质生产方式。社会意识是社会生活的精神方面,具有复杂的结构,根据主体可分为个体意识和群体意识,根据层次可分为社会心理和社会意识形式,前者是自发的、不系统的、不定型的,以感性认识为主;后者是自觉的、系统的、定型的,包括政治、法律、道德、艺术、宗教、哲学、科学等,以理性认识为主。社会存在和社会意识是辩证统一的,社会存在决定社会意识,社会意识是社会存在的反映,并反作用于社会存在。①

社会既是物质的,也是精神的,习近平总书记在党的二十大报告中指出,"中国式现代化是物质文明和精神文明相协调的现代化,物质富足、精神富有是社会主义现代化的根本要求。"物质生产方式是社会发展的基础,生产力和生产关系、经济基础和上层建筑的矛盾是社会基本矛盾,生产力是社会基本矛盾运动中最基本的动力因素,是人类社会发展和进步的最终决定力量,"17世纪和18世纪从事制造蒸汽机的人们也没有料到,他们所制作的工具,比其他任何东西都更能使全世界的社会状态发生革命。"②

人民群众是社会历史的主体,是社会物质财富和精神财富的创造者,也是社会变革的决定力量,"人民,只有人民,才是创造世界历史的动力。"③因此,在义务教育中,应引导学生参与学校、社区建设,关注社会现象,发现在物质文明和精神文明建设上存在的真实问题,并以提高生产力和改善生产关系为出发点,尝试创造美好事物让社会更和谐,积极树立为人类社会美好发展作出贡献的理想信念。

(三)和谐共生

在人与自然的关系上,在原始社会,由于生产力水平极其低下,人对

---

① 本书编写组.马克思主义基本原理概论[M].北京:高等教育出版社,2018(4):107-111.
② 马克思,恩格斯.马克思恩格斯文集(第9卷)[M].北京:人民出版社,2009:561.
③ 毛泽东.毛泽东选集(第3卷)[M].北京:人民出版社,1991:1031.

自然心存敬畏、行有所止。在农业社会,人类在自给自足的耕种过程中逐渐掌握了自然的基本规律,对自然不再畏惧,能用理性思维去面对自然、利用自然、顺应自然,正如道家始祖老子在《道德经》中提道:"人法地,地法天,天法道,道法自然。"在工业社会,科学技术被广泛应用于社会生产,人类被赋予开发自然、利用自然的强大力量。总之,在原始社会,自然是人的神,人听命于自然;在农业社会,人顺应自然规律成为土地的主人;而在工业社会,人成为制定"规律"、凌驾于自然之上的"神"。[1]

但自然对人类的反噬使人们重新寻求人与自然的和解,马克思提倡人与自然的有机平衡,主张人与自然的原始共存。党的二十大报告指出"中国式现代化是人与自然和谐共生的现代化。人与自然是生命共同体,无止境地向自然索取甚至破坏自然必然会遭到大自然的报复。我们坚持可持续发展,坚持节约优先、保护优先、自然恢复为主的方针,像保护眼睛一样保护自然和生态环境,坚定不移走生产发展、生活富裕、生态良好的文明发展道路,实现中华民族永续发展。"

其实,人源于自然,存在于自然,人与自然休戚与共,人与自然的关系可以形容为"你中有我,我中有你"。因此,人对于自然而言,是一种主体性存在,以人为本是逻辑起点;自然对于人而言,也是一种主体性存在,以生态永续为逻辑终点。在义务教育中,将人和自然作为双主体性存在,引导学生认识自然、利用自然、保护自然,给予自然以关爱,让人与自然和谐共生。

---

[1] 高爽,艾志强.人类社会演进中的人与自然关系哲思[J].辽宁工业大学学报(社会科学版),2022,24(5):11-13.

第二节 让孩子亲历创造

1950年，Guilford在就任美国心理学会主席时发表演说《论创造力》，引发了学界对创造力的研究，由此也拉开了教育界对创造力培养的关注。创造力是什么？这是对创造力研究首先需要厘清的本质问题。而在这七十多年中，研究者们对创造力的定义经历了从单一到综合的迭代，他们试图从多个维度的视角去更全面地建构创造力的多维模型，解释创造力的内涵。例如，Rhodes建设性提出的4P模型被研究圈广泛接受。"4P"即创造性产品或结果（product）、创造性成果产生的过程（process）、创造者的个体特征或人格（personality）、创造力产生所需要的环境或压力（places or press for pressure）。[1]

创造力是个体发展的关键因素，也是国家与社会创新软实力的重要标尺。因此，如何有效培养和促进创造力的思维是学校教育需要重点关注的问题。基于Rhodes的4P模型，学校对创造力的培养，应让孩子在充满创造力的环境中，去规划、制作富有创造力的产品，去亲自体验创造的过程，在此过程中逐渐展现自己的人格魅力，最终成为一个创造者。

项目化学习正是一种能让创造发生于课堂的学习方法。项目化的课堂，以真实情境与创造性的任务为出发点，让学生站在学习的中心，在富有创造的氛围中经历项目背景分析、方案设计、产品制作、介绍说明等一系列创造的过程。在这一过程中，学生作为实践者，不断经历情感观

---

[1] 田友谊,李荣华.创造力测评研究70年:回顾与展望[J].中国考试,2022(05):81-89.

念、知识技能、思维方法等方面的冲突与自我更新,逐渐展现出一个创造者的个体特征。

一、创造是教育的高阶追求

创造力是人类特有的一种综合性本领,创造力是指产生新思想,发现和创造新事物的能力。它是成功地完成某种创造性活动所必需的心理品质,它是知识、智力、能力及优良的个性品质等因素综合优化构成的。

心理学认为:创造性思维是指思维不仅能揭示客观事物的本质及内在联系,而且能在此基础上产生新颖的、具有社会价值的前所未有的思维成果。可见,创造性思维是一种重要的思维方式,在人类生活中一直起着非常重要的作用,它理应成为教育的高阶追求。

(一)未来需要创造

未来,是一个充满无限可能和挑战的时代。在这个快速发展的世界里,创造将成为我们应对挑战、开拓新领域的关键。

首先,创新驱动发展。在知识经济时代,创新成为推动经济发展的核心动力。未来,我们需要通过创造新的技术、产品和服务,不断推动产业升级和转型,为经济增长注入新的活力。同时,创新也将成为企业竞争的关键,只有不断创新的企业才能在激烈的市场竞争中立于不败之地。其次,创新帮助我们应对全球挑战。全球性问题如气候变化、能源危机、贫困和不平等日益严峻,需要全球共同努力来解决。创造新的技术、方法和合作模式,将有助于我们更有效地应对这些挑战。再者,创新帮助我们探索未知领域。人类对未知的好奇心和探索精神是推动人类文明进步的重要力量。未来,我们需要继续发扬这种精神,勇于探索未知领域。无论是深空探测、深海研究,还是生命科学、人工智能等领域的探索,都需要我们不断创造新的技术和方法,以揭示未知的奥秘。

最后,科技也越来越成为综合国力竞争的重要因素。科技对经济增长的推动作用表明科技是推动经济增长的关键因素。通过研发和创新,国家可以开发出新的产品、服务和生产技术,从而提高生产效率和产品质量,降低生产成本,增强企业的竞争力。这种由科技驱动的经济增长不仅可以提高国家的经济实力,还可以创造更多的就业机会,提高人民的生活水平。科技在军事领域的应用对于国家的安全至关重要。先进的军事技术可以提高军队的作战能力和效率,增强国家的防御能力。同时,科技也可以应用于情报收集、分析和传播等领域,提高国家的战略决策能力。因此,拥有先进的军事科技是国家在国际竞争中保持优势的重要因素。

综上所述,未来需要创造的重要性体现在多个方面,包括创新驱动发展、应对全球挑战、探索未知领域、提升综合国力等。创造将成为我们未来发展的核心动力,只有通过不断创造和创新,我们才能应对未来的挑战,开拓更加美好的未来。

另外,根据美国人工智能的研究报告,未来的十年或者二十年,9%—47%的工作会受到人工智能的威胁,甚至被取代,这个比例也随着人工智能的高速发展在不断提升。如何确保我们不被人工智能所取代,是每一位公民亟须思考的问题。

世界经济论坛(World Economic Forum)的《未来就业报告》(Future of Jobs Report)预测,创造力和创意将成为未来劳动力的关键技能。此外,这些软技能以及解决问题和分析问题的技能将取代手工执行任务的方式,从而在未来时代实现单一工作的自动化。此外,在今年的福布斯《工作未来需要的10项重要技能》中,也指出了创造力是未来工作需要的重要技能之一。

我们生活在一个充满创造力的时代。丹尼尔·平克(Daniel Pink)在他的书《全新的思维:为什么右脑者将主宰未来》(A Whole New Mind: Why Right-Brainers Will Rule the Future, 2006)中划分出以下几种时代:①农业时代(农民),②工业时代(工厂工人),③资讯时代(知识型工作者),④概念时代(创造者和移情者)。Pink认为,像电脑一样的左脑线性分析思维正在被右脑的同理心、创造性和理解能力所取代。可见,在现在这个概念时代,创造力是关键能力之一。

清华大学学者彭凯平在《孩子的品格——写给父母的积极心理学》一书中提出了"ACE+"理论,他认为"ACE"能力是面向未来的核心竞争力,只有拥有这一种能力,孩子走上社会,才能理解别人的感受,被别人欣赏,和别人合作,久而久之,他们既能获得别人的赏识,也乐于赏识别人,能与他人同甘共苦、共创辉煌。而"ACE"中,除了A(Aesthetic,即审美感)和E(Empathic,即同理心、情感共鸣能力)之外,另一项就是C(Creative,即创造力),也就是能够分析问题、解决问题,创造新概念、新事物,想象未来、计划未来的能力。其中,审美感是根,创造力是茎,同理心是叶,而"+"则代表着以"ACE"为基础的人类其他品格与美德的补充,例如人道、公正、谦卑、审慎、感恩等,这些都是"花"。由此可见,创造力在培养学生未来的能力中始终占有一席之地。

由此可见,孩子如果要更好地适应未来,创造技能必不可少,对于学校来说,如何培养学生的这种能力显得尤为重要。

(二)孩子是天生的创造者

早在20世纪40年代,陶行知在《创造的儿童教育》中提出,"创造的儿童教育,不是说教育可以创造儿童,儿童的创造力是千千万万祖先,至少经过五十万年与环境适应斗争所获得而传下来之才能之精华。发挥或阻碍,加强或削弱,培养或摧残这种创造力的是环境。教育是要在儿童自身的基础上,过滤并运用环境的影响,以培养、加强、发挥这种创造力,使他成长得更有力量,以贡献于民族与人类。教育不能创造什么,但他能启发解放儿童创造力以从事于创造之工作。"[①]简而言之,他肯定儿童是有创造力的,并进一步指出环境的两重性,发挥或阻碍、加强或削弱、培养或摧残。

美国教育家约翰·杜威的"体验主义教育"认为,教育应该注重学生的体验和实践,而非单纯地灌输知识。他主张让学生自由探索和发现,激发他们的创造力和自我表达能力,通过实践和反思不断提升自我。蒙

---

① 陈昌铎.陶行知"创造的儿童教育"思想及现实意义[D].武汉:华中师范大学,2003:9.

台梭利教育理论认为,孩子在早期的教育中应该以感官和经验为基础,通过自我探索和发现来学习。他主张给孩子提供一个充满自由和自主的环境,让孩子通过自我实践和尝试来发挥自己的创造力和创新精神。心智模型理论认为,人类的思维和行为都是基于一系列心智模型的组合和运用。孩子在成长过程中会不断地构建和完善自己的心智模型,这些模型中包括了孩子的创造性思维和创新能力。

2010年,美国密歇根州立大学Emily Prudden等人通过让4—6岁的儿童自由想象和创作玩具,在创作过程中观察其创造性和想象力表现。该实验旨在探究儿童在自由想象和创作中的创造性和想象力表现,以及其对物体和环境的理解和认知。研究发现,儿童在自由想象和创作中表现出了非常高的创造性和想象力,他们能够创造出各种各样的玩具和游戏,以及对物体和环境的认知和理解。美国心理学家Sara Lytle和Angeline Lillard在2011年进行一项让儿童想象并创造一个"新的游戏"的实验,研究发现,儿童创造了各种各样的游戏,包括"飞天大冒险""悬崖勇士"等等。

这些理论和实验都表明,儿童在早期阶段就已经表现出了非常丰富的创造力、想象力,需要通过适当的教育和培养来发掘和提升这种潜力和这种能力。

(三)从创造中寻找教育的魅力

长久以来,人们对教师的认识会有几个偏差,大家仅仅把教师当作知识的传递者,而非创造者。比如老师上数学课,他的功能被认为就是教算法、几何知识,而我们的教师,也往往不把自己的工作当作一种创造性劳动。在当下,我们需要转变对教师工作性质的判断,越来越多的教育者认为,教师不是一个简单的知识传递者,他和他的学生一起创造他们每一天的校园生活,同时他的教育工作也是在为学生的未来生活进行创造。

华东师范大学叶澜教授认为,教师的创造表现在"转化"上,他把人类的精神财富转化成学生个人成长的精神财富。这个转化也是对教育的挑战。教师的创造性还表现在促使学生的精神世界不断地丰富和完

善。这种代际传承与发展，本质上是把人类的知识与技能、精神转化成个人的能力和精神的内涵。这些东西会内化在每一个不同的个体之中，而后，又会在社会实践中转化为促进人类社会发展的创造力。

由此可见，教育如果只是奉献或者苦干，其过程一定伴随着枯燥和疲惫，而如果我们带着一种创造的智慧，去激发学生心中的潜力，才能让每一个生命具有创造的力量，也为社会的发展创造永不枯竭的智慧。

创造力意味着好奇心，意味着从不同的角度看待事物，意味着连接看似不相关的东西并产生意义。创造性思维需要一系列的"心智习惯"：好问、执着、想象、协作、自律。我想，每一个教师都应该成为这些思维习惯的教练，发现孩子的这些特质，让自己也在培养"创造力"的过程中，寻找到教育的魅力。

二、项目化学习蕴含创造

基于标准、素养导向、问题驱动、真实实践、学以致用、表现评价是项目化学习的关键六要素。其强调以真实的情境作为背景，核心内容需与学科内容、课程标准等相关联，基于生活实际与团队合作，让学生在实践中深入而全面地思考与评价，以实现学科内容的迁移与真实问题的解决，从而使学生综合素养逐渐提升。其中，问题驱动、真实实践等要素极易激发学生的创造，蕴含着无限可能。

（一）问题是学习的起点

问题是一个矛盾的存在，是创造开始的地方。有学者认为问题是指需要研究和解决的实际矛盾和理论疑难。[1]也有学者认为是某个特定的智能活动过程的当前状态与智能主体所要求的目标状态之间的差距。[2]当某个人希望达到某个目标时，却没有现成的方法或知识储备，那么这个人就面临着一个问题亟待去突破。

---

[1] 哲学大辞典·马克思主义哲学卷[M].上海：上海辞书出版社，1994:369.
[2] 岩崎允胤，宫原将平.科学认识论[M].哈尔滨：黑龙江人民出版社，1984:312.

问题作为项目化学习的起点,一直是创造力培养的关键环节。华德·巴罗斯和罗宾·坦布林在加拿大首创PBL时,就提出知识的获得来源于对问题的认识和解决的过程。首先对于问题,学习者发现问题、甄别问题、定义问题本身就是一个仁者见仁智者见智的创造过程。同时,问题本身推动了解决问题和推理技能的应用,激发了学生自己搜寻信息、学习相关知识、构建知识框架的兴趣,从而找寻解决问题的方法,这是一个富含未知的创造过程。因此,项目化学习中有效的问题发现与设计能引发学生一系列学习策略的发生,从而获得学习经验。

项目化学习中,怎样的问题能够更好地激发学生的创造力呢?问题的分类根据需求不同有不同的界定。基于项目化学习中对有效问题的判断,我们将问题区分为两种不同的类型,即有明确结果的问题和没有明确结果的问题。有明确结果的问题往往是显而易见的,比如地球上的物体是否受到重力的作用?对于这个问题,学生或许凭借目前现成的知识储备与方法不足以解决,但是从发现问题到解决问题的过程是非常简单的,我们不认为是一个能够触发学生一系列学习策略的问题,不适合在项目化学习中创造力的激发。没有明确结果的问题往往引发学生更多的思考,比如为了克服地球重力,火箭的设计要注意什么?对于这个问题,学生需要去搜寻有关火箭设计与制造的信息,学习与重力相关联的知识,构建以火箭为中心、克服重力为目标的知识框架,从而寻找到解决问题的方案。所以,问题是项目化学习的起点,我们要善于发现与设计没有明确界定的有效问题,来作为项目化学习的驱动性问题,以此触发学生的有效学习。

(二)实践蕴含无限可能

项目化的实践是一项富有创造力的活动。我们往往将实践和理论相对比,从而误以为实践是一种行动、一场制作,或者是贯穿行动与制作中的流程,而忽视了其中最值得我们捕捉的思想火花。项目化实践的过程是伴随着思考的,实践者带着思考去经历项目化学习的各个阶段,去发现问题、建立假设、设计方案、实施反思、验证概念。这些阶段,无不体现实践者看待问题的观念与态度、分析事物的思维过程、解决问题的技能策

略,这也正是创造力不断涌现的源泉。

项目化的实践过程是涉及多种情境的,丰富的情境让创造更加多彩。项目化学习强调创设真实的情境。从情境的内容来看,可以是历史、数学、语言、科学等不同领域。从行动研究的策略层面来看,情境可以是探究型的、社会调查型的、规划与制作型的、审美与陶冶型的。从不同情境的项目化实践过程来看,涉及搜索、组织、整理、区分、推理、论证、对比、预测等多种学习策略。不同情境,蕴含着不一样的学习经验,为创造力的迸发提供了不同的舞台。

真实情境中问题的解决往往是多种实践的组合,是创造汇聚的过程。对于同一个驱动性问题,在设计环节,实践者会有多种设想,经过多方面的考虑,在多种设想中挑选最佳方案。比如在设计月球车的项目中,从车子的稳定性、能量来源、美观性等方面将会对多个设计方案进行综合性排序。在制作过程中,同一项目设计有多项制作方案,也需要实践者根据实际情况挑选出可操作性最强的预案。比如制作月球车车轮的方法多样,有3D打印、木块打磨钻孔、木块卯榫结构镶嵌等,这便需要实践者做出判断和选择。这些实践的组合充斥着项目化学习的各个过程。项目化实践是从发散到聚焦,不断丰富创造的过程。

项目化实践包含个体解决问题方案的多次迭代,是创造力升华的过程。实践的过程向来都不是一蹴而就的。实践者在项目化学习的过程中会遇到各种各样的关卡,需要在闯关的过程中不断去尝试。月球车车轮模型在制作的过程中,或许实践者选择了3D打印的方法,但是会发现车轮的组装成了一个新的关卡,这往往会引发原方案的迭代改进。当然,有些实践的过程伴随着灵感爆发,方案的2.0、3.0版会带来更多趣味。比如月球车车轮木质模型在组装时,实践者突然意识到用榫卯结构可能会使轮子的转向更加灵活,并且是否可以参考万向轮的制作呢?纵向的迭代,往往让每一个方案更加完美,让每一个充满思想的实践者更加充满激情,让创造的滋味更加迷人。

(三)合作迸发智慧火花

合作给予创造更多的可能。合作是彼此间为达到共同目的而相互配合的一种联合行动。大雁排成"V"字形飞行时,前面的大雁振动翅膀产生的上升气流可以为后面的大雁提供助力,从而减少后面大雁的飞行阻力。这种空气动力学的优势使得整个雁群能够在单位时间内飞行更长的距离,同时消耗更少的能量。在飞行过程中,领头的大雁会消耗更多的体力,因此雁群会轮流领飞,以确保每只大雁都有机会休息和恢复体力。这种轮流机制使得整个雁群能够持续高效地飞行。可见,大雁的"V"字形飞行就是一种合作。

合作为创造赋能。项目化学习往往以小组为基本单位,系统利用教学因素之间的联动,促进同伴间的学习,以团体为评价对象,从多维度去考核学习成果。项目化学习的过程中,学生不仅要对自己的学习过程与成果负责,还要对组员负责。因此每一位学生都要对自己承担的角色尽心尽力,发挥各自主观能动性。同时,项目化学习的合作过程是一个沟通、评价、共情的过程,生活的智慧在团体的交流中显得尤为重要。因而,智慧的创造在合作中获得能量,如同千万条小溪般不断争相流动。

合作让创造汇聚。对于项目化学习的同一个情境,学生根据自己的知识积累、特长和兴趣会考虑不同的维度与层面,从而设想出不同的设计方案。方案选定实施后,会有不同的修正与改进的意见。在不同的设计方案中获得更多灵感,在相互探讨与交流中获得更多的金点子,集众家之所长,进而将整个项目的过程与成果最优化。此时,那万条创造的小溪在合作中慢慢汇聚,从而创造出如江河般的大智慧!

三、让创造发生于课堂

德国心理学家库尔特·温勒曾提出这样一个关于人的行为的公式 $B=f(P, E)$[①],其中 B 表示行为,P 表示个人,E 表示环境,f 表示 PE 到 B 的映射关系。他认为人的行为是个人和其周围环境相互作用的结果。

---

① 杜玲玲,陈达秋.在数学再创造中培养学生的创造性思维能力[J].杭州教育学院学报,1998(2):9-12.

也就是说，人与环境总是相互作用的，人作用于环境，环境作用于人，人影响着环境，环境也影响着人。

对人的创造力来说也是一样，一个人创造力的激发与锻炼，既有赖于个体的主观因素与内在条件，还与其所处的环境等外在条件有着密切的联系。环境是影响创

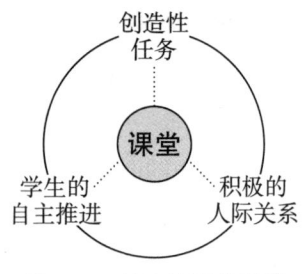

图1-2　创造性课堂环境

造力的一个重要因素，如父母教养方式、人际关系、学校环境、工作氛围等，被一些研究者作为预测创造力的指标。我们主张让创造发生于课堂，主要从创造性任务、学生的自主推进、积极的人际关系三方面来构建创造性的课堂环境。

（一）在创造性任务中培养创造

创造是把以前没有的事物给产生出来或者制造出来，如想出新方法、建立新理论、做出新东西等都是创造。创造是人类有意识地对世界进行探索，是一种典型的自主行为，受个体创造力影响。在创造中培养创造，即只有在自主完成创造性任务中，才有机会激发、锻炼学生的创造力。而在完成机械、低阶、无意义的任务中，思维容易受到束缚，难以形成或发挥学生的创造力。那么，项目化学习任务是否是一种创造性任务呢？

从不同学者对创造性的定义看，判断个体是否具有创造力可以从多个维度进行。有学者认为创造力是能力，如吉尔福特认为创造力指最能代表创造性人物特点的各种能力，创造性能力决定个体是否有能力在显著的水平上显示出的创造性行为。[1]也有学者认为创造力是过程结果，如格式塔心理学家认为，当思考者抓住了问题的本质特性，并领会到这些特性与问题最终解决之间的关系时，就产生了创造性和悟性。[2]

---

[1] [美]J.P.吉尔福特.创造性才能：它们的性质、用途与培养[M].施良方，译.北京：人民出版社，2006：6.

[2] 林金辉.大学生创造性发展与教育[M].厦门：厦门大学出版社，1995：23.

从威廉斯创造力倾向量表来看,它是通过测验个人的冒险性、好奇性、想象力和挑战性等个性特点来评估个人的创造性,用以发现那些具有创造性的个体。可见,创造性个体被认为具有想象流畅灵活、不循规蹈矩、有社会敏感性、较少有心理防御、愿意承认错误、与父母关系密切等认知和情感特质,高创造性个体往往趋于冒险、好奇心强、想象力丰富、勇于挑战未知。

从发达国家对学生创造力的评价实践来看,荷兰"Qucik Scan创造力评估框架"具体分为七个维度:好奇心、独创性、敢于不同、坚持不懈、询问反馈、以作品为导向以及对自己的作品感到自豪;苏格兰卓越课程把创造力评估分为四个方面:创造力过程、创造力学习、创造力技能和创造力教学,创造力技能分为四个领域:积极地进行探究、开放性思维、能够驾驭想象力、能够发现和解决问题;在美国,创造力和创新被21世纪核心素养联盟认为是学生在未来取得成功所需的基本技能和知识,包括创造性地思考、创造性地与他人合作、实施创新举措等三个领域,创造性地思考包括使用多种创意技术、创造新的和有价值的想法以及阐述、完善、分析和评估自己的想法等子领域。①

综上可见,创造力评价普遍关注学生在动机上的好奇心、使命感、想象力,在思维上的流畅性、变通性、独创性、精密性,在行动上的探索性、挑战性、合作性。项目化学习任务的真实性、挑战性、探究性、实践性、合作性等特征与创造力评价关注点高度契合。如一定时间内产生关于某个问题的观念,能不断地从多个角度思考问题,提出独特的方法、思路或策略,在原有观念基础上进行深加工等创造性思维在项目化学习中有充分表现。因此,从以终为始的视角看,让学生完成项目化学习任务,有利于实现在创造中培养创造的初衷。

(二)让学生站在学习的中心

信息重构是让学生站在学习中心的标志。现代学习理论表明,学习

---

① 杨雨欣.国际视野下学生创造力评价的实践研究[D].上海:上海师范大学,2023:44-45.

从"甜点"到"配餐"
项目化学习的学校探索

是个体运用已知的和相信的知识去建构新知识、理解新知识。从信息流视角看,从教师的"教"到学生的"学会",必须经过两个过程:一是信息流动,即教师"教"的信息成为学生接收的信息;二是信息建构,即学生将接收的信息重新建构为"学会"的信息。前者是基础,后者是目标。只有实现信息的重新建构,学生才算真的"学会",教学才算真正发生,学生才算站在了学习的中心。

行为预设是让学生站在学习中心的基础。行为主义者认为,学习是刺激与反应之间的联结。他们把环境看成刺激,行为是学习者对刺激做出的反应。在学校教育实践中,要求教师掌握塑造和矫正学生行为的方法,为学生创设一种环境,在最大程度上强化学生的合适行为,消除不合适行为。因此,在项目化学习设计时,我们倡导教师要基于学习成果、课程标准,以及对学生信息建构的预测,设计教师"教"的行为与学生"学"的行为,统筹规划分析、设计、建构、展评等行为的自主性程度,为学生留足创造性的学习空间。在实施时,要确保"教"的信息能有效地转换为"学"的信息,及时掌握学生的行为表现,聚焦信息的重新建构情况,并适时调整学生的学习行为。

自主学习是让学生站在学习中心的推手。自主决定理论认为,人是一个积极的有机体,具有先天的心理成长和发展潜能。在教育实践中,自主是学生的一种能力,更是学生的一种基本心理需要。学生自主学习的需要如果得以满足,就可以为其提供一种自然的动机资源。[①]人文主义心理学认为,人是自主的,可以主动地管理自己的生活;人不是被动地接受环境的影响,而是可以选择自己的行动和反应。因此,除了在预设学生项目学习行为时为学生提供自主选择的机会外,在实施时还要将其落实到位,让学生有机会确定学习内容,选择开展方式,并决定学习的深度和广度等;遇到困难时教师要做积极的旁观者,让学生自主学习能力得以锻炼,助推学生站在学习的中心。

---

① 王婷婷,庞维国.自我决定理论对学生学习自主学习能力培养的启示[J].全球教育展望,2009,38(11):40-43.

(三)营造有利于创造的氛围

古语言"近朱者赤,近墨者黑",意为客观环境对人的影响很大。同理,当学生浸润在创造性的氛围里,他们的创造力也容易受到激发。

追求正面体验。人本主义心理学认为,人应该追求正面体验,包括爱、快乐、和谐、和平和美好的生活。正面体验可以促进人的自我实现和成长,提高幸福感和满足感。弗雷德里克森始终坚持主张,个体的主观幸福感或者幸福体验能有效地拓展、加深认知、行动与注意的范畴和深度,构建起主动、积极的智力、身体和社会资源,使个体能够有效地突破自身的认知、情感及行动的局限而产生更多的创造性思想与行动。在项目化学习时,要追求正面体验,排除阻碍创造力发展的环境因素,如对学生不信任、不放心,对创造性行为不爱护、不支持。

建构积极关系。人本主义心理学家塞利格曼提出了积极心理学理论,认为可以从积极情感、积极关系、积极情境和积极意义四个领域来实现正面体验。课堂关系包含个体关系与小群体关系,它们是课堂氛围的重要方面,对学生来说也是一种重要的环境刺激,积极的刺激会促使学生创造性思维、创造性行为的产生。在项目化学习过程中,对学生完成挑战性任务要给予信任或指导,对取得的成果要及时给予肯定或分享,对遇到的挫折要给予鼓励或帮助,让学生感受到爱与包容。

坚持内外评价相结合。罗杰斯认为创新精神包括三种基本要素,即经验的自省性、自评开放性及重构经验、概念和原理能力等;个体的主动性、创新性和积极性得到促进和激发通常是在个体以自我评价为主,他人评价为辅的条件下才能实现的。可见,坚持自我内部评价与外部评价相结合是个体产生创新性思维和创新性行为倾向的重要因素。因此,在项目化学习中,既要鼓励学生独立产生观点或想法,并对照问题与标准开展自评,又要引导学生以开放、包容的心态与他人展开合作交流,避免过度自信或盲目从众,吸纳多元经验中的合理成分,使个体经验得以升华,在思维与行为上实现创造性整合。

第三节 让师生体验自我实现

人本主义心理学家认为,心理学应该探讨的是一个完整的人,而不是把人的各个从属的方面(如行为表现、认知过程、情绪障碍等)割裂开来加以分析。[1]代表人物马斯洛充分肯定人的尊严和价值,积极倡导人的内在潜能或者价值的实现;罗杰斯同样强调人的自我表现、情感与主体性接纳,认为教育的目标是要培养健全的人格,必须创造出一个积极的成长环境,倡导一种"非指导性教学"。总之,人本主义理论主要强调爱、创造性、自我实现、自主性、责任心等心理品质和人格特征的培育,强调学生的个性和潜能的充分发挥,重视学生知识的自主学习和建构。

我们认为,学生的成长、教师的发展不是一次100米赛跑,而是一场马拉松长跑,应着力于师生的可持续发展,在学校有限的场域内创造尽可能宽广的项目活动空间,让每个生命个体充满激情地探索,勇往直前地迎接挑战,在自我实现中享受创造的乐趣、关联的意义、学习的快乐,持续不断地获得成长发展的体验。

一、自我实现是学习源泉

自我实现是马斯洛需要层次理论的最高级,是学习动机中内驱力的最大体现,是学生学习、价值实现的源泉。如何激发、强化、持续学生的学习动机,是学生自我实现的关键。

---

[1] 施良方.学习论[M].北京:人民教育出版社,2001:382.

(一)学习动机的层级

学习动机在学生的学习生活中有着重大意义。学生是学习的主体,当学生立志学习、乐于学习时,才能取得良好的学习水平与成绩。大量研究表明,学习动机的指向和层级直接影响着学生的学习行为与学习成果。

学习动机的指向主要有内驱力与诱因两个因素。内驱力是指有机体自发产生的内部推动力,这一内部推动力与有机体的需求有关,且主要是精神需求。在学习的过程中,当学习者的需求没有得到满足时,其会产生内驱力,为达到需求而做出努力。例如,当学习者想要在学习成绩上超越同伴时,他就会产生学习内驱力,通过尝试各种方法或寻求各种帮助以达到自己的需求。诱因是指能刺激到有机体的外部因素,常常是有机体趋向或者回避的目标。[1]诱因分为正诱因和负诱因。在学习中,类似于奖学金、实物奖励、荣誉证书等能引起学习者朝目标努力的因素属于正诱因。教师批评、同学鄙视、惩罚等能引起学生远离目标的因素为负诱因。无论正负诱因,都能从外部环境出发,引导学生积极学习。苏联的心理学家也就此将学习动机分为内部动机与外部动机。

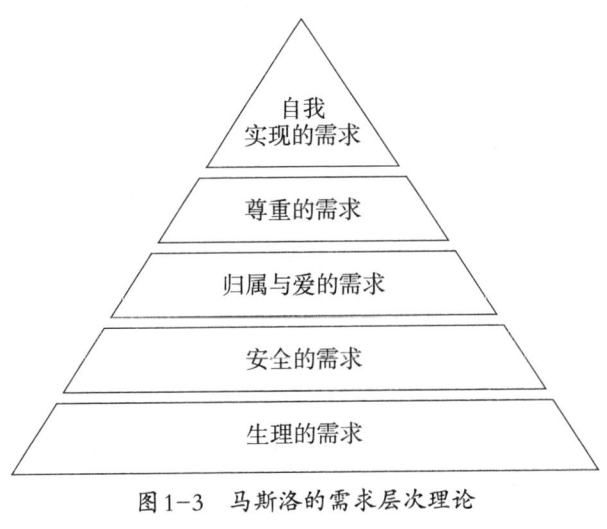

图1-3 马斯洛的需求层次理论

---

[1] 顾明远,张大均.教育心理学[M].北京:人民教育出版社,2004:81.

马斯洛的需求层次理论对学习动机进行了更具体的层级划分。马斯洛认为,人的基本需求有五种:生理的需求、安全的需求、归属与爱的需求、尊重的需求、自我实现的需求。这五项需求具有一定的高低层次之分,最基本的是生理的需求,然后才是安全、归属与爱、尊重的需求,最后人才进入自我实现的需求。马斯洛认为,自我实现作为最高层次的需求,是一种人性的丰富和潜能激发的需求。此外,他认为各种需求不仅有高低层次之分,还有先后顺序之分。只有当低层次的需求满足了,才会产生高层次的需求。而自我实现的需求属于人的成长的需求,随着人的发展而不断地更新与补充。

学生是一个成长的群体,他们的学习应当经历马斯洛需求层次理论中的五个层级。就如胡万忠在谈人的价值和自我价值时,讲到"人们对这五个层次需求的追求和实现的问题,也就是人的价值的实现的问题。"[1]而学生在学习中对这五个层次需求的追求过程,本身就是学生学习中自我实现的过程。教师应当关注学生缺乏学习动机是由哪种需求没有得到满足而引起的,比如单亲家庭的学生归属与爱这一需求得不到满足等,这些是学生学习与自我实现的主要障碍。因此,我们应从马斯洛的需要层次理论出发,挖掘学生的自我内驱力,帮助学生在学习中自我实现。

(二)在学习中自我实现

学生在学习中的自我实现,依托于学生的学习动机。教师在帮助学生自我实现的过程中,应当关注学生的需求和好奇心,激发并强化其学习动机,从而活跃其机体水平,并定向选择某些活动,以求实现有效学习。

了解和满足学生的需要,促进学习动机的产生。需要是学生学习积极性产生的源泉,厘清学生在学习生活中的需要是帮助学生自我实现的第一步。学生学习动机的形成及发展其实质是心理需要与能满足它的

---

[1] 胡万钟.从马斯洛的需求理论谈人的价值和自我价值[J].南京社会科学,2000(06):25-29.

目标相互联系的过程。[1]教师可以通过观察、谈话沟通、书写愿望清单等方式了解学生当下的需要,进而分析这些需求及其满足的可能性。如,一位在班里成绩偏上的女生特别不愿意参加课上的讨论与分享活动,通过书写愿望清单,我们了解到她特别渴望知心的朋友,害怕同学们对她有不好的看法。基于此,我们得知这位女生的心理需求其实为渴望获得尊重、关怀与爱,当我们帮助她满足了这一需求,自然她的课堂参与度就高了。

创设问题情境,激发学生的认知好奇心。认知好奇心是学生内在学习动机的核心,是一种追求外界信息、指向学习活动本身的内驱力,表现为好奇、探索、操作和掌握等行为。[2]当我们给予学生合适的信息时,这些信息会形成刺激,引起学生认知上的矛盾,从而使学生能够产生疑问,并带着疑问去探索未知。对于给予的信息,一方面我们认为信息量过犹不及。若信息量大而复杂,学生会感觉疲劳,从而产生回避行为;若信息量少而简单,学生就不易产生好奇心。另一方面,信息的内容应当围绕学生感兴趣的话题或者当下热点展开,不切实际或者离生活太远的话题都不易引起学生的好奇心。在方法上,发现教学法、实验演示、故事导入等在适合时机都是可以激发学生内在动机的有效方法。

强化学习动机,定向开展学习活动。学习目标是学生奋斗的方向,引导学生明确学习目标,通过特定的方法将其显化,并在日常生活中不断被呈现,避免长时间的学习动机疲劳。另一方面,奖励与惩罚是教师常用的强化方式。就奖励与惩罚的选择而言,我们认为赏识教育与批评教育一样重要。但奖惩的方式不可只关注物质强化,应当结合精神与活动的强化。教师应考虑学生的实际情况,考虑多种方式的奖惩手段,机智地选择合适的方法。此外,对学生进行合作与竞争教育,开展适当的合作与竞争是强化学习动机的有效手段。竞争的成功与失败,有利于学生对自己的学习活动进行有效归因,从而帮助下一阶段的学习。而合作学习能让学生充分发表与分享自己的观点,使创造力与学习的动力更好地呈现。

---

[1] 顾明远,张大均.教育心理学[M].北京:人民教育出版社,2004:81.

(三)用成就感作为持续学习的动力

成就感指的是学生在完成某一项具有挑战性任务并达到目标期待时,由内而外产生的满足感。

这一满足感是学生期待下一任务,即持续学习的动力。为了让学生在学习过程中获得这一动力,首先,任务本身应当适合学生的学习程度,学生对自我应当有正确的判断;其次,创造条件让学生获得成功的经验,避免习得性无力;再者,榜样的力量是无穷的,成功的案例能让学生的心灵得到成就感的浸润。

帮助学生确立正确的自我概念,获得自我效能感。自我效能感这一概念最早由美国心理学家班杜拉提出,指的是人对自己能否成功完成某项事项或胜任某一岗位等的自我判断。一个自我概念过高的学生,往往对自己的要求也会过高,从而设定不合实际的目标,以至于收获挫败感而逐渐丧失学习的动力。因此,一个正确的自我定位是收获成就感的前置条件。

创造条件使学生获得成功的经验。当学生一直努力却没有被回报以好的结果,往往会使学生对自我努力与结果之间的联系产生怀疑,并逐渐产生结果不可控的概念而影响后续的学习,即产生习得性无力。习得性无力感概念来源于美国心理学家塞利格曼等人的实验,指当机体接连不断受到挫折,便会产生无能为力、听天由命的心态。[1]因此,当学生在学习中遇到困难时,老师的引导作用就需要体现创造条件,及时给予学生一定的指导与帮助,让他在某一个阶段能够收获到成功的经验,从而在自我努力与学习结果之间建立正确、正向的联系。

为学生树立成功的榜样。成就感不仅来自自我体验,而且与对外界的观察密不可分。当学生观察到榜样的学习行为与学习结果时,自然而然会联系到自身,强化努力导致成功的归因观。例如,当与自身学业水平相似的同伴在上课时积极发言收获老师的表扬,并且在当堂课作业中获得了高分,学生就会赋能上课积极发言,认为这样的行为同样可以让

---

[1] 周国韬.习得性无力感理论再析[J].心理科学,1994(5):297-301.

自己收获成就感。同样道理,如果看到同伴遭遇挫折,学生对自己能力的判断也会降低。因此,在日常学习中,教师应当多为学生树立身边成功的榜样,让学生获得更多的成就感与体验学习的动力。

二、在创造中感受生命价值

将价值与创造、项目化学习联系起来,我们可以看到一条完整的教育和人生发展路径。首先,通过明确生命价值,我们找到了人生的方向和目标;其次,通过创造和实践,我们不断地实现自己的价值和梦想;最后,通过项目化学习,我们不断地提升自己的能力和素质,为未来的挑战做好准备。在这个过程中,教育的作用至关重要。教育应该注重培养学生的创新思维和实践能力,帮助他们找到自己的价值和意义。同时,教育也应该提供良好的环境和资源,让学生有机会参与到各种项目中去,实现自己的创造和实践。只有这样,我们才能真正实现生命的价值,为社会的进步和发展作出贡献。

(一)生命需要价值

生命,始终是哲学探讨的核心,不同的哲学理论对生命的意义和价值有着各自独特的见解。从古至今,哲学家们一直在试图揭示生命的本质,以及我们如何赋予其价值和意义。

从个体角度来看,生命的意义和价值与人的主观体验密切相关。"人,不外是人所设计的蓝图。"萨特的存在主义认为,人的发展和价值,掌握在自己的手中。萨特曾说:"所谓价值,也只是你所挑选的意义。"他认为选择决定了价值,他将人看作是自我设计、奋斗和实现的结果。由此可见,萨特的存在主义哲学的价值观是围绕"自我"展开的,存在主义以个人为本位,构建自己生命的价值观。

与萨特不一样,"康德把有机体称为'有组织的和自组织的存在者',这样的有机体具有这样的特征:一是整体决定部分,即各部分只有通过其与整体的关系才成为可能;二是各部分在交互因果关系中自发形成整

体。"①康德认为生命的意义在于与他人的关系和社会的影响,人与人之间的相互尊重和社会正义是生命的价值所在。这种价值观强调的是个体在社会中的角色和责任,以及个体对社会的贡献。

"在马克思主义哲学中,人的生命存在是具有自然属性、社会属性和精神属性的统一体,人们应通过形成自我意识来认识人与自然、人与社会、人与自然的三大关系",在此基础上,人有自然需要、社会需要和精神需要。基于此,他认为生命的价值不仅体现在个体层面,也体现在社会层面。首先,从个体层面来看,生命是人存在的基础。其次,从社会层面来看,生命的价值在于其推动社会发展的作用。马克思指出,人类社会的发展是一个自然历史过程,其中包含着人的有目的的活动。人们通过实践活动创造和发展社会,推动社会进步。在这个过程中,每个人的生命都在发挥着作用。因此,生命的价值不仅在于个体本身,更在于其对社会的贡献。

分析以上观点,我们不难发现:生命的价值不仅是个体存在的意义,也是社会发展的基础。要真正实现生命的价值并不容易。首先,我们需要认识到自己的独特性并珍惜它。我们应该尊重自己的选择和决定,勇敢地追求自己的梦想和目标。其次,我们需要不断地学习和成长,不断地挑战自我和超越自我。只有这样,我们才能不断地提升自己的生命价值。最后,我们需要关注他人和社会,积极参与社会活动和公益事业,通过自己的努力为他人和社会创造价值。

(二)价值不是靠发现而是靠创造

在探讨价值的本质和实现方式时,有一种观点引起了广泛关注,即"价值不是靠发现,而是靠创造"。这一观点强调了创造在实现价值中的核心作用,挑战了传统上认为价值是客观存在、等待被发现的观念。

价值的发现与创造存在辩证关系。传统观念认为,价值是客观存在的,人们只需要通过观察和思考来发现它。然而,现代哲学和社会科学

---

① 白文君,李金蔚.试论康德的生命观及其反思[J].新乡学院学报,2021,38(02):8-12,19.

的研究表明,价值在很大程度上是主观构建的,依赖于个体的认知、情感和文化背景。例如,哲学家尼采提出了"价值重估"的概念,认为价值是基于特定视角和解释框架构建的,而非客观存在。因此,价值的实现更依赖于个体的创造性和实践能力。

我们发现,创造在实现价值中的核心作用。创造是实现价值的关键过程,它涉及对现有资源的重新组合、新颖思想的产生以及实践行动的落实。经济学家熊彼特在其创新理论中强调了创造性破坏的重要性,即通过创新活动打破旧有的经济均衡,创造新的价值和竞争优势。这表明,创造不仅是对现有价值的提升,更是对新价值的创造。

值得注意的是,价值的创造往往不是孤立的个体行为,而是需要与他人合作和交流的过程。社会学家布尔迪厄在其场域理论中指出,价值的实现依赖于个体在社会网络中的位置和他们之间的互动关系。通过与他人的合作和交流,个体能够汇聚不同的知识和资源,共同创造出更大的价值。我们还要看到,价值的创造不仅体现在物质层面,更体现在精神层面。心理学家马斯洛的需求层次理论表明,人们在满足基本生理需求后,会追求更高层次的精神满足,如自我实现和归属感等。因此,创造精神层面的价值同样重要,它涉及个体的自我认同、情感满足和社会认可。

综上,创造是实现生命价值的重要手段。在当今这个充满变革和创新的时代,创造已经成为推动社会进步的核心动力。无论是科技、艺术,还是文化,都需要人们不断地创新和创造。通过创造,我们可以不断地突破自我,超越限制,实现自己的价值和梦想。同时,创造也可以为他人和社会带来福祉,推动社会的进步和发展。

(三)在教育中激发生命创造意义

在快速发展的现代社会中,教育被赋予了越来越重要的使命。传统的教育观念认为,教育的目的是传授知识,培养学生的认知能力。然而,随着社会的进步和科技的发展,这种观念已经无法满足当代社会的需求。现代教育更加注重学生的全面发展,强调培养学生的创新思维和实践能力。因此,在教育中激发生命的创造意义,成为教育领域的共识。

从「甜点」到「配餐」项目化学习的学校探索

要激发生命的创造意义,首先需要从教育理念上进行创新。传统的教育理念往往是注重知识的灌输和应试能力的培养,而忽视了学生的个性发展和创造力培养。现代教育理念则更加注重学生的主体地位,强调引导学生自主学习、探索和创新。例如,建构主义教育理念认为,知识是学生通过自主建构而获得的,教师应该扮演引导者和促进者的角色,帮助学生建构自己的知识体系和发展创造力。

除了教育理念的创新外,教学方法的改进也是激发生命创造意义的关键环节。传统的教学方法往往以教师为中心,注重知识的讲解和传授。而现代教学方法则更加注重学生的参与和互动,强调通过合作学习、项目化学习等方式培养学生的创新思维和实践能力。例如,项目化学习是一种以学生为中心的学习方式,学生需要在教师的引导下,自主选题、设计方案、实施项目和展示成果。项目化学习在激发生命创造意义中具有显著作用,它强调学生在实际的项目中,通过动手、动脑、合作等方式,解决问题,实现目标。这种学习方式不仅锻炼了学生的实践能力,还培养了他们的创新思维和团队协作能力。在项目化学习中,学生可以更加深入地了解自己的兴趣和特长,明确自己的价值和意义,从而更加自信地面对未来的挑战。

教育环境的优化也是激发生命创造意义的重要因素。一个良好的教育环境可以为学生提供更多的学习资源和机会,激发他们的学习兴趣和创造力。例如,学校可以建设创新实验室、艺术工作室等多样化的学习空间,为学生提供实践和创新的平台。同时,学校还可以开展丰富多彩的课外活动和社会实践,让学生走出课堂,接触社会,拓宽视野。

通过教育理念的创新、教学方法的改进和教育环境的优化,教育可以激发生命的创造意义。这种创造意义不仅体现在学生个人的成长和发展上,更体现在他们对社会的贡献和影响上。因此,我们应该重视教育在激发生命创造意义中的作用,积极推动教育的改革和创新,为培养具有创新精神和实践能力的新时代人才作出贡献。

三、在问题解决中建构意义联系

问题解决是指在一定情景下,解决者按照一定的目标,主动应用各种认知与技能,经过一系列的思维操作,使问题得以解决的活动过程。积极的主体、真实的情境、同伴的协作和充足的资源是增进学习的四大条件,"基于问题学习"是建构主义所提倡的一种学教方式。让学生通过问题解决来学习,尤其是生活中的真实问题,更容易激发学生的好奇心、想象力,建立知识与情境间的有意义关联,赋予知识以价值,也更容易解决学生认知上的冲突,锻炼学生的关怀力、创造力、实践力。

(一)关联孕育创造

关联的意思是事物相互之间发生牵连和影响。简单而言,关联就是由事物A联想到事物B的过程,它是我们大脑运作的基本方式。

日常生活中,关联无处不在。如听到小时候常听的儿歌,想到了自己的童年时代;吃到某道菜,惊呼"这是妈妈的味道";看到某个镜头,流下了感动的泪水。其实,这是大脑关联思维的运作结果。

创造的本质,在很多领域就是关联。在科技领域,如鲁班手指被草割破,关联到了锯子;瓦特看到水蒸气顶起壶盖,关联到了蒸汽机的发明;牛顿看到苹果下落,关联到了万有引力;魏格纳由世界地图轮廓关联到真实地球,提出了大陆漂移学说。在艺术创作中,如,2008年北京奥运会开幕式副导演张继刚由撕去白板上的塑料薄膜,关联出了从地面上"揭"起梦幻五环图案的设计;脱口秀演员将不相关的两种事物一联系,产生了幽默的效果。类似的例子很多,将不同的事物进行关联,由此及彼,产生创意,这似乎是创造者进行创造的秘诀。正如乔布斯说:"创造力就是找到事物之间的联系。当你问有创意的人他们是怎么做到的,他们会觉得有一点点负罪感,因为他们并非真的'做到了',他们只是看到了一些联系。有些事对他们就像是显而易见的。这是因为他们能把种种体验关联起来,并吐故纳新。"

世界互通,万物关联。事物与事物之间存在着各种各样的联系,没有一件事物是完全独立的。从联系的视角去观察不同事物,探寻事物间

的关联及影响,这既利于我们认识事物的本质,也利于我们解决可能面临的各种问题,产生创造性的见解。例如,现代科技发展催生的互联网、物联网,可将任何物体相互关联,实现智能化识别、定位、跟踪、监管等,正创造着无限的可能。

(二)学习重在意义关联

在新时代,信息可以搜索,知识可以询问"文心一言",所以,学习不应满足于获取新的信息或知识,而应在学习的过程中发现、理解各种信息或知识之间的内在联系,并将它们与自己的经验、信念和价值观相关联,从而形成自己新的认知体系。关联是学习的重要环节,孤立的知识就像沙粒,只有关联才能将其聚沙成塔,形成稳固的知识体系晶体,最终构建自己的认知体系(如图1-4所示)。其实,意义关联不仅有助于学生更好地理解和掌握所学的内容,还可以帮助学生更好地记忆和运用这些内容。

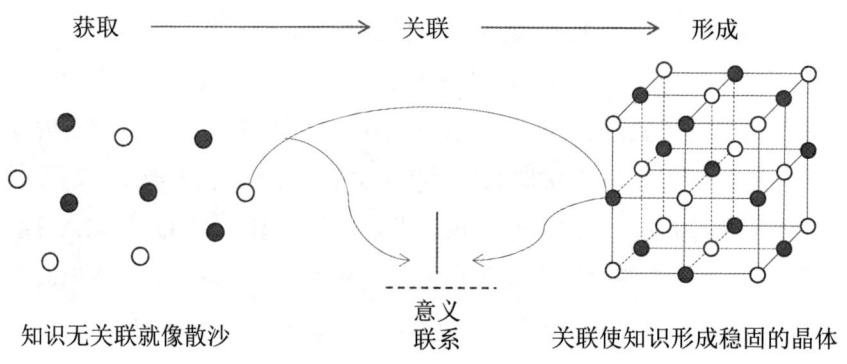

图1-4 关联是学习的重要环节

古代的先贤们在学习中就十分推崇关联。一次,孔子问他的学生子贡:"你跟颜回比,谁更强?"子贡回答说:"我怎么敢跟颜回比呢?颜回闻一以知十,而我闻一以知二。"孔子点点头,笑着说:"你确实不如他,我和你都不如他。"孔子讲究举一反三,他说:"不愤不启,不悱不发;举一隅不以三隅反,则不复也。"可见,孔子和子贡都注重学习时知识与知识、事物与事物的联系。这种理念在今天对学习仍具有指导作用,并被大家推崇与实践。但我们必须注意，以闻一知几作为判断强弱的标准，是在追求关联"量"的积累，尚未对关联的"质"进行探讨。因此，探寻学习的意义关联，追求关联的"质"，使学习变得更有意义和价值，是我们所追求的重要目标。

在学习中注重意义关联，重在发现知识间的联系、知识对情境的解释、不同领域知识间的联系，发现万物的统一性、世界的整体性，进而形成以联系的视角发现、解决面临的各种问题。为培养意义关联的能力，我们需要关注关联的方法。

● 类比关联：将一个事物与另一个相似的事物进行比较，找到它们之间的相似点和联系，从而将其中一个事物的知识和经验运用到另一个事物上。

● 比喻关联：用比喻的方式来描述一个事物，将其与另一个熟悉的事物建立联系，从而更好地理解它的特点和本质。

● 推理关联：通过推理的方式，从已知的事实或前提中得出结论或新的知识。推理可以是归纳推理、演绎推理、溯因推理等。

● 语境关联：将一个词语或概念与它所处的语境建立联系，从而更好地理解它的含义和用法。

● 经验关联：将过去的经验和知识运用到现在的情境中，从而解决问题。这可以通过反思、总结经验等方式来实现。

● 案例关联：通过分析过去的案例，了解问题的本质和解决方法，从而为解决类似的问题提供参考和借鉴。

● 因果关联：指的是事件或事物之间的因果关系，其中一个事件（"因"）导致另一个事件（"果"）的发生。

……

(三)在问题解决中关联意义

大千世界，芸芸众生，每一个个体都生活在问题中，发现问题、分析问题、解决问题，三者的和谐推进、协调循环，既是生命的主旋律，也是幸福人生的基石。

　　本校学生陆源将患阿尔茨海默病的太外婆认不出家人的问题与自己在社团所掌握的编程、3D打印技术相关联，发明了名为"勿忘我"的人像识别语音报告仪。当患者戴上"勿忘我"，家人站在其面前，经拍摄成像、数据比对、语音播报，患者就能知道站在面前的是谁。2004年12月26日，跟随父母前往泰国海滩旅游的英国萨里郡奥克斯肖特市的10岁小女孩蒂莉·史密斯，运用在圣诞节前两周学到的有关海啸的地理知识救活了玩兴正浓的100条生命，这是个了不起的贡献！这两件事例中的学生都是在生活中面临真实的、需要解决的问题，与已有的知识、技能和经验进行关联，并找到了解决问题的方法，这不仅让学习变得有意义，更彰显了个人价值。

　　在学习中，让学生经历问题解决的过程，抓住关键问题的突破点，透过现象看本质，明晰逻辑关系，总结多种解决方法，提升系统思维，这是新课程改革以来提升学生能力的重要教学方法。问题解决是"以问题为中心"，"问题"本身关联着对人、自然、社会的各种认识或实际需要，是可以孕育"意义关联"的情景，能让学生有一种身临其境的"在场感"；在问题的提出、分析、解决、交流等学习活动中，既关联着学生已有知识与技能的运用，也关联着新知识的发现、新技能的习得，更关联着学生新旧认知体系的重构，其本质是形成开放的、动态的"意义关联群"，即在"身临其境"的情景中组建"意义场"，完善个体的认知、情感、态度、价值观等。

第二章
跨学科项目化学习的设计与实践

研究团队对跨学科项目化学习研究内容做了专题梳理,从中发现,关于跨学科项目化学习的意义价值、内涵、特性等研究内容丰富,且达成了一定的共识,研究方式多为思辨性理论研究;跨学科项目化学习的课程样态、设计框架、实施模式、评估方式以及技术支持的研究存在多样性。但跨学科项目化学习在实践中却容易变为因项目而项目,而忽视解决现实问题的初衷。同时,现有模型对于学教的具体行为没有深入的研究,基本停留在模型要素层面,而且所举的具体案例也没有普适性的参考意义。因此,构建一个跨学科项目化学习的学教实践模型已变得迫在眉睫。

依据"做中学"理论、项目化学习基本流程,学校建构了"指向关怀与创造的跨学科项目化学习实践模式"(如图2-1),本模式以需求为导向,以自主为取向,践行以评导学、以学定教,聚焦学习关键行为,形成四阶学习模式,推动学教方式变革。

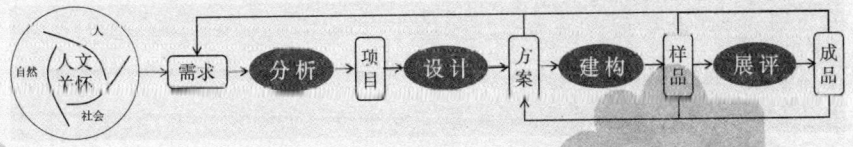

图2-1 指向关怀与创造的跨学科项目化学习实践模式

一、以人、自然、社会的需求为出发点

关注学习内容与学生经验的整合,是跨学科项目化学习的一个基本特征。团队从对人、自然、社会的关怀需求出发,经过多层次多角度的"分析",选择基于真实问题情景的典型项目,从而生成了以"分析"为起点,以"设计"为中心,以"建构"为推进,以"展评"为深化的四个不同阶段学习样态。

二、以"四次转化"连接四阶学习始终

整个跨学科项目化学习实践模式中,我们始终采用"学习如何转化"的逻辑思考每个学习样态对整个跨学科项目化学习的"贡献",思考这四者之间的联系。如在以"分析"为起点的学习中,我们通过对于先前"需求"的学习加工,最后产出一个个待研究的"项目",而以"设计"为中心的学习,则以这些"项目"为结构化设计的源头,通过多层次头脑风暴,最终形成翔实的"方案"。此时的"方案"又是建构"学习"的素材,在把"方案"转化成"样品"的过程中,学生要经历各种挑战,推进整个"项目"进程,而把"样品"运用到实际生活中则是又一大挑战,最终跨学科项目化学习以"展评"为深化阶段,形成"成品"。

三、以"循环迭代"为学习进程深加工

在四阶运行的过程中,不是单一线性推进的,而是循环迭代为学生的高阶学习、素养的落地赋能。如在建构学习的过程中,我们往往会发现"方案"无法顺利地转化成"样品",这就形成了第一个小循环,需要学习者再次修改"方案",直至顺利转化。同样地,在"样品"到"成品"的转化环节,要经受生活真实场景的检验,从而引发二次循环迭代。同时,在整个四阶学习的过程中,需时刻关注对于原始需求的达成度,使得学习方向不偏离,形成整体大循环的迭代圈。

第一节 以"分析"为中心的学习

早在《说文解字》中就有对"分析"一词的解释。"分,别也。从八从刀,刀以分别物也。甫文切。"(分,分别,刀是用来分别物体的)"析,破木也。一曰折也。从木从斤。先激切。"(析,劈开木头。另一义说,断折)桂馥《义证》:"谓以斤(斧头)分木为析也。"《魏都赋》注,引《说文》"析,量也"与今本义。"分析"在《现代汉语词典》中释义为"把事物、现象分成几个部分,找出它们共同的本质及彼此间的联系"。在《多功能现代汉语词典》中是"把一件事物、一种现象、一个概念分成比较简单的组成部分,找出这些部分的本质属性和彼此之间的关系"。两本词典的定义都不约而同地关注到了"分"与"析"两个部分。

"分析"是在思维中把事物的整体分解为各个部分,分别加以考察的逻辑方法。客观事物是复杂的,为了克服直观地从整体上认识事物的笼统性、模糊性,就需要把事物的各个部分、方面、属性分割开来,一部分一部分地分别加以考察,从而揭示事物的内部联系和内在本质。运用分析方法的客观基础是任何事物都存在整体与部分的辩证关系。

分析不是机械地分解,而是辩证地分别考察,即把事物的各个部分、方面放到其固有的相互联系和运动变化中去研究。分析方法的具体形式很多,有定性分析、定量分析、因果分析、结构分析、属性分析、比较分析等等。

分析方法的历史悠久,在科学研究中上升到常规和带头的地位,是16世纪以来的事。恩格斯指出,分析方法的普遍应用是近代四百年自然科学取得巨大进展的基本条件,所以科学界从方法论的角度把近代称为

"分析时代"。分析方法可有效地加深对细节的认识,但它必须与综合辩证地统一起来,否则,就会走向只见树木不见森林的形而上学。

在实践模型中的"分析",是指面对真实情境,从关心关怀出发,发现自然、生活中的某些需求,并将诸多需求按类"拆分"成若干子需求,经调查、论证确定真实的需求,进而转化为目标需求;检索已有的条件,明晰所面临的问题,论证突破方向,"筛选"出驱动性问题,将原始需求转化为待研究的"项目"。

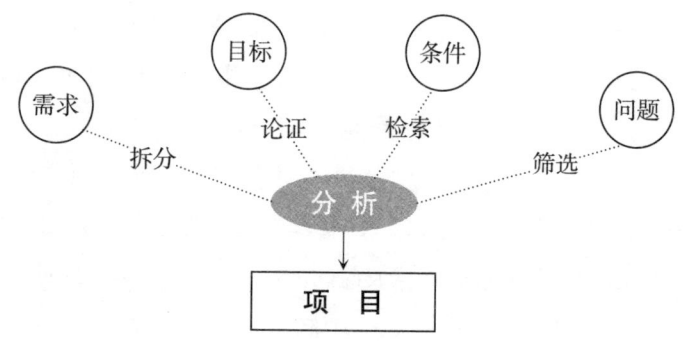

图 2-2 以"分析"为中心的学习

这个过程中围绕"拆分""论证""检索""筛选"这些关键行为,"拆分"指向"分析"中"分"的部分,而"论证""检索""筛选"则指向"析"的部分,两者紧密联系,只有"分"得合理,才能"析"得通畅。而在"析"的过程,通过"论证"反思"分"的合理性,通过"检索"保证"析"的方向性,最后"筛选"出的问题,是既源于"需求",又适合当下学习的好问题。

一、拆分需求

"需求"在《现代汉语词典》中为"出于需要而产生的要求"。因此在跨学科项目化的初始化阶段应该提供给学生真实的场景,从人、自然、社会出发去寻找合理"需求",同时将"需求"具体化,拆分出若干"子需求",而为了让学生能够快速"入项",沉浸式的体验不可缺少。

(一)采集需求

在跨学科项目化学习中拆分用户需求是非常重要的一步,可以帮助我们更好地理解用户的真正需求,从而设计出更符合用户期望的教育项目。而面对人、自然、社会这样的不同对象的关怀需求,可以通过不同的方式获取,如下表所示:

表2-1 不同方式采集需求

方式	具体做法	对象
访谈	通过与个体面对面地交流,倾听他们的需求和痛点,根据他们的语言和行为,分析他们的需求。	对于人(个体)的关怀需求
行为分析	通过分析用户的行为数据,了解他们的使用偏好和目标,然后根据这些数据来拆分用户的需求。	对于人(个体)的关怀需求
画像设计	可以根据个体的角色、年龄、性别、教育程度、职业等信息,来设计一个典型的用户画像,然后根据这个画像来拆分用户需求。	
观察记录	选择一个自然环境,并找到有趣的事物,如植物、动物,写下你观察到的一切,包括时间、日期、观察对象的名称和位置,以及你观察到的特征。观察你所记录的信息,并从中总结出有用的需求	对于自然的关怀需求
问卷调查	可以通过在线或离线的问卷来收集用户反馈,根据问卷结果对用户需求进行拆分和整理。	对于人、社会的关怀需求

如在"运动场上的关怀"项目中,通过对于学生、教师的调查问卷,采集"倒计时需要更精准、跑道需要降温"等真实需求;又如在"完美水杯"项目中,通过实地采访,发现目前学生的水杯存在"抓握困难、容易滚落、容量不合理"等诸多问题。通过以上的方法,我们可以将用户需求拆分成多个单独的需求点,从而更好地了解和满足用户的需求。

(二)分类需求

了解需求是项目化学习中的重要一环,而分类需求也有助于产品设计、功能规划、服务定位和市场定位等方面的决策,有助于形成更符合实

际需求的跨学科项目化成果，一般可以从以下几个角度对需求进行分类（如表2-2所示）。

表2-2 不同角度归类需求

需求		具体做法
个体需求	功能性需求	即个体希望产品或服务提供的具体功能。例如，在线购物网站要提供搜索、下单、支付、发货等功能。
	服务质量需求	即个体希望使用产品或服务时得到的服务水平。例如，快递公司要保证时效性和准确性，客服要及时回应用户的问题。
	用户体验需求	即个体在使用产品或服务时所期望的感受。例如，手机软件应该易用、美观、流畅。
	安全性需求	即个体在使用产品或服务时所期望的安全保障。例如，银行网站要加强对用户数据的保护，避免信息泄露。
	心理需求	即个体在使用产品或服务时所期望获得的情感体验。例如，豪华酒店服务要为用户创造温馨、舒适的居住体验。
	成本需求	即个体在使用产品或服务时所期望的成本投入和回报。例如，保险产品应该提供合适的保障，同时价格合理。
自然保护的需求	生物多样性的维护需求	生物多样性是地球上的生命物质和生态系统的多样性，包括生态系统多样性、物种多样性和基因多样性。自然保护需要维护生物多样性，防止物种灭绝，维持生态平衡，以保护自然资源。
	自然资源的可持续利用需求	自然保护需要确保自然资源得到可持续利用，以保证其能够满足人类基本需求，同时也不会对环境造成过度的破坏。
	水、土地和空气污染的控制需求	人类活动产生的污染物和排放物对环境造成了极大的危害。自然保护地需要采取措施控制水、土地和空气污染，以保护自然环境。
	自然灾害的预防和应对需求	自然保护需要预先制定计划，以应对自然灾害的发生，包括洪水、地震、火灾等。这些计划旨在减少自然灾害对自然环境和人类的影响。

续表

需求		具体做法
社会的需求	生态系统和自然景观的保护需求	生态系统和自然景观是自然资源的重要组成部分,具有丰富的生物多样性和文化价值。自然保护需要确保这些生态系统和自然景观得到保护,以便人们在未来能够享受到它们的美丽。
	志愿服务需求	积极参与社区、学校或其他组织的志愿活动,为社会提供力所能及的帮助。
	社会问题改进需求	了解和关注社会问题,包括环境问题、社会不公、贫困问题等,积极参与社会讨论和行动,促进社会进步和发展。

以上需求分类整理只是按照常规需求分类,每个项目中也含有其他未列举的需求。如在"运动场上的关怀"项目中,将计时更精准的需求归类为服务质量需求;将提供看台区的降温装置作为功能性需求;将运动会照片上传不及时等作为用户体验需求等。

二、论证目标

"目标"在《现代汉语词典》中意为"想要达到的境界"。为了更好地规划跨学科项目化学习的目标路径,除了有明确的项目成果外,更需要围绕解决问题的逻辑线,规划可能的"路径图"。

(一)共通性目标

学生在跨学科项目化学习过程中可以因为实际的需求而获得更好的学习体验和效果,这种实践性的教育方法能培养出学生实践创新、自我管理、合作与沟通等能力。因此,在跨学科项目形成之初,可以从以下非学科特质学习目标去论证:

表2-3 论证共通性目标

能力维度	具体表述
实践能力	学生可以获得更加具有实践性的学习体验,锻炼解决现实问题的能力。
团队合作能力	项目化学习需要团队合作完成,从而培养学生的团队合作和领导能力。
创新精神	在完成一个项目过程中,学生需要做决策、改进、创新、反思和总结等,从而培养创新思维和创新能力。
决策能力	项目化学习要考虑的因素很多,学生需要分析问题信息、进行决策和评估。这也可以帮助学生更好地提高决策能力。
评价和反思的能力	能回顾解决问题的过程,能主动和他人交流自己的想法。能对结果的实际意义作出解释,有条理地表达自己的想法。能自觉地进行反思,并能分享、欣赏他人的观点,进行调整和修正。
其他	以上未列举到的能力。

通过跨学科项目化学习,学生可以更好地理解和应用所学知识,获得更丰富的实践经验,在实际工作中更具竞争力,这些综合性目标都是非常合理、需要达成的学习目标。如在"会记忆的书柜"项目中,需要学生设计并制作出一个"会记住每本书看到哪里""什么时候看"的物联网书柜,这考验了他们的实践能力。同时,因为需要设计可以通过手机App查看书柜中每本书的阅读状态的功能,项目设计、建构、应用环节都相对复杂,需要团队合作,这也是一个从无到有的过程,体现创新精神。另外,在整个设计和制作的过程中,要考虑到成本等诸多因素,因此,学生的决策能力也必不可少。

(二)学科性目标

在跨学科项目化学习中,论证学科目标的关键在于找到各个学科之间的联系和互补性。以下是一些寻找学科目标的方法,如图2-3所示:

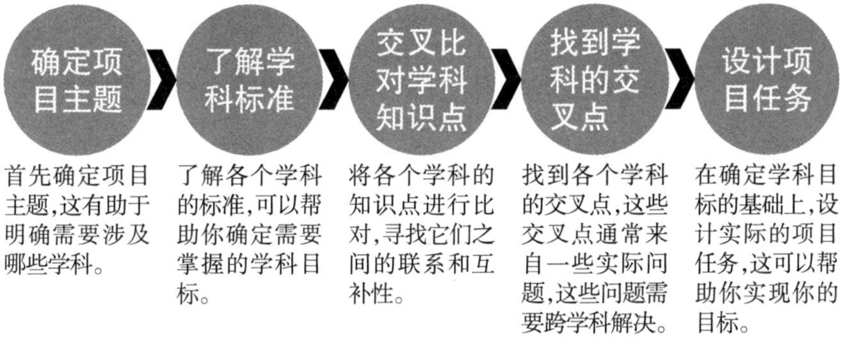

```
确定项    了解学    交叉比    找到学    设计项
目主题    科标准    对学科    科的交    目任务
                   知识点    叉点
```

| 首先确定项目主题,这有助于明确需要涉及哪些学科。 | 了解各个学科的标准,可以帮助你确定需要掌握的学科目标。 | 将各个学科的知识点进行比对,寻找它们之间的联系和互补性。 | 找到各个学科的交叉点,这些交叉点通常来自一些实际问题,这些问题需要跨学科解决。 | 在确定学科目标的基础上,设计实际的项目任务,这可以帮助你实现你的目标。 |

图2-3 跨学科项目化学习中论证学科特质目标

要进行跨学科项目化学习,需要在各个学科目标中寻找联系和共同点,并将这些联系和共同点转化为实际项目任务。这样做可以帮助学生更好地理解学科知识和技能,提高他们的综合能力。

例如,在"利用北斗导航,制作经纬仪器"项目中,在制作经纬仪器前,需要了解这个项目中的学科标准(如表2-4所示),在科学目标中需要了解经纬度的概念。而在数学目标中,有认识坐标系的有关概念和建立坐标系的方法,都聚焦到了位置的确定这一个内容,由此确定整个项目的主要任务是学习如何运用北斗导航进行定位,将科技知识运用到现实生活中,实现科技为人类服务,提高人们的生活水平,从而使人们获得幸福感,以此衍生出了解定位、认识经纬度、找中国及重要城市的经纬度、在地球上确认一个指定位置、制作小小经纬仪等五个子任务。

表2-4 "利用北斗导航 制作经纬仪器"学科目标

S(科学)目标	T(技术)目标	E(工程)目标	M(数学)目标
了解经纬度的概念,知道地球仪是地球的模型,了解地球仪上的两极经线、经度、本初子午线、东西半球划分,了解地球仪上的赤道纬线、纬度、南北半球划分,了解经线、纬线表示的方向、经纬网及其作用。	认识北斗,了解北斗卫星导航系统的功能和系统构成。了解北斗卫星导航系统的定位原理,借助电子地图,学习经纬度和地球坐标的知识。	能够组装经纬仪器,并通过电子地图工具验证某一地点的经纬度。用电子模块组装经纬仪器。在卫星信号充足的地方进行经纬度观测,并在电子地图中找到位置。	在实际问题中,能建立适当的直角坐标系,描述物体的位置。认识坐标系的有关概念和建立坐标系的方法,然后再利用坐标系解决生活中确定地理位置的问题。

三、检索条件

"条件"在《现代汉语词典》中意为"制约事物存在和发展变化的因素"。为了更好地实现需求目标,教师和学生要对在过程中可能用到的"条件"进行检索,这也为后期的设计具体方案埋下思考的种子。

(一)多样化检索

在项目化学习中,学习条件是指学生需要达到的知识、能力和技能,以及理解和解决问题所需要的背景知识。教师和学生都可以通过以下常见的方式进行检索。

1. 课程教材:通常包含学习条件的详细描述。可以通过研究教材中的课程目标和要求来确定学习条件。

2. 相关书籍和文献:通过阅读相关书籍和文献,可以更深入地了解和探讨学习条件,以及与课程相关的其他主题。

3. 专家咨询:通过与相关领域的专家和从业者交流,可以获取一些实用的建议和指导,帮助他们更好地了解学习条件并达到这些条件。

4. **互联网资源**:通过检索互联网上的资料和资源,包括学术论文、资讯网站、社交媒体平台,可以获取更广泛的信息,从而更好地掌握学习条件。

5. **公共图书馆资源**:公共图书馆通常拥有丰富的资料和文献,可以利用这些资源来查找和研究与学习条件相关的主题。

在进行学习条件的检索时,教师和学生都应该选择可信的来源,并且需要注意评估和筛选信息的质量。此外,他们还可以利用社交媒体和在线学习社区与他人交流和分享经验,以获取更多的学习条件和技巧。

(二)分步骤梳理

根据跨学科项目实施的可行性进行检索条件的设置,帮助学生或团队更好地理解实施跨学科项目的可行性要求和借鉴成功经验,提高实施效率并取得更好的成果。具体可以按照以下步骤进行,如图2-4所示。

在分步骤梳理检索条件时,要时刻关注项目化实施的目标和约束条件,并参考相关经验和已实施项目实践经验,找到有用的信息加以整理和分析,可以借助在线搜索工具、项目管理工具等。

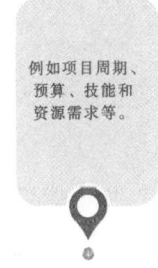
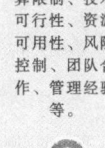
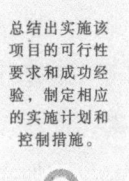
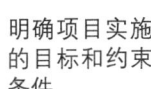

图2-4 分步骤梳理检索条件

四、筛选问题

"问题"在《现代汉语词典》中为"有待研究解决的矛盾、疑难"。根据前期"检索条件",教师和学生选择条件相对成熟的项目,围绕先前的"目标需求",提出在一定"条件"下的"驱动问题",此时的项目就有了明确的目标和模糊的路径。

(一)根据限制条件

在根据限制条件筛选时,可以按照以下步骤进行:第一,确定问题的关键因素和目标:需要分析问题所涉及的关键因素和目标,弄清楚问题的主要驱动力是什么。第二,列出潜在限制条件:接下来,可以考虑潜在的限制条件,即可能对问题解决方案产生影响的因素。例如,可能存在时间、人力、资源、经济、技术等方面的限制条件,便需要将其列出。第三,评估限制条件的影响力:针对所列出的限制条件,需要评估它们对问题解决方案的影响力。如果限制条件非常严格或者对问题解决方案的实现有很大的影响,那么这些限制条件就是驱动问题的限制条件。第四,优先考虑关键限制条件:在筛选驱动问题的限制条件时,需要优先考虑关键限制条件,即对问题解决方案影响最大的限制条件。如果能够解决关键限制条件,那么问题解决方案的实现将更加可行。第五,最终确定驱动问题的限制条件:综合考虑以上步骤,可以在不同的限制条件中筛选出驱动问题的限制条件。

需要注意的是,在进行限制条件筛选时,应该考虑一定的风险因素。这些风险因素可能会导致已列出的潜在限制条件不适用于实际情况。比如在"制作伪3D全息投影装置"跨学科项目中,我们发现本课虽然制作的是全息投影装置,但所需的器材简单易得,智能手机(或iPad)每个家庭都有,透明塑料片可以购买,也可以收集一些塑料包装进行废物再利用,剪刀、刻度尺等也是一些日常生活用品。因此,跨学科项目化学习要想走向常态、进入基础课、实现普及,开发蕴含各科核心知识、只需简易硬件条件的课例是一项前提保障。

(二)根据实践能力

根据学生实践能力筛选驱动问题,首先,需要明确学生实践能力的要求:例如要求学生拥有团队合作能力、解决实际问题的能力、自学和学习的能力等。其次,需要确定驱动问题:根据学生实践能力的要求,找到符合条件的驱动问题。例如团队协作解决复杂实际问题、自主设计和研发具有实际应用价值的项目等。再次,需要制定条件和指标:根据驱动问题的要求和指标,制定符合学生实践能力的筛选条件和指标,例如项目难度、可行性、实现成果、团队合作等方面的综合评估。除此之外,还需要评估学生的实践能力:将每个学生的实践能力与驱动问题的筛选条件和指标进行匹配评估,以识别符合条件的学生。最后,需要选择合适的学生:根据评估结果,选择符合条件的学生,对其进行针对性的培训和支持,提升其实践能力,并帮助其完成驱动问题的解决。

通过这样的方法,可以更加科学地根据学生的实践能力筛选驱动问题,帮助学生提升实践能力,并促进他们的学习和成长。同时,也可以提高实践项目的成功率和价值,实现双赢。

【案例】 以"分析"为中心的学习——智造垃圾桶

一、项目简介

智能垃圾桶改造项目是本校自主开发的STEAM课程"智造生活"中的一个中长期项目。该项目面向七年级的学生,以真实世界问题作为学习的起点,利用智能技术作为学习的支撑环境和工具平台,让学生在应用技术解决问题与创造的过程中进行学习,实现技术与多学科知识的融合、技术与实际生活的融合、技术创新与人文精神的融合,培养适应智能时代必备的素养。

二、实施片段

垃圾桶在生活中随处可见,是我们生活中必不可少的物品之一。然而,要改造垃圾桶,需要对垃圾桶有更深入的了解,以便找到一个值得突破的痛点。同学们通过小组讨论、角色代入的方式,得出了以下垃圾桶的分类,这些分类体现了对人、自然、社会的关怀。

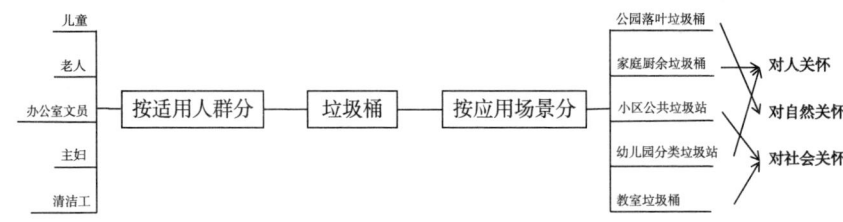

图 2-5 生活中垃圾桶分类

不同环境的垃圾桶、不同人群使用的垃圾桶都会有不同的需求。鉴于学生对很多场景缺乏深入接触,无法感受痛点,因此,要求同学们制定出调研方案,并于课后进行实地考察与调研,第二节课进行调研数据的分析和整理。学生整理出的需求如下:

表 2-5　各类垃圾桶改造的需求分析

不同场景的需求	具体要求
公园垃圾桶设计需求	设计不用手开盖子、容量大的垃圾桶。
公共垃圾桶不想用手去开盖子　游客 垃圾很容易满,清运工作量大　清洁工 → 使用者 → 公园垃圾桶 ← 主要丢弃物 ← 落叶　非常膨松,易于压缩 饮料瓶占地空间大,重量轻,可压缩 纸巾、食品包装　占地空间大,重量轻,易压缩	
小区垃圾桶	设计根据满溢程度来运送的垃圾桶。
居民下楼走到垃圾桶前发现垃圾桶已满,会继续往垃圾桶上放垃圾。 清洁工定时按路线清运,而不是按垃圾桶满溢程度进行清运。 → 小区垃圾桶 ← 分布在小区各处的垃圾桶有的满,有的不满 主要垃圾为厨余垃圾、可回收垃圾、建筑垃圾等	
幼儿园垃圾桶	设计带有提示语以帮助孩子正确分类的幼儿垃圾桶。
主要垃圾为果皮、纸张、废弃文具、电池等 → 幼儿园垃圾桶 ← 小朋友不识字,不能正确进行垃圾分类 垃圾桶外形不够可爱,与环境不相融	

以幼儿园垃圾桶为例,同学们经过讨论,决定把重点放在如何帮助幼儿园小朋友进行垃圾分类上。有两个小组决定分别用不同的方案来解决这一问题。一组决定通过可爱的大按键帮助小朋友进行垃圾分类,一组决定通过语音识别帮助小朋友进行垃圾分类。

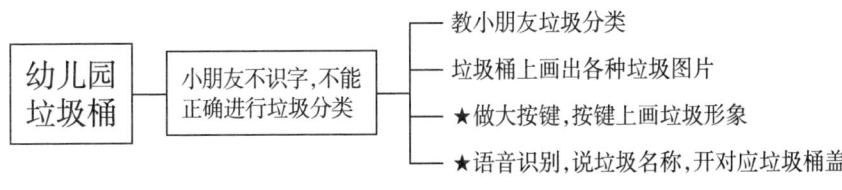

图2-6　幼儿园垃圾桶项目目标梳理

经过对解决方案的讨论,并进行了可行性预判,最终形成项目组。如下表所示:

表2-6　"智造垃圾桶"根据不同需求设计的解决方案和可行性分析

使用环境	需求	解决方案	可行性
公园垃圾桶	垃圾体积大、垃圾桶很快就满	垃圾桶自动感应,当垃圾装满后启动压板把垃圾往下压缩,使垃圾桶可以继续装垃圾。等垃圾桶全部装满并不能再压缩时,桶盖自动关紧不再打开,并发出信号通知环卫工人前来清运。	要学习自动感应技术
小区垃圾站	满溢后不能及时清运	开发一款App,当垃圾站满溢后能够自动发射信号,App上可以显示垃圾站的满溢情况,从而使居民在下楼扔垃圾时知道哪个点的垃圾站没满。同时也方便清洁工合理规划清运路线,及时清运垃圾。	成本超预算,技术未达成
幼儿园垃圾桶	不容易进行垃圾分类	设计卡通风格的大按钮,一个按钮对应一类垃圾,并画上相应的卡通图案。小朋友根据图案找到要扔的垃圾,按下按钮,对应的垃圾桶打开盖子。	要学习翻盖功能
幼儿园垃圾桶	不容易进行垃圾分类	设计语音识别系统,小朋友只要站在垃圾桶前说出自己要扔的垃圾,对应的分类垃圾桶盖就会打开。	要学习语音识别系统

最终确定了"幼儿园垃圾桶"项目,以"如何设计出一款语音识别的翻盖式环保可爱垃圾桶"为驱动问题,并从功能、分类资源、实现等几个角度再次明确了整个项目的一些实施"条件"。

表2-7 幼儿园垃圾桶项目"驱动问题"提炼

需求	拆分	技术
设计一款适合幼儿园的垃圾桶	幼儿不识字	语音介绍(百度AI平台)
	可以自动开盖	感应式开盖(树莓派)
	符合幼儿园的风格	外形符合幼儿审美
驱动问题:如何设计出一款语音识别的翻盖式环保可爱垃圾桶?		

第二节 以"设计"为中心的学习

"设计"一词在词典上的解释是"把一种设想通过合理的规划、周密的计划、通过各种方式表达出来的过程"。人类通过劳动改造世界,创造文明,创造物质财富和精神财富,而最基础、最主要的创造活动是造物。设计便是造物活动所进行的预先计划,可以把任何造物活动的计划技术和计划过程理解为设计。

设计是一种创造性的过程,旨在解决特定问题或实现特定目标。它在各种行业中广泛应用,无论是物理世界中的产品,还是数字世界中的体验设计,都需要经过全面和深入的思考才能达到满意的结果。在大多数人的观念中,设计与美学往往被视作一体,难以区分,然而,在专业领域中,这两个术语通常会被明确区分开来。设计的重点是解决问题和提供功能性物品,而美学的重点则是关注审美上的满足和艺术上的价值。

设计是一项综合性的任务,需要处理许多不同的因素和变量。这些因素可能包括客户需求、技术限制、用户体验等,因此,设计者需要在创造性和可行性之间进行平衡。设计是人类不断追求真、善、美的过程,是将科技、艺术、文化综合运用的结果,设计通常包含了形式、功能、预算、评估等多个方面,其重点是在现有的需求、材料、技术等限制条件下,创造出符合人们期望并能够满足其需求的产品或服务。

设计是我们生活中不可或缺的一环,它贯穿于我们所处的各个领域。但是,我们真正了解设计吗?它又是怎样与项目紧密相连的呢?在本节中,将聚焦以"设计"为中心的学习,从而解析出其中的关键要素。

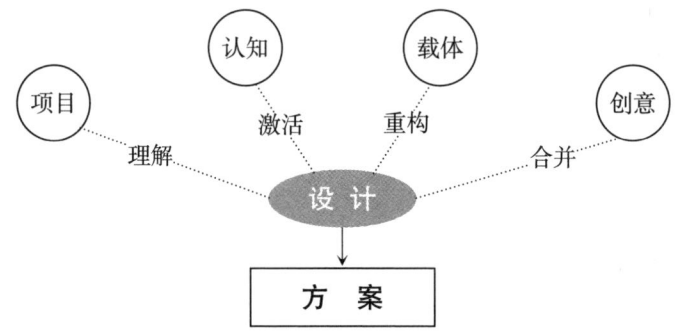

图 2-7　以"设计"为中心的学习

本节中以"设计"为中心的学习,指的是在面对确定的项目时,引导学生理解项目必要条件、无关因素、矛盾挑战,以及现实所具备的条件,并据此激活已有的认知与经验,选择合适的素材资源、恰当的载体进行重构、论证,发现各种创意的优势,最后合并形成解决问题的方案。

一、理解项目

理解的意思是"顺着条理进行详细分析,从而了解、明白"。理解项目,就需要了解项目中的相关对象,同时顺着条理对这些条件进行分析,从而了解相关对象之间的关系,架构出一条可行之路。

(一)理解条件

要想项目能够成功开展,理解项目中对象的条件必不可少。这里的对象主要分为人与物两大类。第一类是参与对象的条件,比如项目的主题和目标必须与学生的现有知识和技能相匹配,能够助力他们技能的发展,并为将来的学习做好准备。第二类为项目中各种已有条件,比如项目展开的环境、需要的物品等。只有理解了这两大类的对象条件,才能更好地服务于后期的设计、建构、应用。

如在"食用能源未来可期——'水果电池制作'"的课程教学中,日常比较多应用到的能源就是电能,而电池是使用比较多的电源装置。学生对于废旧电池中所含有的锰、汞、锌、铬等重金属造成的环境污染已有所了解。

如何开发替代能源是本案例的一个突破口。从学生角度思考,初二学生在课堂中已经学过化学能与电能方面的知识,这些知识能支持他们设计出一款将化学能直接转化为电能的装置;从物的角度思考,在生活中,柠檬、苹果等新鲜多汁的水果非常常见,铜

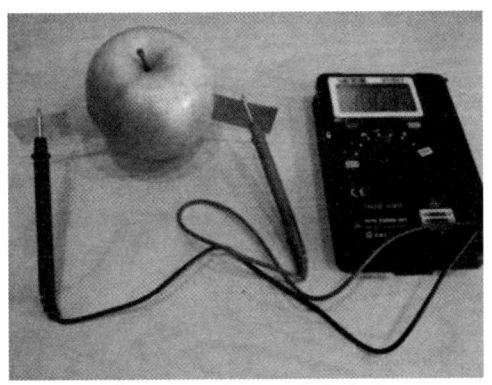

图2-8 水果电池装备条件

片、锌片、导线若干、鳄鱼夹线、LED灯、万能表等也是常见的实验器材。

(二)建立关系

从人、物两个角度理解了对象条件后,接下来应该通过积极地建构活动,建立起人与物的关系。这里需要思考两个问题:第一就是设计何种活动唤起学生的认知经验,并与物之间建立联系;第二是如何让学生建立起物之间的新关联。

如在上述水果电池的案例中,初二学生已经有关于化学能与电能的转化关系的知识储备了,因此学生首先想到利用水果中的酸性液体。水果中的液汁相当于电解质溶液,可以利用铜和锌(镁)金属活性的不同来制作电池,较活泼的金属锌(镁)能置换出酸性液体中的氢离子——锌电极上的锌单质脱去电子形成锌离子,进入酸性液体中;脱去的电子通过导线流到铜电极,与酸性溶液中的氢离子结合,形成氢气分子。导线中的电流驱动发光二极管工作,如图2-9所示。

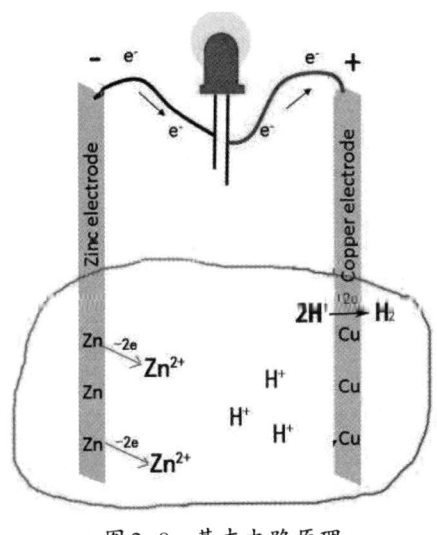

图2-9 基本电路原理

有了原理设想,以"设计"为

中心的学习就有了基础,方案从器材、电路图、现象和分析多个角度入手,设计才有了抓手。

二、激活认知

"认知,是指人们获得知识或应用知识的过程,或信息加工的过程,这是人的最基本的心理过程。它包括感觉、知觉、记忆、思维、想象和语言等。"人脑接受外界输入的信息,经过头脑的加工处理,转换成内在的心理活动,进而支配人的行为,这个过程就是信息加工的过程,也就是认知过程。在进行"设计"时,一个重要的问题是如何激活学生的"认知",使他们在学习过程中获得更深入的理解和更持久的记忆。在项目展开的过程中,知识技能可以高效习得,即学即用,同时可以充分利用学生原有经验进行项目创生。

(一)即学即用

在跨学科项目化学习过程中,并不是只见问题,不见知识技能,而是在解决问题的过程中,知识技能随问题的展开而进行及时"补给"。为了使认知过程更深入,在学习过程中,教师要提供适当的支持,包括工具、资源等的及时介入,让学习自然而然地发生。

如在"水果搭配师"跨学科项目化学习中,二年级的学生需要利用到统计方法与知识,于是教师提前做好微课,课前及时推送,帮助学生更好地选择合适的统计方法,具体如下表所示:

表2-8 微课引发认知过程

微课情境	引发讨论
怎么知道哪种颜色是大多数同学最喜欢的颜色呢? 可以在全校做调查。 我们学校那么大,同学那么多,这样调查太麻烦了,能不能先在一个班级做调查呢?	1.如何知道哪种水果是大多数同学喜欢的,哪种是同学们不喜欢的? S1:可以在全校做调查。 S2:学校那么大,同学那么多,这样调查太麻烦了,能不能先在一个班级做调查?

续表

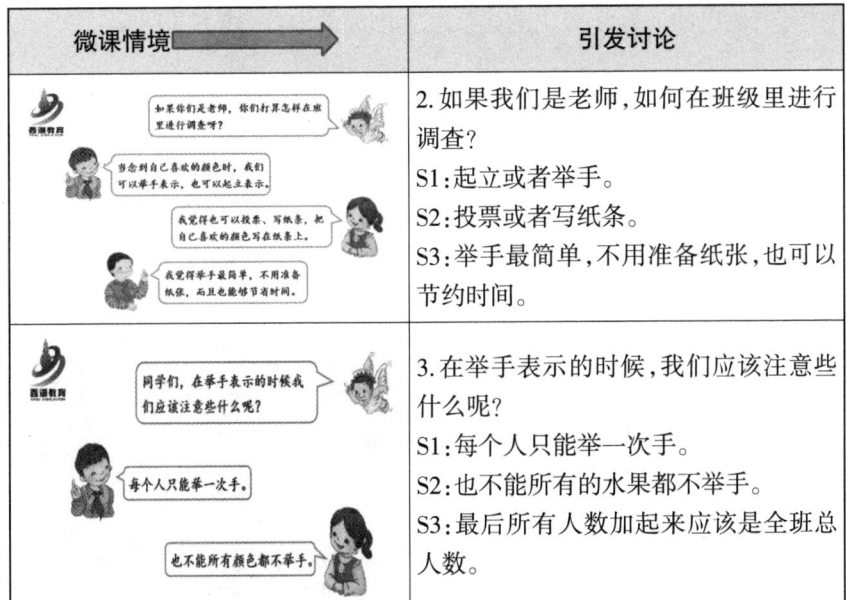

微课情境	引发讨论
	2.如果我们是老师,如何在班级里进行调查? S1:起立或者举手。 S2:投票或者写纸条。 S3:举手最简单,不用准备纸张,也可以节约时间。
	3.在举手表示的时候,我们应该注意些什么呢? S1:每个人只能举一次手。 S2:也不能所有的水果都不举手。 S3:最后所有人数加起来应该是全班总人数。

播放关于"数据收集与整理"的微课,并提出以下思考:如何快速统计?统计范围如何?如何记录得又简便又清楚?怎样判断记录是否完整?通过微课中统计学生最爱的校服颜色的环节,学生自动地迁移到调查学生最喜欢的水果是什么,并快速聚焦到三个问题中,从而得出统计要领。

(二)项目创生

除了知识技能的即学即用外,利用学生的先前经验进行项目化创生更为"灵活"。因为每个学生的原有经验不同,所以要充分给予学生思考、交流的机会,这样有利于项目创生。

如在上述案例中,经过全班同学尝试性改造,完成了一张汇总后的统计表。由于项目化不一致,因此只能暂时按照同学的建议,先合并成一张单式统计表。

班级统计情况

个数	2	9	8	3	5	2	6	9

根据以上统计表,小组讨论完成水果信息分析表。信息表包含获取的信息、提出的问题和提出的建议三个部分的内容,如下图所示:

我知道了

我提问了

我建议了

图2-10 统计表数据汇总

这个环节主要涉及情感态度层面、过程探索层面与高阶认知层面。情感态度层面主要涉及学生在合作探究过程中的参与度;过程探索层面主要涉及学生在探究过程中的探索能力;高阶认知层面主要涉及学生的数据分析能力,包括是否能理解数据背后的含义,并对"一周水果单"提出建设性意见。因此,教师要给学生留足时间进行循环问诊。

每个小组选派一名介绍员,带着小组信息获取单到相邻小组进行介绍:第一组到第二组,第二组到第三组,以此类推,最后一组到第一组。在循环问诊的过程中,教师加入讨论,发现在排名前五的水果中,西瓜引起了争议。经过讨论,大家发现,西瓜难分配且有籽,并且容易导致小朋友频繁地上厕所。虽然学生最爱吃西瓜,但考虑到现实因素,决定排除西瓜。因此,排名第六的梨成为候选水果。

三、重构载体

"重构"通常指通过调整程序代码来提高软件的质量、性能,使其程序的设计模式和架构更趋合理,提高软件的扩展性和维护性。在跨学科项目化学习中,通过"重构载体",可以将更多的创意贯穿其中。该过程以"学科原理,横向贯穿"为原则,注重凸显学科本质,确保创意不脱离主轴,同时帮助学生延展学习内容,纵向深挖。这样的方法不仅提高了重构的有效性,还促进了学生创新意识的发展。

(一)横向贯穿

在每个项目进行的过程中,设计的核心在于载体的重构。这种重构并不脱离主核的"天马行空",而是基于一定学科原理的方法创新。因此,在重构之前,要特别关注学科原理的剥离和抽取,并在重构过程中一以贯之。如在"小小设计师"跨学科项目化学习中,通过大概念的贯穿,同时聚焦于图形运动的原理,成功完成设计。

表2-9 "小小设计师"大概念与学科原理

学生在经历"小小设计师"的项目后,能感受到生活中很多复杂的事物都可以分解成基本单元,具有初步的化繁为简的意识和能力。	
学习迁移	
学生能自主地将所学运用到…… 1. 学生能将图形运动与设计图案联系起来,并把相关的发现运用到今后的学习和生活中。 2. 在遇到复杂事物时,学生具有化繁为简的意识,能不断地尝试把复杂的事物进行分解,从而解决一些生活中的复杂问题。	
理解意义	
深入持久理解 学生将会理解…… 1. 本课的复杂图案都可以看成基本图形通过不同的运动而形成。 2. 同一个图形利用不同的运动方式进行变换,就会得到丰富多彩的图案设计。	核心问题 学生将不断地思考…… 1. 这些美丽的图案是怎么形成的? 2. 设计这些美丽的图案会用到我们学过的哪些知识?

续表

掌握技能	
学生该掌握的知识是…… 1. 能辨认出生活中的简单图案是由一个图形经过轴对称或平移等运动方式得到的。 2. 知道可以通过平移、旋转等运动方式,让基本图形组成不同的美丽图案。 3. 感受基本图案的密铺在生活中的广泛运用。	学生应形成的技能是…… 1. 能在正方形中拼贴或设计图形,并将所设计的图形通过轴对称、平移等运动方式创造出自己喜欢的图案。 2. 能将同样的图案拼在一起,并根据实际情况确定观察到的基本图形,用自己的语言描述图形的运动。

以逆向设计的视角重新梳理,发现该课不仅仅是从技能的层面让学生学会设计基本图案,也不仅仅是从理解的层面再去认识平移、旋转、轴对称等知识,而是在图形运动的原理上进行变化,将基本图形由一变多,再由多变一,体现化繁为简的大概念。

(二)纵向延展

在找到主轴学科原理后,对于项目中的其他内容,可以深挖延展,这里的延展有两个方向:一是近迁移,即进行同类情境思维发散;二是远迁移,即相同策略下的情景融通。如在"校园寻宝"跨学科项目化学习中,当学生理解了位置与方向的原理后,把范围扩大,难度升级,以此来考验学生的策略融通能力。

表2-10 "校园寻宝"近迁移设计

"校园寻宝"→"湿地寻味"问题"近迁移"评价设计			
环节	"校园寻宝"	"西溪湿地寻味"	共通之处
设计任务	范围扩增		一张好的地图到底具备哪些要素? 1.信息充分:在说明中能正确运用数学语言进行描述;能精准确定事物的具体位置。2.包含的知识点:在说明中能利用数对、方位等知识点描述事物位置。3.设计特色:设计独特新颖,能给人留下深刻印象。
^	如何设计一张"不同寻常"的校园藏宝图?	如何设计一张"不同寻常"的西溪湿地美食分布图?	^

续表

环节	"校园寻宝"→"湿地寻味"问题"近迁移"评价设计		
	"校园寻宝"	"西溪湿地寻味"	共通之处
成果验证	路线升级		确定位置的方法；特殊点的数对特征：1.根据平面示意图，用方向和距离描述某个点的位置。2.根据方向和位置的描述，在图上确定某个点的位置。3.会描述简单的路线图。
	利用地图进行寻宝游戏组间交换，时间为30分钟，目标是寻找宝藏。	利用地图开展寻味活动组间交换，时间为1小时，到指定的3个点拍照打卡。	

又如在"巨人真的存在吗"跨学科项目化学习中，利用六年级下册的"比例"单元内容进行探秘，并在活动结束后，通过"破产艺术家""摔不疼的小蚂蚁"等不同情境问题，将所学知识进行迁移。

表2-11 "巨人真的存在吗"远迁移任务设计

情境	破产艺术家	摔不疼的小蚂蚁
远迁移	一位艺术家答应为小镇设计一座雕像，小镇的居民临时要求艺术家将雕塑放大一倍，并提出增加一倍的钱，艺术家爽快地答应了。但在建造的过程中，艺术家很快就破产了，这是为什么呢？	小蚂蚁和小老鼠同时从树上摔下来，小老鼠摔疼了，小蚂蚁摔不疼，这是为什么呢？小提示：摔下来的动物同时受到向下的重力和向上的阻力，重力与体积有关，阻力与表面积有关。
举例		

四、合并创意

"合并"表示"结合到一起",而跨学科项目化学习中的"合并"创意,指的是把之前重构的载体进行多元整合,并优化迭代形成方案。

(一)元素整合

元素以何种方式整合,形成创意方案,这一步可以追溯到前期理解项目,只有理解了其中的对象的关系,进行拆解,才能进行重构,进而再进行整合。目前元素整合有三大路径:第一,按照时间整合,把项目路径进行拼接形成方案;第二,按照对象整合,将指向同一对象的要素合并融合;第三,按照空间整合,将处于同一空间的元素进行设计后,再合并形成创意。

表2-12　STEAM视野下的App Inventor创意元素整合

项目名称	科学(S)	技术(T)	工程(E)	艺术(A)	数学(S)
Hello,你好	计算机科学:属性、事件、方法;科学:手机振动原理	多媒体技术:素材获取、处理;软件技术:计算机编程	体验软件开发这一系统工程:利用工程思维规划方案,设计流程图等	色彩搭配技巧、排版技巧、素材搭配技巧;符合场景的音乐选择;高效的音乐选择;高效地与同伴、教师进行沟通交流等;	
登录界面	计算机科学:按钮触发、文本输入框、密码输入框	多媒体技术:素材获取、处理;软件技术:计算机编程		色彩搭配技巧、排版技巧、素材搭配技巧;符合场景的音乐选择;高效的音乐选择;高效地与同伴、教师进行沟通交流等;	

续表

项目名称	科学(S)	技术(T)	工程(E)	艺术(A)	数学(S)
音乐播放器	计算机科学：循环、音效、音频组件	多媒体技术：多媒体组件的应用； 软件技术：计算机编程		色彩搭配技巧、排版技巧、素材搭配技巧； 符合场景的音乐选择；高效的音乐选择；高效地与同伴、教师进行沟通交流等； 音频格式(MP3／WAV／WMA／FLAC)的学习	
弹球游戏	计算机科学：画布的边界代码、按钮触发、判断； 科学：作用力与反作用力	多媒体技术：素材获取、处理； 软件技术：计算机编程		色彩搭配技巧、排版技巧、素材搭配技巧； 符合场景的音乐选择；高效的音乐选择；高效地与同伴、教师进行沟通交流等；	平面坐标系
健康计步器	计算机科学：变量、运算符、滑动条	多媒体技术：素材获取、处理； 软件技术：计算机编程		色彩搭配技巧、排版技巧、素材搭配技巧； 高效地与同伴、教师进行沟通交流等；	能量消耗公式；变量的含义和使用
涂鸦板	计算机科学：像素、被触碰、被拖曳等事件、画笔的使用、照相机； 科学：色光的三原色	多媒体技术：素材获取、处理、照相机； 软件技术：计算机编程		色彩搭配技巧、排版技巧、素材搭配技巧； 高效地与同伴、教师进行沟通交流等； 颜色的设定	平面坐标系

如在上述STEAM视野下的App Inventor元素整合，将设计App的相关元素进行时间排序、空间整合，最后形成多功能的元件。

(二)主题指向

最后围绕主题指向，根据创意方案进行优化。在优化的过程中，不断更新创意，使之既满足现实的需求，又突出整体性能，同时还要关注整体性、结构化的要求。

如在上述案例中，根据一系列创意设计，最后回归主题。以"教师节快到了，请为老师准备一份教师节礼物"为情境，在学生分组激烈讨论后，提出利用App Inventor平台做一个贺卡，从而引出问题，将学生的注意力转移到App Inventor上：1.当点开你为老师安装好的一款App时，手机上开始响起温馨的音乐；2.当手机摇一摇后打开App，屏幕会切换到另一画面；3.屏幕音乐响起，屏幕中两个人物（教师与学生）开始对话；4.对话结束后，屏幕跳转到下一画面，展示祝福语。

逻辑设计涉及编程，往往是学生感到困难较多的一个环节。在讨论好方案之后，引导学生画出相关的流程图，使方案更具可行性和操作性；引导学生将抽象的功能转化为具体形象的流程图，使修改错误时有据可依。教师在引导时，应尽可能用一些生活实例来促进学生的理解。比如，将图片列表比作是一本书，所有的图片类似书中所有的内容，索引则为书的页码。

通过教师节这一节日创设主题情境，吸引学生的兴趣；通过学生的分组讨论，让学生自己分析问题、思考问题，进而解决问题，从而培养学生的小组合作能力和创新精神。

以"设计"为中心的学习不仅可以帮助学生获得必要的实践经验和技能，还能够提高他们的综合能力，从而更好地适应社会的发展需求和挑战。因此，在今天的教育中，如何更好地开展以"设计"为中心的学习显得尤为重要。通过不断地优化方法和手段，我们可以更好地把学生的实践经验与理论知识结合起来，帮助他们更好地掌握设计思想和技能，从而更好地服务于社会的发展。

【案例】以"设计"为中心的学习

——制造超炫的视觉效果:设计制作伪3D全息投影装置

一、项目简介

2015年春晚《蜀绣》节目中出现了4个"李宇春"同台舞蹈的神奇景象。本项目以此为入项情境,以设计并制作一个能实现"投影"与"真人"同台表演的类似装置为驱动性任务,引导学生采用佩珀尔幻象技术设计方案,利用平面镜成像、三角形全等、勾股定理等知识进行建模论证,选用塑料卡片制作实物。在班级授课时,设计、论证方案具有挑战性,有利于发展学生的分析、创造、评价等高阶思维。整个活动时长约45分钟,涉及科学、数学、技术与工程等多个领域,非常适合九年级学生。

二、实施片段

播放2015春节晚会舞台上李宇春表演的节目《蜀绣》片段,定格于如图2-11时刻,在学生心生疑惑时,教师问道:"舞台上怎么会有四个李宇春?"学生展开讨论,有同学猜测是"替身",也有同学猜测是"投影"。最后,老师告知:是李宇春的"真人"与"投影"同时出现,图2-11中没有加框的是李宇春本人,加框的是李宇春的"投影"。在学生颇感神奇之时,教师安排任务:设计并制作一个能实现"投影"与"真人"同台表演视觉效果的类似装置。

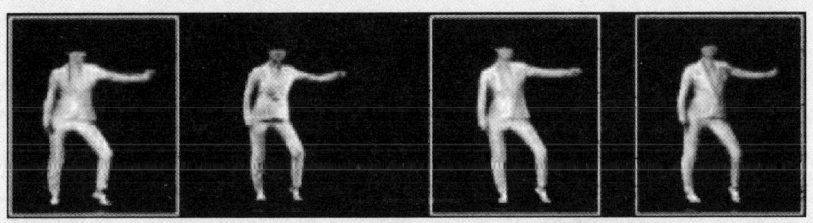

图2-11 春晚节目李宇春表演《蜀绣》瞬间

(一)让平放的影像竖立起来

教师设问:如何实现李宇春的"投影"与"真人"同时登台呢?然

后教师提醒:舞台地面上有LED地幕。接着,教师出示一张图片并平放在桌面,表示地幕上的影像,然后让学生讨论:有什么办法可以使"影像"立起来,让大家能看到图片上的内容。学生讨论后得出结论:利用平面镜成像原理,可以让地幕中的影像立起来。教师追问:"如果要让像直立起来,平面镜放置有什么要求?"此时,让学生用平面镜进行实验,验证自己的猜测,并通过实验与作图论证镜面与水平面之间的夹角应为45°。学生实验如图2-14,作图并论证过程如图2-15。

图2-14 让平放的影像竖立起来实验图

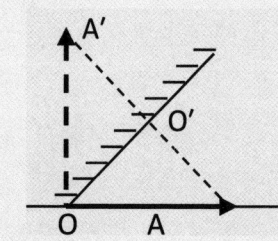

由作图可知:
AO=A'O,AO'=A'O',OO'为公共边
∴△AOO'≌△A'OO'
因此,∠AOO'=∠A'OO'……①
∵AO水平,A'O竖直,
∴∠AOO'+∠A'OO'=90°……②
由①和②式得∠AOO'=45°

图2-15 平面镜与水平面间夹角的图示及论证过程

(二)让"真人"与"投影"同台表演

激活学生的认知后,教师提问:"要产生如图2-13所示的效果,真人李宇春站在镜子的前面还是后面?"学生猜测后,教师进行实验演示,发现若站在镜后,则看不见真人;若站在镜前,则不会出现图2-13的效果。于是,让学生再进行头脑风暴。有的学生针对镜子不透明的问题,想到了将普通平面镜改为透明材质,即用薄玻璃板进行平面镜成像实验,这样既能看见蜡烛A所成的像A',也能看见镜后的蜡

烛B。接着,教师进行实验演示:将平面镜改为玻璃板。结果如图2-16所示,学生便观察到了"真人"与"投影"同台演出的效果。最后,教师揭示春晚节目《蜀绣》"多个李宇春同台演出"的奥秘,展示图2-17并介绍:"舞台上巨大的透明全息膜可以使LED地幕形成竖立的'空中幻象',真人李宇春在透明全息膜的后面表演,观众便能看到'真人'与'幻象'同台演出的震撼效果,却感觉不到透明全息膜的存在。"

图2-16 佩珀尔幻象实验　　图2-17 春晚《蜀绣》节目透明全息装置

(三)让前后、左右的观众都能看到

当了解了全息装置后,教师问:"若舞台在中央,观众在四周,想要前后和左右的观众都能观看到类似效果,应该怎么办呢?"静思后,有学生提出:在左右、前后都放置与水平面成45°的透明膜和地幕投影。教师追问:"四块透明膜要构成怎样的形状?"学生想象后提出:这像一个倒置的金字塔。此时,教师先后展示图2-18-A、B,问:"若金字塔由倒置变为正立,则LED地幕应安放在哪儿呢?"学生回答后,教师展示图2-18-C,并进行小结:"金字塔由倒置翻转为正立,LED地幕则应翻转为顶幕,这样,前后、左右的观众都能看到了。"

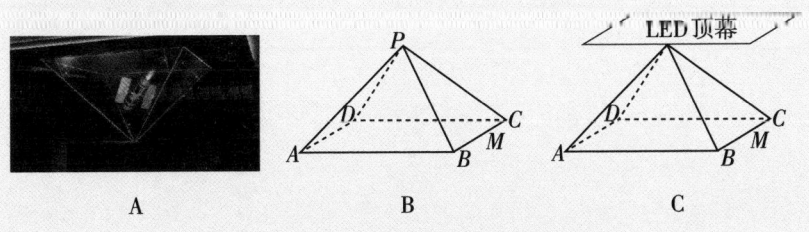

图2-18 四周观察佩珀尔幻象的装置设计(伪3D全息投影装置设计)

  本设计是之前设计的拓展旨在帮助学生初步建构模型,以直观的形式来呈现设计方案。同时,还可依据学生的学习水平及学习进程,引导学生在讨论后认识到:拍摄同一演员不同方位的影像,并通过锥形屏幕进行投影,可以合成一个立体的人像。此外,也可以通过教师演示、学生课后讨论得出"投影"与视频源的关系。

三、项目分析

  本案例是学校科学课程中跨学科项目化学习的一个片段的教学实践,主要呈现的是以"设计"为中心的学习。这里学生经历了三次设计。首先,教师激活学生认知,设计出使影像由平放变为竖立的方法,再通过作图和数学知识论证镜面与水平面间的夹角度数,锻炼学生运用平面镜成像特点解决实际问题、运用数学知识论证工程设计科学性的能力。其次,重构载体,将平面镜改为透明玻璃,运用佩珀尔幻象技术,设计出"真人"与"投影"同台可见的效果。最后,合并所有创意,设计出伪3D全息投影装置,揭示春晚节目《蜀绣》的奥秘,使学生感受到科学知识的价值与工程技术的魅力。通过上述设计任务,学生经历了工程设计的"迭代"过程,以及原理的科学理解与数学论证、方案的模型化表达,以此提升学生科学、工程、数学等素养。

(案例提供:杭州市保俶塔实验学校 杨封友)

第三节 以"建构"为中心的学习

"建"从字形上看,包括了"聿"(写字的工具)和"廴"(行走的脚步)两部分,"建"通常与建设、创造、形成等相关。"构"字由"木"(木头)和"勾"(钩子)组成,"构"强调组织、结构、构造等概念。

在古代文献和哲学思想中,"建构"一词的确经常被用来描述通过组织和构建各个元素或要素来创造或形成某个整体的过程。如,古希腊哲学经典《理想国》中,柏拉图描述了他理想中的社会结构和治理方式,这可以被看作是一种"建构"理想社会的尝试。中国古代经典《易经》中,通过对六十四卦的组合和解释,展示了一种宇宙和人生的建构模型。每一卦都是由阴阳两种基本元素组合而成,体现了从简单元素到复杂系统的建构过程。

"建构"是指个体在思维和行动中将分散元素、观念巧妙地组合起来,以创造出一个新的整体或系统的过程。这一过程需要精心地组织和构建,以确保形成一个内部联系紧密、协调一致的结构。在知识体系的形成、文化的发展以及社会制度的构建中,"建构"都发挥着至关重要的作用。通过它,人们能够将各种看似不相关的元素有机地整合在一起,进而创造出新的意义、理论或实际应用,有力地推动知识的进步和社会的发展。

在项目化学习中,"建构"是一个系统性的过程,是依据解决方案、结合现有条件、形成解决问题式样的学习活动,关键行为与要素(如图2-19所示)。

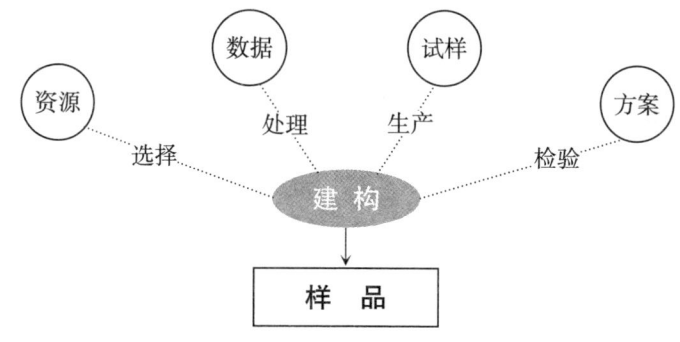

图2-19 以"建构"为中心的学习

在"建构"的过程中,围绕"选择""处理""生产""检验"这些关键行为,需要"选择"合适的资源,参考模型,选用材料;通过数据的"处理",将收集到的数据整理分析;接着"生产"试样,建立模型并进行工艺制作;最后"检验"方案的合理性。

一、选择资源

项目化学习在选择合适的资源的过程中,需确定项目目标并识别相关学科的性质,从而定义学科之间的联系,研究学科知识和技能。合适资源的选取有助于确定学科的整合点,并构建参考模型,同时也能对选取的模型进行适度的调整与改进。

(一)确定参考模型

首先,明确跨学科项目的目标和预期成果。通过与教师、学生和利益相关者的讨论,明确项目目标,有助于确定参考模型的内容和方向。跨学科项目通常涉及多个学科,因此需要明确涉及的学科和领域,以便构建参考模型时能全面考虑,确定与项目主题相关的学科领域。接下来,对每个相关学科的知识和技能进行研究和调查,了解各学科的核心概念、理论框架、关键原则和方法,以及相关的技能和实践,确定学科之间的整合点和交叉点,找出可以在不同学科中应用的概念、原则和方法,以促进学科之间的融合和互动。最后,将学科领域所涉及的关键能力和必备品格作为跨学科项目学习的目标。针对目标,结合跨学科项目化学习所依托的情景,进而提出想要实现的预期成果。

基于前面的研究和分析,构建一个跨学科的参考模型。该模型包括思维模型和实物模型两类,可以是一个图表、框架图、概念图或其他形式,用于展示各学科之间的联系和整合点,为学生提供一个参考,指导他们在项目中整合学科知识和技能。需要注意的是,参考模型是一个动态的工具,可以根据实际项目的需求进行调整和改进。在实施项目过程中,不断评估和反馈参考模型的有效性,根据学生的学习和项目进展情况进行必要的调整和改进。

(二)选用合适材料

合适的材料是达成学习目标的重要载体。在材料选择时,首先要了解项目的主题和需要,确定所需的模型类型和功能,根据项目所涉及的学科的要求与相关概念,确定需要的材料类型和性质。接着,根据预算和可用资源,综合考虑选用材料的可操作性和安全性,确保选择的材料易于操作,并且在使用过程中不会对学生或环境造成危险,避免使用有毒、易燃或其他危险特性的材料,从而选出符合要求的材料。

在材料选择时,我们还鼓励选择多样性和创新性的材料,尝试使用不同种类的材料,以展示跨学科的综合性和创造力。例如,可以结合使用可回收材料、废料利用材料或新兴的可持续材料。同时,确保选择的材料符合项目的实际要求和预期应用,考虑材料的耐久性、可维护性和适用性,以确保成果的效用和长期可持续性。

为提升学生的参与度,促进团队合作,鼓励学生参与材料选择的讨论和决策,以增加他们的主动性和学习动力。在进行材料选择时,通过让学生与同学、教师进行讨论和交流等方式,确保学生参与到选择和使用材料的过程中。这不仅能够培养学生的创造力和创新思维,还能让他们获得更多的意见和建议,从而进一步改进和完善模型构建过程。

二、处理数据

数据是模型的一种数理表征,处理数据是对模型的深度分析。数据的处理既可以指向目标模型,也可以指向过程数据。从实施流程看,数据处理要经历数据收集和数据整理两个步骤。

(一)数据收集

在跨学科项目化学习中,收集数据并做好收集记录是非常重要的。在数据收集的过程中,需要注意的是,要确保数据的准确性与一致性,使用准确的测量工具,注意测量时的误差和不确定性,遵循操作规范,保持数据收集环境的一致性。为有助于理解数据收集的结果、进行数据分析,并在后续的科学论证和报告中提供有力的支持,在数据记录中,还要保持细致、准确和有条理。

在数据收集的过程中,可以通过协作平台、共享文档或会议讨论等方式让团队成员共享和讨论收集的数据,促进交流和合作,并定期进行数据备份,确保数据的安全性和可靠性。同时,要将数据存档到云存储或外部硬盘等可靠的介质中,以防止数据丢失或损坏。

数据收集需按照一定的过程与步骤进行,可参照以下内容,如表2-12所示。

表2-12　数据收集的步骤

步骤	内容解析	实施目的
数据收集设计	在开始实验之前,仔细设计数据收集方案。	明确数据收集的目的、假设和变量,并确定所需的数据类型和测量方法。
数据收集工具	选择适当的数据收集工具,例如实验记录表、数据表格或实验记录软件。	确保数据收集工具能够满足项目活动需求,并能使数据整理和分析更加方便。
观察和记录	在数据收集过程中,仔细观察和记录每个步骤的细节和结果。	记录数据收集条件、使用的材料、测量值、观察结果等重要信息。

续表

步骤	内容解析	实施目的
时间戳和编号	对每个数据条目进行时间戳和编号,以确保数据的时序性和可追溯性。	在后续分析和复制活动时更容易追踪数据来源。
图像记录	对于可以通过图像表示的数据收集的结果,如色谱图、光谱图等,拍照记录或保存图像文件。	这些图像可以作为后续分析和展示的重要参考。
数据收集日志和反思	在数据收集记录中添加收集日志和反思部分,记录数据收集过程中的观察、问题、思考和问题解决方案。	这有助于加深对活动原理和现象的理解,并提供改进活动设计的思路。

(二)数据整理

数据的整理为进一步的分析和评估提供了基础。在进行跨学科项目化学习数据整理时,需注意数据的保密性,并有清晰的数据标准,使整理的数据在不同环节和阶段之间是一致的,避免混淆和误解。同时,还要检查数据的完整性,确保没有丢失的信息,处理任何缺失或不完整的数据,以保证后续分析的准确性和可信度。数据可以按照合适的分类方式进行整理,分类方式需符合项目的需要,并且具有明确的逻辑。此外,可将数据文档化,记录整理过程中的所有步骤,包括数据的来源、处理方法和任何变更,这有助于追溯数据整理的过程和保持透明度。

数据整理需按照一定的过程与步骤进行,可参照以下内容(如表2-13所示)。

表2-13 数据收集的步骤

步骤	内容解析	实施目的
明确数据整理目的	在开始整理数据之前,明确需要从数据中获取什么信息。	确保整理的数据对项目的建构过程和学习目标有实际意义。

续表

步骤	内容解析	实施目的
建立清晰的计划	制定一个详细的数据整理计划。	确保整个过程有序进行。
数据分类与编码	将收集到的数据进行分类,并为每个类别分配清晰的编码。	可以是主题、学科、项目阶段等方面的分类。使用标签和编码有助于后续的检索和分析。
数据清理与验证	检查数据的完整性和准确性,处理任何缺失、重复或异常值数据。	确保数据的质量,以提高后续分析的可信度。
建立数据库或电子表格	将数据整理到结构化的数据库或电子表格中。使用工具如Excel、Google Sheets或专业的数据库软件。	使数据可视化,将整理后的数据呈现出来,有助于更直观地理解数据的模式和趋势,为项目参与者提供清晰的信息,以便更轻松地进行进一步的分析。
分析制定反馈机制	进行更深入的数据分析,探索数据之间的关系和模式。在整理完数据后,建立一个反馈机制,将分析的结果及时反馈给项目团队和学生。	发现项目中的亮点、问题或改进的空间,及时调整项目的方向,优化学习体验。
反思和改进	在整理和分析数据的过程中,不断进行反思,思考如何改进数据收集和整理的方法。	以便在未来的项目学习中更有效地利用数据。

三、生产试样

在进行数据处理之后,需要尝试以数据处理结果为参考,以目标模型为工具,建构出模型并进行制作。模型建构和制作主要可分为模型推导和工艺制作两步。通过模型推导,让学生经历初步的模型建构及预测;通过工艺制作,得知模型的制作工艺并明确模型的效用是否达标。

(一)模型推导

变量是需要研究的因素,而参数是模型中的固定值,根据问题和数据,确定哪些变量是需要考虑的,并选择适当的参数。根据已有的理论知识和数据,推导数学方程来描述模型。这可能涉及应用物理原理、统计学方法等,以确保模型能够准确地解决问题。在模型推导过程中,教师需引导学生经历以下过程:

1. 知识准备。理论知识是进行模型推导的支撑,在模型推导之前,需要了解相关领域的理论知识,特别需要注意跨学科知识的储备情况。

2. 模型选择。根据问题的特点和目标,基于已有的理论知识和数据的特点,选择合适的模型。

3. 模型训练。使用准备好的数据,将数据输入模型,使用选定的模型进行训练,获取模型训练的结果。

4. 模型修正。经模型训练之后,得知原模型所存在的问题,运用已储备知识,对模型进行初步的修正,修正后再进行模型训练,若还存在问题,则继续模型修正、模型训练,直至建构出正确的模型。

通过这些步骤,在跨学科项目化活动中,可以建构出一个综合性的、准确的函数模型,以解决复杂的问题并应对实际挑战。

(二)工艺制作

在进行工艺制作时,需明确工艺制作的目标。工艺制作的目标包括效果目标和模型目标。通常我们会通过小组讨论,从外观、操作、效果等方面明确制作目标,目标的标准通常以评价量表、PPT展示等形式进行固化,便于学生在制作过程中随时参考。为指导学生的制作过程,还常常会设计一些过程性的评价工具,以此帮助学生降低操作上的难度。基于已有的知识和数据,用函数模型、应用软件、人工智能等技术,建立相应的模型来描述工艺系统。

进行工艺设计时,必须考虑安全性和环保性,确保工艺设计符合相关的安全标准和环保法规,同时需要评估不同方案的成本和效益,包括原材料成本、能源消耗、设备投资等,从而确保工艺制作具有可行性并具有竞争力。学生在明确制作目标和制作方案之后,按方案的要求进行工艺制作。

跨学科项目化学习涉及多个学科领域,所以持续学习,提升自己的

知识和技能水平尤为重要。在工艺制作时,根据实际运行中的问题和挑战,可与工艺运行人员和相关专家进行密切合作,获取他们的反馈和建议,保持对最新技术和研究的学习,了解新的工艺设计方法和工具,从而及时进行工艺改进和优化。

四、检验方案

实践是检验真理的唯一标准,模型是否可行,需要经历检验。在方案检验中,往往需要多方面的证据,通过数据拟合、交叉验证等方法对模型进行建构、检验,进而依据检验结果可进一步对模型进行修正。

(一)数据拟合

数据拟合是指在统计等领域中,将数学模型与实际观测到的数据相匹配或拟合的过程。它的主要目标是通过调整模型的参数,使模型能够以最佳方式描述或近似实际数据的分布或趋势。

在数据拟合中,模型的参数需要根据观测数据来估计。参数估计的目标是找到最优参数值,使模型与观测数据的拟合误差最小化,通常涉及最小化损失函数或优化模型的参数。

数据拟合的质量通常通过模型与实际数据的拟合程度来衡量。拟合程度可以通过计算拟合误差、残差分析或可视化来评估。较小的拟合误差表示模型与数据更为接近。同时,数据拟合的结果应该伴随着估计的可靠性和置信度,可以通过计算参数的置信区间、标准误差等统计指标来实现。

表2-14　数据拟合检验的一般步骤

步骤	任务
准备数据集	数据集包含了模型需要使用的样本数据。这些数据应该包括输入特征和相应的目标值或者需要拟合的数据。

续表

步骤	任务
划分数据集	将数据集划分为训练集、验证集和测试集。通常,使用训练集来训练模型,验证集来调整模型的超参数和进行模型选择,最后使用测试集来评估模型的性能。
产生可视化结果	将模型的预测结果与实际数据进行可视化比较。这可以帮助你更直观地理解模型与数据之间的拟合程度。
解释结果	最后,尝试解释模型的预测结果。这可能涉及特征重要性分析、可解释性技术等,以便更好地理解模型的决策过程。

数据拟合是数学模型和实际数据之间建立联系的过程,它在统计分析、机器学习、科学研究等领域都具有广泛的应用。好的数据拟合可以帮助我们理解数据的性质、做出准确的预测或推断,并在决策制定和问题解决中发挥关键作用。

(二)交叉验证

在跨学科项目化学习中,"交叉验证"的方法是一种常用的模型检验和验证方法。该方法有助于评估模型的性能以及其在实际应用中的有效性。为了更准确地评估模型的数据拟合能力,通常会使用交叉验证的方法。此方法需将数据集分为多个子集,然后多次训练和验证模型,以确保模型对不同数据子集的表现一致。

交叉验证允许充分利用可用数据,因为每个样本都会在训练集和测试集中被使用,但不会同时用于两者。交叉验证提供了比较不同模型性能的有效方式,通过对多个模型进行交叉验证,并比较它们的性能指标,可以确定最适合特定任务的模型(如表2-15所示)。

表2-15 交叉验证的一般步骤

步骤	任务
数据集划分	将数据集分为K个互斥的子集,通常称为"折叠"(folds),其中K通常是一个正整数,如5或10。每个子集应该尽量保持数据分布的一致性。

续表

步骤	任务
模型训练与测试	进行K轮的模型训练和测试。在每一轮中,你选择一个折叠作为测试集,然后使用剩余的K-1个折叠作为训练集。这意味着每个折叠都会轮流成为测试集,每个模型都会被训练K次,测试K次。
性能评估	对于每一轮的测试集,计算模型的性能指标,如准确率、精确度、召回率、F1分数、均方误差等,具体指标取决于你的问题,并将每一轮的性能指标记录下来。
性能汇总	完成K轮的训练和测试后,对K次性能指标的结果进行汇总,并计算平均值和标准差。这些统计数据可以用来评估模型的平均性能和性能的方差。
模型选择和调优	交叉验证的结果可以帮助你选择最佳的模型,调整超参数,或者进行特征选择。你可以根据不同的参数设置或模型类型的性能表现来做出决策。

交叉验证可以更准确地评估模型的性能。在样本不均衡的数据集上,交叉验证可以确保每个子集中的样本都能充分涵盖不同类别,有助于避免模型只检验主要的部分,而忽略其他类别的情况。这有助于评估模型在不同数据子集上的泛化能力,避免仅依赖一次数据划分的结果可能带来的偶然性。

【案例】 以"建构"为中心的学习——体育运动中的心率

一、项目简介

心率常用来反映运动强度和生理负荷。运动时的运动强度、运动速度、运动时间等都是影响心率的要素。无氧阈心率下的强度是中长跑的适宜负荷强度,结合无氧阈心率的实例,学生经历用函数建立数学模型的基本过程,并运用数学建模等方法,解释生理现象,解决实际问题。该项目以跨学科学习的学教方式、评价体系开展研究学习,形成可迁移的实践模型,适用年级为九年级,建议教学时间为10课时。

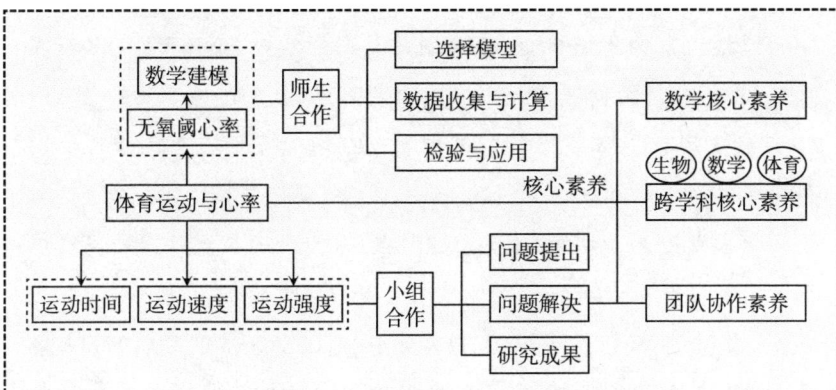

图 2-20 "体育运动中的心率"项目内容

二、实施片段

(一)环节 1:分析现状,发现问题

运动时,我们会感觉到心脏跳动得更快。

问题 1:运动时影响心率的要素有哪些?

追问 1:这些要素的影响程度是多少?

追问 2:怎样运动更健康有效?

学生查阅生物、体育学科相关资料,对体育运动与心率的关系有了一定的知识储备。

(二)环节 2:思考讨论,提出问题

各小组分别提出"运动时间与心率的关系""运动强度与心率的关系""体育运动与无氧阈心率""运动速度与心率的关系"等问题。由学生听取各组汇报,在思维碰撞中得出猜想:如果能获得一个人的无氧阈心率值,又能找到运动速度、运动强度、运动时间与心率对应的关系,那当我们心率为无氧阈心率值时,就可得出对应的运动速度、运动强度、运动时间,而这就是我们适宜锻炼的速度、强度与时间。

师生活动:要得出适宜的运动速度、强度与时间等,需要先从无氧阈心率开始研究。

(三)环节 3:数学建模,分析问题

1. 定性分析,选择模型

问题 2:如何获得无氧阈心率值呢?

通过大家的总结分析,查阅到的获得办法中"个体VT心率推算计算公式法"最为简便,由公式"无氧阈心率$=k_1+k_2\cdot$年龄$+k_3\cdot$身高$+k_4\cdot$基础心率$+k_5\cdot$体表面积"(其中k_1、k_2、k_3、k_4、k_5为已知常数),代入年龄、身高、基础心率、体表面积即可获得无氧阈心率。

学生发现公式中的"体表面积""基础心率"不易测得,提出疑问,再次查阅资料、小组讨论,发现基础心率与体重的负三分之一次方成正比,体表面积常用 $S=0.0071\times$身高$+0.0133\times$体重-0.1971 来计算,即体表面积和基础心率都可用含身高、体重的关系式来计算估计。

将年龄记为15,推导出仅用身高、体重来估计无氧阈心率的表达式:无氧阈心率 $Vt=aW+bW^{-\frac{1}{3}}+cH+d$。

有学生发现基础心率与身高可以仅用体重来估计。学生的思维碰撞,提出问题:是否无氧阈心率也可以由体重来估计?为了探究这个问题,需要先找到身高和体重的关系。

课堂中,学生用iPad上网寻找得出 $H=k_6W+k_7$,整理后得到无氧阈心率关于体重的函数模型 $Vt=aW+bW^{-\frac{1}{3}}+c$($a$、$b$、$c$为待定系数)。

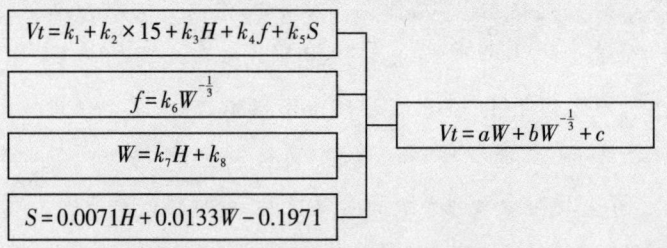

图2-21 函数模型推导过程图

2. 数据收集,求解模型

如果要研究全中国15岁学生的无氧阈心率,网上有数据可以采用;如果要研究特定人群的无氧阈心率,比如本校初三学生,那我们就可以选择采用同学们的数据。数学模型中 a、b、c 的意义非常重要，在运用统计的方法获得这些参数时，要注意强调其意义。

学生商议选择"简易无氧阈测定法"，通过戴上心率测量手环，全力跑 1000 米，跑步过程中最大心率值记为无氧阈心率。测量时，学生来到操场，佩戴好手环开始跑步测试，并记录最高心率，多测几次，取平均值。体重的收集在课前一周，要求学生早上起床时记录，并算出一周中的平均体重。

教师在学生收集数据后，引导学生用数据去完善之前的数学模型。求解 a、b、c 的过程中，"取平均"是统计学中常用的方法，引导学生可采用这种方法求解 a、b、c，可得：$Vt = 1.9W + 1331.8W^{-\frac{1}{3}} - 270.15$。

而除此之外，还有很多估算系数的方法，例如用 Matlab 软件计算系数就是其中一种。教师用 Matlab 软件将数据代入，可计算出数学表达式。

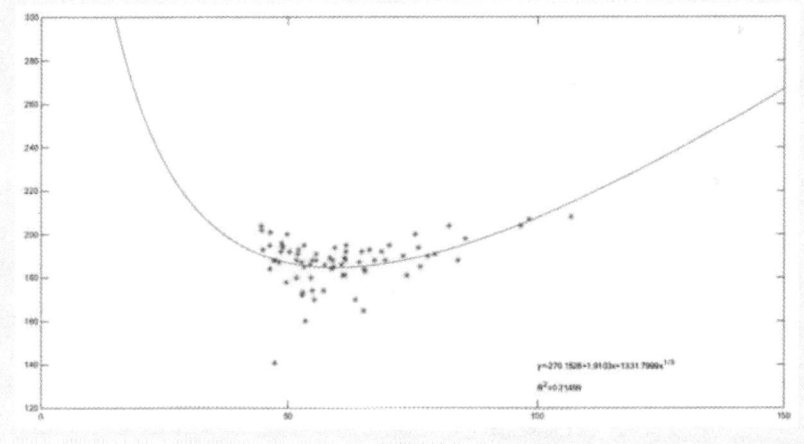

图 2-22　Matlab 绘制函数模型图

3. 检验优化，应用模型

让学生独立思考，提出检验方法。例如：通过对比用关系式计算出的无氧阈心率与实际测得的心率，研究它们之间的关系；学生在

iPad 的 Geogebra 上绘制数学模型的函数图像,再将数据描点进行比对,通过拟合程度来验证;收集九年级其他班级学生数据,将数据描点,观察其拟合程度等。

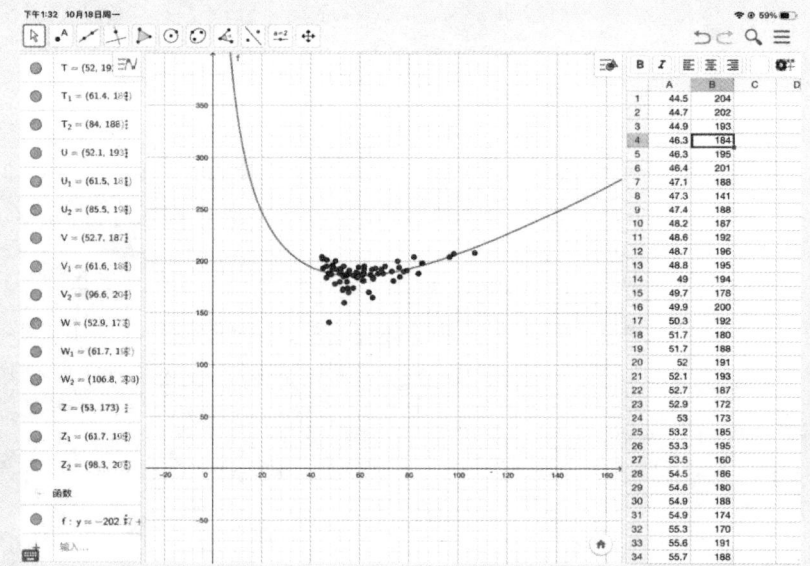

图 2-23 Geogebra 绘制函数模型图

优化模型的方法:在计算时,将"取平均"的方法改为"取方差最小"的方法,以减小误差,此外,还可以去掉一些有明显误差的数据。

模型的应用:九年级的同学只需知道自己的体重,将其代入公式,就可以计算出自己的无氧阈心率。平时跑步时保持这个心率,既能确保安全健康,又能获得更好的锻炼效果。

4. 归纳总结,反思提炼

选择模型——收集数据——求解模型——检验优化——模型应用(若不符合,则返回至"选择模型")。

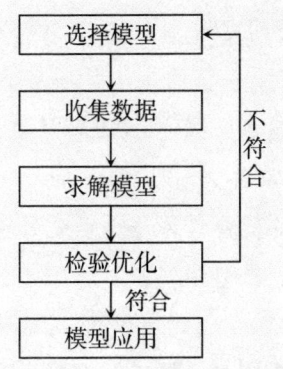

图 2-24　模型建构流程图

(四)环节4:团队协作,解决问题

1. 类比学习,建立模型

回顾本项目初期小组提出的问题,请参照数学建模等方法开展研究。撰写一份研究报告,并进行交流展示。以"运动速度与心率"小组为例,该小组运用数学建模的方法,建立了跑步速度与心率之间的函数模型。

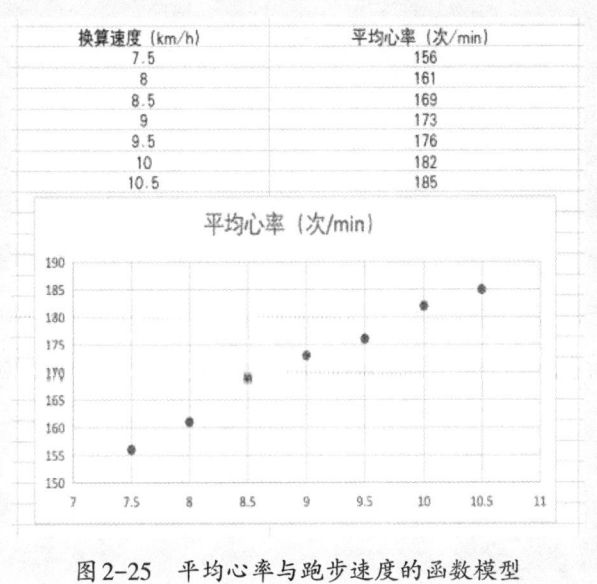

图 2-25　平均心率与跑步速度的函数模型

2. 项目应用，解决问题

在建立数学模型后，模型的应用是项目学习的意义所在。学生整合所有小组得出的模型等结论，并进行拓展，提出运动指南。

①"健身房里的运动处方"

学生为健身房里的健身教练与运动爱好者提供运动数据与模型的支持。他们可以通过模型计算等方法，得出运动参考与指南。

同时，针对不同年龄的运动爱好者，重新收集数据并建立模型，为更多的人群提供更健康有效的运动方案。健身教练也能更精准地掌握学员情况，为不同的学员制订个性化运动计划。

②研发"我的运动规划师"App

App在生活中的应用十分广泛。"我的运动规划师"为运动爱好者提供健康有效的运动指南。

通过运动数学建模得出的模型，在App中输入个人相关信息的数据，便可以产生精准的个性化评估结果与运动计划。

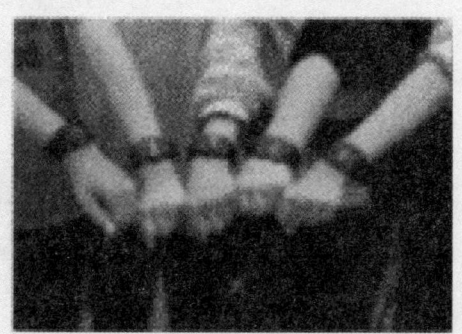

图2-26 "我的运动规划师"App

三、项目分析

在本次项目学习中，学生通过分析研究对象、推导数学表达式，培养了逻辑推理的能力；通过收集数据，计算模型，培养了运算能力；通过检验与优化模型，培养了数据分析的能力；在经历整个数学建模的过程中，培养了建模的思想，提升了数学核心素养。此外，此次项目化学习，不仅发展了学生发现、提出、分析、解决问题的能力，还让学生用数据的眼光观察现实世界，用数学的思维思考现实世界，用数学语言表达现实世界。

项目化学习是一个不断迭代的过程，在每个学习阶段，学生都会遇到困难，甚至失败。在研究学习的过程中，学生需要从失败中汲取有益经验，利用好"失败资源"，将其转化为学习的一部分。项目化学习应给予学生可选择的空间,同时更具有包容性,尽可能提供多元的学习实践,以满足学生的多元需求。同时,需要学生亲身实践,这种实践包括了"做"与"学"。针对学生自主学习的需求,我们应做到指导及时、流程完备、过程开放,构建良好的活动氛围。

生活中的实际问题就是一本教科书,解决问题的过程就是一堂生动的课。虽然在数学课堂中开展项目化学习有困难,但我们觉得应该去做一些有意义的尝试。

(案例提供:杭州市保俶塔实验学校　邹尧)

第二章　跨学科项目化学习的设计与实践

第四节 以"展评"为中心的学习

"评",本义为"评价"。《广雅》中记载:"评,议也。"《广韵》中记载:"评,评量。"《康熙字典》在收录时均注意到了其评议、评价的含义。

展评的其中一个意思是"通过展示进行评价",对于创意物化后的成果来说,展评可以让参与项目学习的学生通过展示自己的作品来了解其优点和不足,进而对作品进行修改和完善。

展评作为一种评价方式,它的核心在于通过展示来对作品、项目或者成果进行评价和分析。作品展评可以提供一个平台,让学生可以相互学习、互相借鉴、共同进步。展评基于"展",侧重"评",借助量表或其他形式的评价材料,将分析和评价结合起来,以实现对作品的全面理解和评价。

在实际操作中,展评的过程通常包括分享展示、开展评价、反思迭代等多个步骤。这个过程不仅是从原型到应用的进一步展开,也能让学生的批判性思维和创新思考能力进一步提升。可以说,从样品到成品的蜕变过程中,展评起到了桥梁和纽带的作用。

那么,展评究竟是怎样与项目成果形成连接的呢?本节将聚焦以"展评"为中心的学习,解析出其中的关键要素。

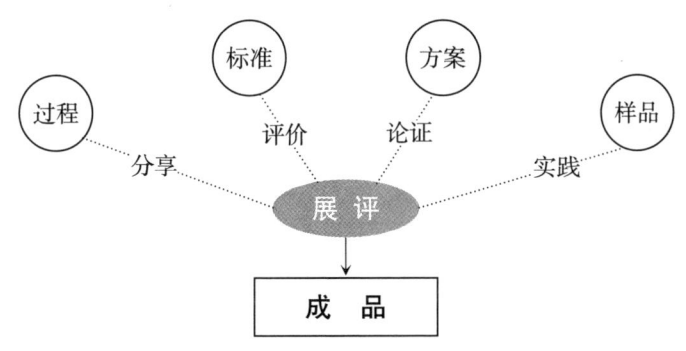

图 2-28 以"展评"为中心的学习

从已测试完毕的方案出发,通过小组成员"分享"研究全过程,"评价"之前设定的需求标准,回溯解决问题的过程,再次"论证"方案的合理性,最后借助在社会、生活中的反复"实践"检验,完成从"样品"到"成品"的蜕变。

一、分享"过程"

分享过程是将个人或团队的知识、经验、想法或成果与其他人交流和传递的行动。在已经形成原型的基础上,分享过程,对产品原型的功能、用户体验等开展介绍,并根据测试结果对产品或成果进行修改,从而建立起从原型到成品的通道。

(一)确定内容方式

确定分享内容和方式是推动项目成果改进的基础。这一过程要求明确分享的目标和了解受众,深入掌握技术细节,并通过解释和示例进行展示。通常,分享内容概述了项目从调研阶段到当前原型的整个过程,重点介绍原型制作过程中的挑战、解决的方案以及团队合作的经验。分享形式通常采用小组展示或"画廊漫步",方式包括路演、展示等,合适的方式可以有效传达信息并促进反馈的收集。在选择分享方式时,需要考虑内容的性质、预期的受众以及目标。

例如,"校园跑道我做主"项目就引导学生科学了解操场跑道,并探

索跑道起跑线的设计奥秘,最终通过数学方法设计起跑线和制作模型。在这一过程中,学生使用圆规和直尺等工具绘制操场平面图的缩略版,从色彩搭配、与校园建筑的和谐统一等角度出发,设计出美观实用的校园操场模型。学生被分为六人一组,通过全组发言或指派代表的方式介绍各自的设计方案。

案例中,学生分享的方案各有侧重:有的强调操场的多功能性,有的关注运动员和观众的体验。通过"画廊漫步"展示各种方案,引导学生从数据的准确性、方案的科学实用性以及设计的美观度三方面进行评价。通过分步骤、条理清晰地展示和讨论,有效促进了对项目成果的反思和改进,同时加深了学生对知识的理解。

(二)获取反馈信息

获取与反馈并在此基础上进行深入反思,是整个分享过程中不可或缺的环节。它对于评估分享效果及不断改进未来的分享活动具有至关重要的作用。在学校环境中,跨学科项目化学习的反馈可以采取多种形式,如直接对话交流、询问听众建议、问卷调查等。这样的多元化反馈渠道有助于收集到更全面客观的意见。收集反馈之后,进行深入的反思至关重要。这一过程涉及对整个分享活动的回顾,包括分析成功之处和存在的不足,并据此记录改进措施。通过批判性分析,学生可以从收集到的反馈中提炼出改进项目原型的有价值的信息。基于这些反馈和自我反思的结果,可以调整内容选择、准备过程以及分享方式,以优化未来的分享活动。

例如,在"校园跑道我做主"项目中,跑道原型展示后,教师使用"3-2-1公开展示记录单"这一思维工具来引导学生进行批判性思考,并合理处理他人的建议。学生被鼓励从原型的合理性、施工的可行性等多个角度提供反馈,这不仅为展示的团队提供了有价值的建议,还促使他们思考可能的解决方案,从而改进原型。又如,在"绿色校园设计挑战"项目中,学校邀请了环保专家和建筑师参与评审和反馈环节,这为学生提供了行业视角的反馈。此外,对于长期项目,如创意写作项目,定期的反馈机制有助于帮助学生及时调整创作方向,鼓励持续的同伴支持和合作学习。

通过多样化的反馈渠道和广泛的人员参与,可以极大地丰富教学内容和提升学生的学习体验。这种互动和反思的过程有助于建立一个开放、包容的学习环境,鼓励学生积极探索和实践,同时也为教育者提供了宝贵的建议,以不断改进教学方法和策略。

二、评价"标准"

"标准"是一种规范性文件,旨在为解决实际问题提供可操作的指导和方法,以便于在实践中应用。在跨学科项目化学习"以'展评'为中心"的学习环节中,会呈现各类用于观察的评价量表,这一方面是衡量成果原型是否达成了预定目标,另一方面也是评定学生的实际操作能力、创新思维能力、团队协作能力、自主学习能力。那么,我们如何确定评价量表自身的评价维度和评价内容的可靠性呢?这就需要对"标准"进行评价。

(一)判断明确性

明确性在判断标准中表示确定不移的特性,也就是指目标应该具体、标准应该清晰,不含糊其词,避免误解或者混淆。这样,标准才能有效地对原型进行评判并衡量展示的结果。量表作为评价原型和学习过程的一种重要手段,表述应该科学、明确,内容一般要包括技术、外观、创意、综合效果四个方面,根据所展演原型的不同,也可以包含特定的评价模块。

例如,"动物栖息地"是以轻黏土塑造动物形象来宣传环保的跨学科项目化学习。以轻黏土塑造的动物在造型上和真实动物要有较高的相似度,在色彩上应该符合自然界动物的实际颜色,图案是要有表现张力的,在作品的宣传效果上应该能引发学生的想象,并起到教育意义的。如下用于动物栖息地评价的量表,从造型工艺、色彩搭配、图案表现、创意构思四个单项进行评价,表述清晰,不仅紧扣美术评价的要求,还从表达上深化学生的感悟。

表2-16　动物栖息地评价表

评价标准	自评	组评	师评	作品简介
造型工艺	☆☆☆	☆☆☆	☆☆☆	
色彩搭配	☆☆☆	☆☆☆	☆☆☆	
图案表现	☆☆☆	☆☆☆	☆☆☆	
创意构思	☆☆☆	☆☆☆	☆☆☆	
综合评分	☆☆☆	☆☆☆	☆☆☆	
课程感悟				

(二)检验可衡量性

可衡量性在展评标准中表示标准具备可以量化评估的特性。一套可以衡量的标准应该不仅有相对明确的数据指标,还应同时呈现标准细节可供执行。换言之,根据展示原型的类别,除了侧重于描述原型是否呈现了设计的要点,还要对呈现的具体表征从全部符合、大部分符合、基本符合以及不符合进行分级评价,展开具体描述。量化指标以星级或其他方式呈现。

例如,在"校园标识牌制作"项目中,量表中将学生"结合设计方案,制作标识牌,应用标识牌并进行二次改进"的能力分为三个水平:对于水平A的描述是制作出的标识牌能准确描述要标识的校园事物,并且颜色和外形合理;对于水平B的描述是能制作出描述了校园事物的标识牌;对于水平C的描述是不能制作出标识牌。这三个水平都是可以用来观察衡量的,比较的要素一是能否制作,二是制作后是否考虑颜色和外形。学生对照量表能够更加清晰地认识到自己的优势和不足,从而主动调整学习策略,通过一系列的措施实现从原型到成品的改进。

三、论证"方案"

论证方案是一种对特定计划或策略进行详细分析和评估的过程,旨在确定其科学性与可行性。基于原型成果的展示,论证设计方案是否按照需求解决了问题,制作过程中所选择的方法是否合适,根据方案设计的原型是否严谨、科学,所完成的成果原型是否是方案所描述的。这个过程是确保原型设计合理的重要步骤,在理性的思考和思维的碰撞中,可以培养学生的逻辑思维能力,发展高阶思维。

(一)关注科学性

关注方案的科学性,首先要关注方案的目标是否清晰、具体,内容是否清晰确切,数据或者方式是否有据可依,是否能通过科学的方法实现,换言之就是方案要以现有的理论和技术为基础,建立在充分的分析和研究之上。另外,还要关注方案设计是否科学,是否有实验设计、统计分析等必要的组成部分,还要对科学思维、科学方法、情感态度和价值观进行评价。

例如,"设计破冰船"项目中,七年级学生制作出的原型破冰船是单层船壳的,船体模型宽度也不足,不能容纳电池和电动机,在小水盆测试中无法打破水面上的薄冰,运行不久即出现船体过度倾斜导致沉没的问题。学生对照方案后发现方案中未提及"双层船壳可以实现有效地破冰及足够大的船体能提供足够的浮力",方案对于阿基米德定律和压力及密度的原理思考不够完善,按照有问题的方案制作,导致原型出现了上述问题。在此过程中,学生们不仅亲手制作出了破冰船的模型,还巩固了关于浮力、压力的基本知识。由此,学生在验证方案的过程中确认了自己的设计是否有效,了解了在未来设计中需要重点关注和改进的潜在风险点。这就培养了学生的探究精神,启蒙了工程思维。

(二)聚焦可行性

聚焦可行性是以"展评"为中心的跨学科项目化学习论证方案环节的重点之一。跨学科项目化学习中的可行性是对项目在实际操作中是否可以开展的全面评估。学生们往往有这样一种潜在的认识,原型制作出来了,说明方案就是没有问题的。其实不然,我们要回溯项目需求,对

材料、技术、时间、经费和人员组织等限制性条件进行梳理，明确原型究竟有没有解决项目需求中提出的问题，或者只是做了一个似是而非的"平替"。

例如，跨学科劳动项目"设计植物自动养护浇水装置"，其装置需求就是牢固、耐用、成本低。第一个原型全部是由瓦楞纸搭建，从材料来看，瓦楞纸板容易被水溅湿而导致软化，从而导致整个装置垮塌。另外，瓦楞纸自身强度并不高，不适合作为长期使用的智能劳动工具，所以这个原型作为成品的可行性并不高。第二个原型采用了激光切割，但是激光切割一旦出现错误，将导致整个板材报废，从制作费用这个限制性条件来说，这个原型还是存在一些问题的。第三个原型使用了模块化的乐高拼搭组件，因为组件结合可以达到很高的强度和稳定性，同时，乐高拼搭组件价格低廉，搭建难度低。学生的实验结果表明第三个原型植物自动养护浇水装置方案设计是切实可行的。在此过程中，原型产品达成了学生的设计预期，为最终产品的实现奠定坚实的基础。

四、实践"样品"

在跨学科项目化学习中，实践"样品"阶段是将理论知识转化为实际操作的关键环节，它不仅使学生能够测试和验证自己的设计理念、样品的功能和性能是否达到预定的需求，而且通过对照方案和基于反馈的调整，促进了学生对于设计思维和工程实践的深入理解。这一过程主要分为两个部分：模拟检验和真实检验。

（一）模拟检验

模拟检验是在控制的环境中对原型或样品进行的一系列测试，旨在评估其在理想化条件下的性能和功能。这种检验通常利用计算机模拟、实验室设置或虚拟现实技术来重现产品使用的可能场景，从而在不接触真实环境的情况下，预测产品在实际应用中的表现。在这个过程中，项目团队不仅能够获得宝贵的第一手信息，还能了解产品在实际使用中的表现、用户的真实反映以及潜在的设计缺陷。通过实验室环境下的模拟，不仅为产品迭代提供了方向，更为学生创新能力等高阶能力的发展提供了有效的支架。

模拟检验首先需要定义测试的目标，明确需要评估的性能指标。接着，设计与产品使用场景相符的模拟环境，并准备好所有必需的测试材料，包括软件、硬件和虚拟模型。之后，在模拟环境中执行测试，收集性能数据。通过分析这些数据，可以评估产品性能是否符合预期。基于测试结果，识别出需要改进或优化的方面，并据此调整产品设计。如有必要，这一过程可能需要重复，直到达到满意的性能水平。

例如，"社区学习空间的设计"项目中，学生面临的挑战是创造一个既能满足老年人需求也能满足儿童需求的多功能学习空间。为了实现这一目标，学生们首先确定了模拟检验的目标：创建一个既具有功能性也符合美观标准的社区学习空间。接下来，他们设计了一个包含不同功能区的模拟环境，如老人休息区和儿童学习区，并利用3D建模软件来制作这些空间的虚拟模型。为了确保模型的准确性，学生团队准备了详尽的材料列表，包括家具、装饰品和其他空间元素的虚拟版本。在执行模拟测试时，他们特别关注了空间布局对不同年龄群体的适用性，通过软件模拟不同时间段内空间的使用情况，收集了空间布局、光线分布和人流动线的数据。分析这些模拟测试结果后，学生们发现某些区域的布局可能会导致拥挤，或者光线分布不均，影响空间的使用效率和舒适度。基于这些发现，他们明确了改进点，如调整家具布局和增加照明，以优化空间的功能性和舒适度。通过调整设计并重新进行模拟测试，学生们逐步优化了他们的学习空间设计。在模拟检验的最后阶段，学生们通过虚拟现实（VR）技术，将老师和同学带入模拟创建的空间中，收集他们的直观反馈。这次互动式的评估进一步验证了空间设计的实用性，并为最终的真实空间设计提供了宝贵的用户体验数据。通过这一系列严谨的模拟检验步骤，学生们不仅提高了设计的质量，也增强了他们在解决实际设计问题中的创新能力和批判性思维技能。

（二）真实检验

真实检验指的是在实际的应用环境中对原型或样品进行的测试，这

从『甜点』到『配餐』项目化学习的学校探索

可以帮助开发者了解产品在真实世界条件下的表现。这种检验通常将产品置于其预期的使用环境中,以考察其适应性、功能性和用户接受度。通过观察和分析原型在各种社会互动和条件下的表现,可以对成果进行必要的调整和优化,确保其能更好地解决现实问题并满足用户的需求,减少设计偏差,最终推动原型向成熟可靠的成品转变,同时也能实现以高阶思维带动低阶思维的愿景。

真实检验的步骤则开始于确保原型或样品已根据之前的模拟测试反馈进行了优化,然后选择一个能够反映产品实际使用条件的真实测试环境,并定义清晰的测试标准,包括目标、性能指标和评估标准。在选定的环境中进行实际的产品测试,同时收集性能数据和用户反馈。通过对这些数据进行详细分析,评估产品的性能,并获取最终用户和其他利益相关者的反馈。根据这些反馈,对产品设计进行调整和优化,必要时重复测试过程,以确保产品最终能够满足所有预定的需求和性能标准。

例如,"共享单车'骑'遇记"项目中,学生团队致力于解决地铁周边共享单车投放的优化问题。经过初步研究,他们发现共享单车的投放量存在一定的规律,据此制定了一个原型方案,即按50、100、500的倍增关系调整投放量以适应不同的需求。为了进行真实检验,学生们首先确保他们的原型方案已根据模拟测试的反馈进行了优化。他们与地方共享单车公司合作,选定几个高客流量的地铁站作为真实环境测试的场地。在定义测试标准时,团队确定了几个关键指标,包括单车的使用率、用户满意度以及空闲单车的减少情况。在真实测试实施阶段,学生团队按照原型方案调整了共享单车的投放量,并通过观察和收集数据来评估策略的效果。他们收集了包括单车使用频率、用户反馈和运维调度效率在内的多种数据。数据收集与分析后,学生们将他们的发现与共享单车公司现有的投放模型进行了对比。结果显示,学生团队设计的投放模型与公司的模型有着高度的一致性,这一发现令人鼓舞。在项目展示会上,学生们通过问卷和访谈等方式收集了来自师生和共享单车公司调度经理的反馈。基于这些反馈,他们进一步调整了原型方案,优化了投放策略,以更好地适应实际需求。

通过这个真实检验的过程,学生团队不仅成功地将数学和物流管理理论知识应用于解决实际问题,还深化了对于如何在现实环境中进行测试、分析和改进策略的理解。这个经历极大地提高了他们的实际操作能力,增强了解决问题的技能,同时也加深了他们对理论知识在实际应用中价值的认识,培养了他们的项目管理和团队合作能力。

以上模拟和真实检验的例子不仅展示了跨学科项目化学习如何将理论知识与实际操作相结合,也强调了在实践中学习、测试和改进的重要性。通过这些经验,学生不仅能够增强对特定学科的理解,还能够发展创新思维、问题解决、团队合作、项目管理等21世纪技能,为他们未来的学习和职业生涯奠定坚实的基础。

【案例】 以展评为中心的学习——校园安全:沉默舞台剧

一、项目简介

该项目属于跨学科项目化学习领域的科技类项目化学习。该项目以校园安全为主题,以问题解决为导向,通过搭建支架,引导学生发现校园的安全问题,以"沉默舞台剧"为成果呈现形式,一方面以生动的形式向同龄人进行安全宣讲,另一方面从同理心关怀出发,以现有的信息智能设备为载体,关注在问题解决过程中综合实践活动、信息、数学、科学、道法等跨学科知识的运用。项目为期一周,面向六年级和七年级学生,旨在培养学生的创新能力。该项目的驱动性问题是:如何充分利用现有智能材料,制作玩偶展演舞台剧,向身边的同学进行生动的校园安全宣讲呢? 以综合实践活动学科为主,兼具信息、数学、科学、道法等学科知识,跨学科概念,解决当前安全教育多数靠广播通知而效果不够理想的问题,安排"问题发现,入项活动;规划设计,形成方案;建构模型,测试改进;展示反思,形成迁移"四个阶段,共8个课时的课程。通过展示,了解校园安全在学习生活中的重要意义,培养学生探究的习惯与合作的能力,能根据评价标准,初步尝试对其他组的成果提出合理化建议,培养高阶思维能力。

表 2-17　校园安全：沉默舞台剧评价单

校园安全：沉默舞台剧分镜脚本和程序、制作自评表	
我关注的校园安全问题是	
我选择的校园场景是	教室□　实验室□　游泳馆□　食堂□　操场□ 走廊□　花坛□　医务室□　学校大门□ 其他：＿＿＿＿＿
我的故事有清晰的开头、主体与结尾：	是□　　　　否□
人偶的表情是如何发生变化的（可多选）	根据时间推移自动变化　□ 通过按键切换表情　□ 通过micro:bit板的徽标朝向切换表情　□ 通过环境光线变化切换表情　□ 通过振动micro:bit板切换表情　□ 通过温度的变化切换表情　□ 通过其他方式切换表情　□ 没有切换表情，太难了　□
如果是用其他方式切换表情，请写出用的是什么方式：	
团队制作的是	micro:bit人偶□　　其他角色□　　其他道具□
制作风格	华丽浮夸风格　□ 精致细腻风格　□ 朴实环保风格　□
对模型的评价	很满意　□ 不太满意，我需要学习更多工具的使用来制作　□ 不太满意，我需要学习更多制作技巧来完成制作　□
校园安全：沉默舞台剧表演他评表	
你觉得故事强调了校园安全吗	很重视校园安全　□ 有点牵强附会　□ 跟校园安全完全不搭，一头雾水，啥都没看懂　□
关于micro:bit人偶的表情	表情切换符合剧情需要　□ 不太看得懂表情切换的原因　□ 没看到表情的切换　□
你认为表演是否精彩	非常精彩，让人眼前一亮　□ 很好，清晰地说清了一个完整的故事　□ 还可以，大概知道在讲什么　□ 完全没看明白，继续加油　□

二、实施片段

1. 设计的作品以小组形式进行舞台剧展演。舞台剧的模拟主角是使用micro:bit编程模块配合激光打印切割出来的木片和绒布等制作的"模拟学生"。

2. 手偶剧分三幕展示。第一幕用小人展示了低年级学生拾取他人扔掉的变质香蕉并吃掉后拉肚子被送医院急诊的情景,展示了校园食品安全隐患,如图2-29所示。

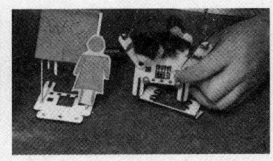

图2-29 "舞台剧"展演

第二幕展示问题解决方式,第三幕展示解决后的效果,全程不作旁白,仅使用micro:bit的点阵LED显示模块呈现表情和文字。根据之前的分组,每个小组派代表或者全员上台进行作品展示,并且把发现问题、设计方案、展开制作和如何解决问题的过程在规定的时间内讲述给台下的听众听。

3. 利用1课时对照评价单,检测成果,包括检测设计方案、运用信息技术载体制作的校园安全宣传模型、模拟舞台剧形式的展示过程。评估学生在阐述发现问题、解决问题的流程中各环节的落实情况,由听取展示的小组讨论后派代表提出建议。

4. 利用1课时进行作品修改。方案改进之后,各小组将作品贴在展板上。学生通过"画廊漫步",对标"分镜、编程"等评价要求,在自己心仪的成果旁贴"大拇指"进行投票。

5. 根据方案改进原型,再次展演,每人手持4张选票,选出最佳舞台剧。

6. 回顾并反思整个项目实施过程,思考:最让你有成就感的是

什么？你遇到的最大困难是什么？在项目过程中，你发现自己有什么优势和弱势？在小组合作中遇到冲突时，你是怎么处理的？反思整个项目实施过程的收获。

三、项目分析

本案例是学校STEAM课程"智造生活"中科技类跨学科项目化学习的一个切片呈现，主要呈现的是以"展评"为中心的学习。

学生根据方案，用micro:bit或者其他选定的材料制作舞台剧人物模型，再学会原型试样建模和编程的方法，并且掌握舞台表演的要素。通过舞台剧展演，学生分享原型制作过程；通过现场的检测和讨论建议，学生围绕原型成果再次论证方案的合理性以及作品的适用性。根据评价标准评价原型成果，同时对小组合作学习的方式进行评价，最后在修改后的展示和评价的亲历体验中了解安全的重要性，并掌握运用智能设备解决生活问题的能力。展演的目的是对解决问题的过程进行回溯和分享，论证方案与成果之间的联系，对标之前设定的需求标准开展评价，最后在"画廊漫步"中完善修改后的原型，完成从"样品"到"成品"的蜕变。

本案例中，学生经历了完整的项目过程。尤其是通过展评，完善了原型设计，很好地发挥了mirco:bit的作用，加深了对工程设计的理解，打通了从样品到成品的迁移路径，实现了以跨学科项目化学习变革自身的学习方式，更为重要的是提高了他们的学习兴趣，培养了学生的社会责任感。

（案例提供：杭州市保俶塔实验学校　林　滢）

第三章
学科项目化学习的设计与实践

在当前的学科教学的革新中,项目化学习已逐渐成为一种备受推崇的学习方式。项目化学习以其强大的驱动力、持续的探究过程以及学生为主体的核心理念,有助于激发学习兴趣,推动深度学习。然而,仅在拓展课程中开展项目化学习,显然无法充分发挥其潜在的教育价值。鉴于此,我们将项目化学习引入学科教学常态化课堂中,以期让学科教学变得更生动,让学科知识变得更鲜活,让学科思维变得更灵动。我校对学科项目化学习所进行的实践研究如图3-1所示。

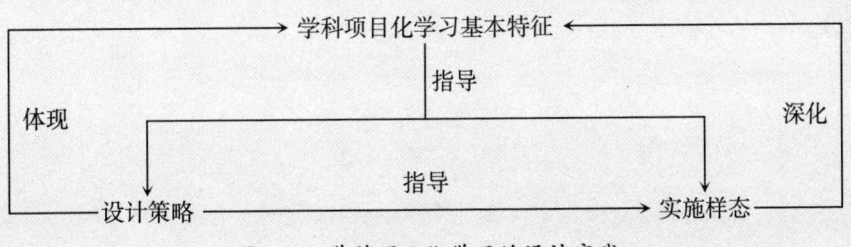

图3-1 学科项目化学习的设计实践

为区分学科项目化学习和跨学科项目化学习,我们从学习目标、学习内容、学习过程三方面将两者进行对比,得出学科项目化学习的基本特征。

在学科项目化学习的基本特征引领下,我校对学科项目化学习进行深入研究,得知其学习设计既包含项目化学习共有的设计方式,又具备立足学科的特质。我校从本质问题、学习载体、学习任务等方面研究学科项目化学习的学习设计,进而指导课程实施,力求体现学科项目化学习的基本特征。

从学科项目化学习的基本特征和设计策略分析可知,学科项目化学习是项目化学习的学科化实践,故具备立足学科概念的基本属性。因此,根据学科概念的内涵和外延,将学科项目化学习的组织形式分为微单元项目化学习、小单元项目化学习、大单元项目化学习三类。我们希望通过实施学科项目化学习,促进基础课程学习中师生学教方式变革的落地。

第一节 学科项目化学习的基本特征

学科项目化学习是一种用学科思维、视角和眼光来研究真实世界问题，形成成果，达到对学科关键概念深度理解的学习方式。学科项目化学习需要学生进行学科实践，将项目化学习的设计要素融入学科教学，将低阶认知"包裹"入高阶认知，同时培育学生的学科核心素养，及问题解决、创造性等学习素养。[①]学科项目化学习突出用学科思维思考问题，用学科能力解决问题，形成具有学科特征的核心素养。与传统学习、跨学科项目化学习相比，学科项目化的学习目标存在关键性、高阶性、积极性等特征；学习内容存在向心性、真实性、复杂性等特征；学习过程存在问题性、实践性、迁移性等特征。

一、学习目标

为明确学科项目化学习中学习目标的特征，团队对学科项目化学习与跨学科项目化学习的学习目标进行了比对（见表3-1）。

---

① 夏雪梅,崔春华,吴宇玉,等.预见"新学习"[M].上海:华东师范大学出版社,2022:62.

表3-1　学科项目化学习与跨学科项目化学习的学习目标

学习目标	学科项目化学习	跨学科项目化学习
设计对比	防洒外卖箱的设计与制作 1.科学观念：通过对运输过程中外卖洒出情况的分析，知道用惯性解释生活中的相关现象，学会运用简单的模型描述和解释物体间的相互作用，初步形成运动与力相互作用的观念； 2.科学思维：通过对牛顿第一定律的深入分析，明确力是改变物体运动状态的原因，培养学生基于证据进行反驳的批判思维； 3.探究实践：通过对摆动外卖箱的设计、分析及实践，巩固二力平衡的条件，初步培养学生创造性解决问题的能力，提升学生的工程实践能力； 4.态度责任：通过改善外卖洒出问题，培养学生节约资源、保护环境的责任感。	创建"绿色学校" 1.地理素养：学会阅读校园平面图或者地图； 2.数学素养：能够在校园平面图或地图上计算校园各部分用地面积大小，用于分析和设计校园绿植布局； 3.艺术素养：基于"人与自然和谐共生"的设计原则，设计绿色布局更加和谐； 4.劳动素养：对学校或社区进行环境规划，增强社会责任意识，主动体验当地常见的种植、养殖等生产活动，主动定期参加校园包干区域的保洁和美化活动。

团队通过案例对比论证，发现就学习目标的制定而言，两者在目标内容与目标设定流程上存在较大区别。学科项目化学习的目标"学科味"更重，设定过程更注重探讨关键问题与学习重难点，而跨学科项目化学习是基于问题的学习，将多门学科知识转化为层次性、系统性、综合性的序列，从现实生活中发现问题、提出问题，在问题的推动下通过两个或两个以上学科进行解决，是将学科与学科、学科与生活联系的点。①

学科项目化学习的学生目标是整个项目的关键。学习目标首先应该对应学科的课程标准，聚焦学科的核心概念，强调学科学习，促进学生

---

① 季苹,陈红.综合实践活动课程如何实现"综合"——"以问题和概念为两端"的设计框架[J].中国教育学刊,2019(10):98-103.

自主学习,培养他们的高阶思维,并使他们具有积极的态度和责任意识。学科项目化的学习目标具有学科意义并具有关键性,以及高阶性和积极性。

(一)关键性

学科项目化学习的目标设定应紧紧围绕学科的关键能力,强调学生在该学科中所需的基本技能、思维方式和专业素养。学科项目化学习通过明确这些关键能力的培养目标,能够为学生提供更有针对性的学习体验,促进其对学科的深入理解提升应用能力,从而更加凸显学科项目化学习的"学科关键能力"培养价值。它依托学科课程标准提炼关键能力,涵盖学科的基本技能、专业素养。在目标设定时,教师应该明确强调这些学科关键能力,以满足学生的学科发展需求,使学生建构学科知识,并全面培养学生学科核心能力。

(二)高阶性

学科项目化学习的目标设定要关注与学科相关的高阶思维。高阶思维是指学生在解决问题、分析复杂情境和进行创新时所需的认知能力和思维方式。项目化学习要"驱动"学生掌握学科核心概念或分析关键问题的能力,为此需要建立起项目活动与其背后的概念性知识之间的关联。在项目化学习中,真正重要的是学生所追求的问题、活动、成果和表现,都要协同服务于真正重要的理智的目的,而不是作为传统课程后的一个展示、表演、附加实践或作为例证的部分。① 学科项目化学习的目标设定需要基于学科课标中对思维的要求,确保学生掌握学科核心概念的同时,能够综合运用高阶思维来深入理解和应用学科知识,形成进一步深入研究学科的持久力。这样的目标设定能够帮助学生发展与学科相关的批判性思维、创造性思维和问题解决能力,为他们未来的学科发展打下坚实基础。

以科学为例,学科项目化学习的目标应包括培养学生的科学探究思

————————
① 夏雪梅.从设计教学法到项目化学习:百年变迁重蹈覆辙还是涅槃重生?[J].中国教育学刊,2019(4):57-62.

维、批判性思维和创造性思维。学生面临复杂的实际问题,需要运用科学探究的方法进行观察、实验、分析和推理。这个过程要求学生具备批判性思维,能够评估信息的可靠性、检验假设的合理性,并提出合理的解释。例如,"防洒外卖箱的设计与制作"学习中,通过对摆动外卖箱的设计、分析及实践,巩固二力平衡的条件,初步培养学生创造性解决问题的能力,提升学生的工程实践能力。同时,学生还需要发展创造性思维,能够提出新颖的问题、尝试新的解决方案,并在实践中进行创新。

(三)积极性

学科项目化学习在目标设定中,不仅要关注学生的认知能力和高阶思维,还要强调学生形成与学科相关的共情力、认同感,以及积极向上的态度和责任,使其成为积极向上的学习者和忠实的学科追随者。当学生在项目中扮演学科专家时,用学科思维思考问题,用学科能力解决问题,将学科知识与真实应用场景相联结,与学科的实际工作者和专业人士进行交流合作。此类学科项目不仅需要运用学科知识和技能,还要考虑学科的实际应用和社会影响。这种深度参与能让学生深刻体会到学科的重要性,形成对学科的自豪感、归属感,逐渐增强对学科学习的责任感,愿意主动参与学科的学习和实践,并与学科社群保持联系和合作,真正意识到学科知识对解决实际问题的价值,并积极追求学科知识的深入和扩展,成为更有学科情感价值的人。

例如,"防洒外卖箱的设计与制作"所立足的学科概念为运动和力的关系,该概念属于初中科学中的重点和难点,是值得学生深入研究的学习内容。该内容的深度学习,有利于培养学生对整个经典物理学的认知,有利于学生学会用科学的方法进行物理规律的研究。在表3-1科学学科项目化学习的目标中,提出通过改善外卖洒出问题,培养学生节约资源、保护环境的责任感。"节约资源、保护环境"的态度责任源自学生探究中逐步自我发展形成的观念,与传统课堂中的教师灌输明显不同,它紧密围绕科学学科的特性,又符合社会成员的价值需求,提升了学生的学习内驱力,激发了他们对学科学习的浓厚兴趣。

二、学习内容

学科项目化学习内容指向学科关键能力,提倡基于真实情境、解决真实问题。学习任务需要真正驱动学生展开探究与实践,追求理解的深度,发展高阶的思维。学科项目化学习内容具有向心性、真实性、复杂性。

(一)向心性

学科项目化学习聚焦核心概念,指向学科关键能力,具有向心性。"核心概念跨越时间、文化和不同的情境,是对一系列样例共性特征的心理建构",具有永恒性、普遍性和抽象性,体现样例的共性特征。核心概念是项目化学习的聚合器,它将更多的知识点信息聚合起来,进行系统的整合。项目化学习注重学生在真实情境中深入理解概念,引发学生产生超越事实的抽象思维。核心概念的类型多样,一般有内容型、过程型、主题型、论题型、观点型五类。内容型突出学科关键性概念,用概括性强的名词来表达,如科学学科中"生物体的稳态和调节"等;过程型强调获取和应用知识的有关技能和方法,如数学学科中的推理能力、应用意识等;主题型表现为一种原则或一种文化现象,如语文学科中"山水意蕴与人文情怀"等;论题型主要出现在人文艺术领域,以确定话题的形式呈现,如小说的评判标准;观点型则是一种看法与观点,一般用陈述句,如"高品质朗读能表现作品美并抵达作者内心之门"。提炼核心概念首先要依据课标、单元主题以及学情,其次要依据学生立场、教材立场、学习立场和知识立场。

例如,梳理统编教材中二次写人物的专题,确定相应的核心概念,如表3-2所示:

表3-2　三次人物专题写作项目化核心概念的确定

年级	主题	人物写作专题	核心概念	概念类型
七上	"追风趁年少"——班级人物志书册制作	第三单元写作：写人要抓住特点	运用独特的视角、细腻的笔法能凸显人物特点	观点型
七下	"微微光亮，温暖你我"——保实温度人物评选	第一单元写作：写出人物的精神	人物精神的体现	论题型
八上	"保实名人堂"文化长廊方案设计	第二单元写作：学写传记	典型人物事件、人物生平与传记写作	过程型

根据教材单元写作主题和目标，提炼人物写作的核心概念，明确三次人物写作的区分点，统筹写作专题，确定核心概念，避免前后人物写作的重叠。

(二)真实性

项目化学习提倡"面向真实世界的问题解决"。有意义的学科项目化学习内容需要我们基于真实的情境进行项目化的设计。在具体的真实情境中，设计出既贴近学生生活经验，又可开展学科实践的项目化学习活动。学科项目化学习设计应从日常生活、身边喜闻乐见的事、新闻事件、社会生活环境等方面入手，设计项目和设置任务，目的就是让学生的学习任务回归生活。例如，明信片创作与设计、人物推荐语撰写、演说家等，这些学习任务的设计依托现实生活的实际，避免了说教式、泛概念化的任务设计。当然，有意义的项目化学习情境任务的设置更需要强调单元语文要素的落实，在单元结构化内容的整合推进中找到突破口，因此，真实的学习任务都需从整体考量，培养学生的综合能力和学科素养。

项目化学习设计只有考虑学生的学习内容与真实生活的紧密关联，才能更有效地解决真实的问题，才能有较为切近真实生活的情景体验。例如，语文学科通过设计"学校名人堂文化长廊"项目化学习，让学生学习采访,基于学生真实的生活情境,通过采访的方式为自己的学校设计名人文化长廊方案。这一真实任务需要学生通过采访了解校园名人。其中一位名人是研究"牛腿"艺术的大学教授,学生遇到了如下问题:如何联系到人物、在哪里采访、如何设计采访问题、采访名人需要做哪些准备……。面对"如何设计采访问题"这一问题,学生的解决办法是先观看《鲁豫有约》《水均益采访》等视频,对采访问题做相应的记录,注意主持人提问的内容及顺序,然后再设计采访问题,做足准备。这样一来,对名人的采访就非常顺畅,有效解决了真实的关键性问题。在学生自身的知识储备和认知的基础上,通过小组团队合作,在真实情境中解决问题,获得了深度的实践和切近生活的情景体验,促进了语文学科思维的培养,强化了所学知识、能力以及所运用思维方式的真实性。

(三)复杂性

项目化学习需要在真实情境中解决真实问题,而真实问题通常是复杂的。那些定义明确、形式单一且封闭式的学习任务,容易让学生形成思维定势,难以发展批判性和创造性思维,因此并不适合项目化学习。项目化学习任务需要真正驱动学生展开探究、辩论、解释,激发学生思维的碰撞和发散,具有真实性、复杂性和挑战性。项目化学习作为一种解决真实而复杂问题的重要学习方式,需高效统整学习内容,促进学习方式的变革,追求理解的深度,实现深度学习。

在项目化学习中,学生往往要具有专家思维,像专家一样去解决真实情境中的复杂问题,重视在学科实践活动中进行学习,在复杂情境任务驱动下发展核心素养。因此,在项目化学习实践中,首先,要创设真实的情境,驱动性问题需充分体现综合性、复杂性和挑战性。其次,驱动性任务要真实且富有挑战性,并与现实世界和学生已有经验密切联系。驱动学生经历整理数据、分析数据、产生方案、实施验证的过程,从而培养学生运用知识解决问题的能力以及批判性思维、创造性思维等高阶思维。此外,需要强调项目化成果的输出和展示,从中培养批判性思维和复杂问题解决、协同合作与有效沟通的能力。

例如,"拥抱诗意,唱响春天"歌词创写——《诗经》项目化学习。《诗

经》传统教学设置的学习任务可能是掌握"双声叠韵""回环咏叹"的手法,任务形式单一,封闭式没有挑战性。而歌词的创作需要学生首先欣赏《诗经》的语言特点,讨论歌词的评价量规,在独立完成歌词创写的过程中,不仅要发现其现代歌词与《诗经》的共性和个性、理解"双声叠韵""回环咏叹"的艺术手法,还要学会迁移运用。让学生在真实的任务情境中,学习《诗经》中的语言艺术,不仅能加深学生对《诗经》的理解,也有助于提高学生运用语言文字的创造性思维能力,培养他们语言运用、思维能力、审美创造的核心素养。

三、学习过程

项目化学习是基于真实情境的学习,学科项目化学习具备项目化学习的基本特征,故其学习过程与传统学习过程相比,具有一些典型的特征。

(一)问题性

问题性是指通过问题链的形式来引导学生进行学习。学科项目化学习是一种以项目为核心的学习方式,这种学习方式将学科知识与实际问题紧密结合起来。通过设置具有挑战性和实践性的项目任务,学生需要运用所学的知识和技能去解决真实世界中的问题。这样的学习方式可以激发学生的探究欲望和学习兴趣,使他们更加主动地去获取和应用知识,成为知识的主动建构者。问题链是学科项目化学习中常用的一种辅助工具,它由一系列相互关联的问题组成,学生需要逐步解决这些问题才能完成整个项目任务。问题链的设计需要考虑问题的难度和递进性,使学生在解决问题的过程中逐步深入理解知识。此外,将主要评价手段从传统的考试转变为问题解决的过程和结果,鼓励学生展示所掌握的知识和技能,并评论他们解决问题的能力。

通过学科项目化学习以及问题链的运用,学生可以在真实的情境中感受到学习的价值和意义。学生通过解决问题来获取知识,激发了他们的好奇心和创造力,同时帮助学生形成深入理解的知识结构,提高思维能力和问题解决能力,培养学生的创新能力,帮助学生树立正确的价值观,塑造积极的学习态度和人生观。通过问题链的设计,能够有效打破传统课堂中学生被动接受知识的现象,促进学生的全面发展和素养提升。

例如,在"设计垃圾分类检测仪"中,以机器人代替人工进行垃圾分类的需求为契机,引入课题。以"如何设计垃圾分类检测仪"为驱动性问题,通过引导学生思考如何定性判断电阻大小、如何定量测量电阻大小、如何更简便地测量电阻大小等问题的引导,让学生在逐步解决问题的过程中,完成电阻相关知识的复习,建构电阻、电压和电流相关知识的整体框架。

(二)实践性

传统教育重视理论和考试,轻视学生的实践操作能力。课堂教学多以讲授为主,容易与生活实际脱节;同时,过于追求课程广度而非深度,受限于时间和资源,实践机会匮乏。教师常扮演知识传授者的角色,学生被动接受,从而抑制了学生的主动性和创造性。学习被局限于教室,而非与真实环境结合,这限制了学校和教师提供多样化实践机会的意愿和能力。这种教育模式亟须变革,以更好地培养学生的创新实践能力。

项目化学习是一种实践性强的学习方式,它注重学生的实际操作和体验,鼓励学生通过实践来探究知识、解决问题。在项目化学习中,学生通过研究、调查、探索和实践,积极主动地获取知识,并将所学的理论知识应用到实际问题中,从被动的听课者变为主动的参与者;教师从传授知识者的角色转变为学生的指导者和引导者,激发学生的学习兴趣和自主学习能力。在实践中,学生们通常以小组或团队为单位进行合作学习,在团队合作中学会沟通、协作和分工合作,每个成员都能发挥所长,为整个团队的目标和任务贡献自己的力量。这种集体合作的经历不仅有助于提高学生的团队合作能力,还促进了他们之间的互相学习和交流。由此看出,学科项目化学习通过真实的项目活动,使学生在实践合作中将知识转变为能力,锻炼解决问题的能力、创新思维和团队合作精神,帮助学生全面发展,提高综合素质,为他们未来的学习、工作和社会生活奠定坚实的基础。

例如,在"设计垃圾分类检测仪"中,要求学生依次设计出定性判断电阻大小、定量测量电阻大小、简便测量电阻大小的电路方案,改变电流表等,使用这些方案进行实际检测,从而让学生学会使用科学知识指导工程,解决真实问题。

(三)迁移性

传统课堂往往偏重于知识的记忆和机械重复,忽视对学生思维能力和解决问题技巧的培养,这导致学生虽然记住了知识内容,却难以将所学应用于其他场景或实际情境中。同时,传统课堂通常以教师为中心,学生大部分时间处于被动接受状态,缺乏实践和应用的机会,这使得学生难以将知识与现实生活相联系,限制了他们灵活运用知识的能力。此外,传统课堂中的不同学科往往被孤立对待,缺乏有效的整合和串联,这阻碍了学生将不同学科知识相互关联,进而影响了知识的迁移和应用。

学科项目化学习鼓励学生主动参与,学生不再是被动地接受知识,而是积极地参与到学习过程中,他们可以选择自己感兴趣的主题或问题进行深入研究,并提出自己的观点和解决方案;学科项目化学习强调实践探究,学生在项目中需要进行实地调研、数据收集和实验操作等实际活动,从而将抽象的理论知识与实际应用相结合,这种实践经验的积累使得学生能够将在一个项目中获得的学习方法和解决问题的策略迁移到其他类似问题的解决中,并逐渐形成自己的学习模式。由此可见,学科项目化学习通过学生主动参与、实践探究和综合应用知识,培养了学生学习方法的可复制性和迁移性。这种学习方法不仅帮助学生掌握知识,还培养了他们的创新精神和解决实际问题的能力,为他们未来的学习和工作奠定了坚实的基础。

例如,在"设计垃圾分类检测仪"中,学生通过改标后的电流表和电压表对垃圾进行分类。在解决问题过程中,学生通过模糊解决寻找解决方向→对标科学概念→设计解决方案→验收解决方案→改进解决方案的思路,不仅学习了电学相关内容,还学会了结合生活实际,运用电学公式,从而在后续的学习中更加明确科学与生活的密切关联。

第二节 学科项目化学习的设计策略

学科项目化学习的设计以一门学科为主,凸显学科核心概念和关键能力,统整学科与学科之间、学科与生活之间、学科与人之间的关系。在学科教学中有效融入项目化学习设计的要素,让高阶思维带动低阶思维,通过学科项目化学习设计来提高学生解决问题、持续探究、学科思维、调控和合作等能力。

一、本质问题

本质问题是指在学科、人生发展历程或是对世界的理解中真正持久而重要的问题。这样的问题是核心、要素或基础,它们往往是抽象的,是大问题,会促进学生对学科、人生、世界的基本理解。本质问题是聚合器,它把零散的知识和技能进行整合,是更综合、更上位的问题。本质问题是连接大概念和驱动问题的桥梁,具有永恒性和普遍性的价值,是学科或人生发展历程中最有意义的东西。本质问题与驱动性问题不同:本质问题更抽象更深奥,而驱动性问题更具体更富有情境感,更贴近学生的兴趣和探究能力。

(一)体现学科素养价值

美国巴克教育研究院在研究项目化学习设计时指出,项目化学习的设计要依据课标,与课标相对应。衡量项目化学习的本质问题是否高质量,首先看是否准确具体地依据课标,尤其要看是否能帮助学生达成学科素养目标。以课标为中心确定本质问题,做到有据可依,有效有方

向。例如"我为亚运作推文——'苏州园林'"项目化学习是八下第四单元实用性文本单元,它对应的课标要求是"实用性阅读与交流"任务群,这一发展型任务群的具体要求:"引导学生在语文实践活动中,通过倾听、阅读、观察,获取、整合有价值的信息,根据具体交际情境和交流对象,清楚得体表达,有效传递信息。"所以应紧扣"实用性"特点,结合日常生活的真实情境进行教学。还应明确为教材的哪个单元或哪块内容做项目化学习设计,需要为选定的内容找到相应的课标依据,并细致解读课标中规定的学科素养相关内容的具体内涵。学科项目化学习的本质问题之"本质",首先对应的是学科的"本质",各学科的项目化学习设计都不能脱离本学科的本质特点。

学科素养价值着眼于培育具有社会性的"完整的人",基于学科本质发展思维能力,并通过思维能力去解决生活实际问题。而学科项目化学习的本质问题需体现学科素养价值。比如语文学科对应课标的"核心素养"主要体现在厚实学生的人文底蕴、这有利于学生的人生发展;引导学生在自主学习中解决具体问题,提升学生学会学习、自主发展等素养;注重让学生结合学科知识与认知经验,针对情境性的问题自行建构知识,培养学生高阶思维能力等等。夏雪梅博士认为,项目化学习本质问题具有"对人的一生有持续性影响"的特征。

(二)指向有意义的学习

奥苏贝尔强调,"有意义的学习"指符号所代表的新知识与学习者认知结构中已有的适当观念建立非人为的实质性的联系。人本主义心理学大师罗杰斯在此之上强调,有意义的学习目的就是使新知识获得心理意义,即所学知识是能够引起变化,全面深入人格和人的行动之中。由此可见,有意义的学习须体现有意义的联结、有意义的经历和有意义的迁移。项目化本质问题须指向有意义的学习,关注以思维为核心的理解性学习,能促使人进行深入而持久的思考,促进学生认知和能力的发展、情感和人格的完善。

例如,语文学科"追风趁年少"班级人物志制作——写出人物特点项目化学习,本质问题确定为"如何写出人物特点",在这抽象的上位概念中,指向学生核心知识的再建构,写作中"选择典型事件"和"运用方法"两个维度的本质问题,促进学生新知识和已有经验的联结,在有意义的学习经历中实现思维的迁移。在掌握人物典型事件与人物特点之间联系的基础上,理解如何写作人物特点的意义,并实现这一能力的迁移。这一本质问题能激发学生对写作素材、方法和写作目标进行深入探究,在人际交流和人物写作中提升能力、丰厚心灵。

(三)开启心智的自由

项目化学习的本质问题具有开放性,强调自主建构,包含多元化的思维方式和价值观。夏雪梅指出,本质问题开启学生心智的自由,就像在学生的心中抛下一颗小石子,激起一层层涟漪,扩大思考的范围,让心智在各个方向上自由涌动。因此,项目化学习的设计者应让本质问题尽可能快速地被学生理解,并尽可能吸引学习者的兴趣,从而引发激烈的讨论,进行有效的探索与研究,启发多元建构的思维和价值观念。项目化学习的本质问题强调学生关注真实世界,理解核心概念并提升思维能力,同时更要引导学生敬畏自然和生命,理解现实关怀和社会责任。高质量的项目化本质问题不仅要体现真实世界的本质性特征,更应着力于开阔学生的视野、打开通往世界和未来的窗口,以此提升学生的核心素养和人生格局,开启自由心智,塑造自由灵魂。

项目化本质问题凸显学生心智自由。例如基于校园历史人物的语文学科项目化学习"保实名人堂文化长廊设计方案",本质问题是"如何在人物传记写作历程中领略人物精神和情怀"这一问题启发学生在项目推进中自由选择对自己有心灵触动的名人传记进行品读,在自我理解和品读交流中开阔视野,自主建构传记写作的不同范式。学生通过对拥有百年历史校园名人的自主遴选和深入了解,在积累写作素材的过程中,感受到了百年红色校园的历史积淀和名人精神,在学习实践中自主构建写作知识,展现了心智的自由。此外,这也增强了学生作为校园一员的自豪感,提升了他们的社会责任感,并帮助他们实现了自由灵魂的塑造。

二、学习载体

学习载体是指在学习过程中用于传递、呈现和支持知识、信息或教育内容的工具、媒介或环境。它可以是教科书、课件、多媒体资源、实物模型、实验设备、互联网、教学平台等多种形式的物质或虚拟的媒介。依据存在形式,可将学习载体分为电子、书籍、实物等类型。学习载体的作用在于帮助学习者获取、理解和应用知识,从而提升学习效果。

(一)选择原则

学习载体是学习内容的承载,选择合适的学习载体是学习过程中的一个重要环节,它决定了学习内容的有效传递和学习者的学习体验。选择学习载体时,应该注重真实性、易于理解、方便操作等原则。

1. 真实性原则

学习载体的真实性可以激发学生的学习兴趣和动机。当学习内容与真实世界相关时,学生更容易理解其重要性和应用场景,从而更有动力去学习和掌握知识。这还可以帮助学生将抽象的学科知识与实际应用联系起来,通过实际案例、实地考察或实验实践等方式,让学生能够亲身体验和应用所学知识,加深对概念的理解和记忆。此外,真实的学习载体还可以促进学生的综合能力培养,使他们在处理真实情境时,综合运用学科知识、技能和思维方式,提高问题解决能力、创新能力和团队合作能力,为未来的职业发展奠定基础。因此,在选择学习载体时,可挖掘生活、史实等真实内容,引导学生立足真实问题,开展相关内容的学习。

例如,在"简单机械(一)"的学习中,选择"DIY小杆秤"作为主要学习载体,以解决交易公平推广的问题。交易公平的推广是一个真实的问题,当年,范蠡在经商中发现,人们在市场交易商品时,都是用眼睛

图3-2 农夫使用"桔槔"从水中汲水

"估堆"猜测,很难做到公平合理,便产生了创造一种测定货物重量工具的想法。范蠡通过观察如图3-2所示的"农夫从井中汲水"的场景,吸取了经验,经过多次试验,他造出了"秤",并推广到市场上使用。由此可推测,这一交易公平问题在历史上真实存在的,具有真实性。

2. 易理解性原则

容易理解的学习载体可以帮助学生更好地理解和掌握学习内容,当学习载体的语言、表达方式和呈现形式简明清晰时,学生更容易理解并掌握知识,并建立起正确的理解和思维模式。合适的学习载体还能够激发学生的学习兴趣和动机,当学习材料与学生的认知水平相匹配时,学生更愿意投入精力去学习并取得更好的学习效果。此外,学习载体也可以满足不同学生的学习风格、能力水平,以及对知识呈现方式的个体差异。因此,在选择学习载体时,应充分关注学生的已有认知和能力水平,选择常见的、原理简单的、容易观察的载体,以帮助学生通过易于理解的载体理解学科知识,培养学科思维,发展核心素养。例如,在"简单机械(一)"的学习中,所选择的"DIY小杆秤"是小学阶段拓展课上常用的素材,对于九年级学生来说,具有前概念储备、生活经验丰富、易于理解等特点。

3. 可操作性原则

方便操作的学习载体可以帮助学生更高效地学习和完成任务。当学习载体易于使用和操作时,学生能够轻松地获取所需的信息、资源和工具,节省时间和精力,更好地专注于学习的核心内容;可以支持多样化的学习方式和活动,它可以提供交互性、个性化和自适应的学习体验,使学生能够根据自身需求和偏好进行学习,例如在线学习平台、虚拟实验室等;还可以促进学生之间的合作与互动,通过使用易于操作的共享平台或工具,学生可以方便地协作、共享资源和进行互动交流,增强团队合作能力和社交技巧。因此,学习载体的选择不仅要注意真实和容易理解,还需注意选择结构简单、操作简便、携带方便的载体,以便学习实践的开展。为方便学生操作,甚至有时需要对学习载体进行初步加工,以打破操作技术上的壁垒,减少操作障碍。例如,"DIY小杆秤"套装中的

小杆秤仅由秤盘、细线、一次性筷子、秤纽、螺帽等工具组成,结构简单明了,操作起来也十分简便。

当然,不同学科的学习载体选择的原则也会存在一些学科特征,如科学学科的项目化学习成果为物化产品时,还需注意载体应当是容易获取的,方便开展分组实验。例如,"DIY小杆秤"套装在网上商店即可轻松找到,价格不贵,购买方便,有利于推广。

(二)优化方式

由于学习载体具有真实性特征,而真实的事物往往是非良构的,在问题解决的过程中会出现各方面的问题,而这些问题有的与学习目标关联度高,有的与学习目标关联度低。因此,在明确学习载体之后,应对其进行优化,需要将学习载体与学科知识整合、与学生情况磨合、与教学环境耦合。

1. 将学习载体与学科知识进行整合

将学习载体与学习目标和内容进行核对,如果学习载体与学习目标结合度不够,可以对学习载体进行适当的修改或补充,以支持学生完成项目任务并达到学习目标。例如,在"简单机械(一)"的学习中,选择"DIY小杆秤"作为学习载体,学生需要学习杠杆的五要素、杠杆平衡条件。"DIY小杆秤"套装中有秤盘、细线、一次性筷子、秤纽、螺帽。对于学习杠杆的五要素,需要对"杆秤"进行刻度标注,因此还需提供砝码、铅笔、刻度尺等材料;对于学习杠杆平衡条件,缺少能使其平衡并便于记录和分析的物体,因此需补充若干的勾码,由此补齐学习载体以便完成实验。

2. 将学习载体与学情进行磨合

在选择学习载体之前,首先应进行学情调查,可以通过问卷调查、访谈或观察等方式了解学生的学习风格、兴趣、背景知识和学习需求,从而根据学情选择适合的学习载体。学科项目化学习中,学生可能处于不同的学习阶段和能力水平。因此,学习载体应根据学生的学情差异,提供不同层次和难度的材料,确保每个学生都能够参与并有所收获。通过持续监测学生的学习过程和反馈,不断改进和优化学习载体,根据学生的需求和反馈,调整学习载体的内容、形式和交互方式,以提升学习的有效性和适应性。如在"简单机械(一)"学习之前,小学科学已经初步了解了杠杆的概念和五要素中的支点、动力、阻力,学生已经能识别出常见简单的杠杆,故可选择"DIY 小杆秤"的装置作为学习载体,学生能顺利提出将天平改进为杆秤的想法。但对于实物中的杠杆模型建立和动力臂、阻力臂的判断存在困难,相应的模型建构、归纳推理能力有所不足。因此,在对小杆秤进行刻度标注时,提供前置量表以帮助学生建构模型、找到解决问题的思路并掌握相关知识。由于学生学习水平不同,需将学生分成不同的小组,每组包含不同层次的学生,并为每个层次的学生制定相应的学习任务,以确保每位学生都能得到发展。

3. 将学习载体与教学环境进行耦合

将学习载体与教学环境中的其他资源进行整合,例如,在教室课堂中,教师可以使用电子白板或投影仪来展示学习载体中的图像、视频或文档;在线学习环境中,学习载体可以与在线讨论板、网络图书馆等进行集成。利用适当的技术工具将学习载体与教学环境相结合,例如,使用虚拟实验室软件来支持实践性学习,或使用在线协作平台促进学生之间的合作与互动。为学习载体提供合适的学习空间和设备,学习环境中的座位、桌面、电源以及网络连接等要与学习载体相适应,确保学生能够方便地访问和使用学习载体。将学习载体与实际情境相结合,鼓励学生将所学知识应用到实践中,教师可以组织实地考察、实验或实际问题解决,使学生更深入地理解和应用学习载体中的知识。例如,在"简单机械(一)"的学习中,可通过视频或图片再现古人交易的情景,让学生更好地理解当时的历史条件。然后,学生以 4 人小组为单位,进行杆秤的设计和改良,这不仅节约了资源,还有效促进了学生之间的交流与合作。

三、学习任务

学习任务的设计是实现教学目标的关键点。任务设计要遵循学科性原则、驱动性原则和层级性原则,以提高任务的有效性和学习的深

度。学科性原则强调任务设计应该紧密围绕特定学科领域展开,指向学科独特的知识结构、概念和方法论;驱动性原则强调任务设计应该具有启发学生主动学习的特征,能够激发学生的好奇心、探究欲望和兴趣;层级性原则关注不同层次和能力水平的任务,充分考虑学生的学科水平、认知水平、学习风格等方面的差异。在这三个原则的指导下,形成了大任务、小任务与拓展性任务三种类型的任务,以确保任务覆盖学科的所有学习内容。

(一)设计原则

学习任务的设计需要坚持三个原则,即学科性、驱动性、层级性。学科性是确保有效学习任务达成的核心,它确保了任务与学科内容的紧密关联,为学生提供了深刻的学科体验。驱动性是学生主动学习动力的关键来源,通过激发学生的好奇心和兴趣,鼓励他们积极参与和探究。层级性则是学生思维认知规律的体现,通过适度的挑战,鼓励学生思考更深入、更复杂的问题,从而促进认知能力的提高。这三个要素共同构成了一个有力的学习任务设计,有助于培养学生的学科专业性、激发他们的自主学习动力,以及提升他们的思维深度。

1. 学科性原则

学科性是有效学习任务达成的核心。项目化学习回归学科,旨在凸显学科特质,培育学科思维,形成学科素养。任务设计应体现学科特质,学科性是学科项目化学习的学习任务设计的核心,通过将学科性融入任务设计,学生能够在实际问题中体验学科的魅力,全面的学科素养和实际应用能力得以培养。学科性要求任务紧密结合特定学科的本质问题与核心知识,强调学科知识的实践性、应用性、探究性和交叉性,以培养学生深入理解学科、熟练运用学科知识和方法的能力。无论是情境创设还是任务设问,其背后的教学目标都必须紧扣学科知识。因此,在设计时可以引导学生选择具体的学科问题进行深入研究,通过数据收集、实验、结果分析等方式探究问题的本质。这有助于学生深入理解学科的研究方法和思维方式,进而培养学科思维。以《道德与法治》八年级上册第四单元第八课第一框"国家好,大家好"为例,教师列举了以下两个学

习任务:

表3-3 "国家好,大家好"的学习任务

任务一	任务二
制作一部新闻短片,播报新疆棉事件,并围绕"国家利益与个人利益的关系"撰写新闻心得。	制作一部新闻短片,播报新疆棉事件,并说明"如何进行大概念学习"。

二者都采用了相同的任务形式,即新闻短片与新闻心得。本节课教师的本质问题是突破"大概念学习",但直接抛予学生,学生会从科学、语文、综合文科等跨学科的角度进行宽泛思考,缺乏对道德与法治学科的聚焦,不利于学科任务的落地。而前者加入"国家利益与个人利益"这个学科的关键知识后,学习任务更具有方向性和学科特质。

2. 驱动性原则

驱动性是学生主动学习动力的来源。学起于思,思起于疑,驱动性是学习任务设计中的关键要素。通过提高任务的趣味性、导向性、挑战性,激发学生的好奇心与学习动力,创造更深入的学习体验,从而提高学生的实际应用能力。驱动性任务设计的核心在于创造一个引人入胜、具有挑战性和实际意义的学习载体,并给予学生一定的选择权,使他们能够根据自己的兴趣和能力制订学习计划、选择研究方向,从而增强他们的学习动力和责任感。任务设计还可以通过创新的方法和多样的资源来增强其驱动性。使用新颖的教学工具、技术和资源,如互联网、虚拟实验室等,可以激发学生的好奇心,并增加任务的吸引力。例如,综合文科中教师设计了一个学习任务:暑假期间,请观看《中国通史》纪录片,认识为什么统一始终是中华民族历史发展的主流。学生在接触该问题时,能够主动提出"何为主流""中华民族的历史上是否有分裂时期,为何统一始终占据主流"等肢解性问题。相比于"秦统一的原因"或"某朝代巩固统一的举措"等直接性问题,"为什么统一始终是中华民族历史发展的主流"的这一提问更能驱动学生进行全面剖析与深度理解,这也是学习问

题驱动性的意义所在。

3. 层级性原则

层级性是学生思维认知规律的体现。学生知识储备、学习兴趣、认知水平等方面存在客观差异,学习任务设计应该考虑到学生的个体差异,通过设置不同的层次和选择性的任务,满足学生的多样化学习需求,为每个学生提供适切的学习单,让每个学生都能够在自己的适宜层次上进行学习和探索。于思维发展而言,学习任务设计的层级关系应满足学生思维发展与知识内化的内在规律,任务可以按照从简单到复杂、从具体到抽象的方式进行设计。引导学生在掌握基础概念和技能的基础上,逐渐深入探索更复杂的问题,更好地促进学生思维深度和广度的发展,培养学生的批判性思维、创造性思维和问题解决能力。例如,在数学项目中,可以先引导学生解决基础的数学问题,然后逐步引导他们应用这些基础知识解决更复杂的实际问题。

(二)任务类别

学科项目化学习的任务类别可以根据教学目标、学科特点和学生需求进行调整和组合。通过选择适当的任务类别,教师可以为学生创造出更丰富、有意义的学习体验,帮助他们在实际问题中运用学科知识和技能,培养综合素养和实际应用能力。

我们参考了夏雪梅博士在《项目化学习设计:学习素养视角下的国际与本土实践》中的分类,借鉴了天津师范大学语文教学研究所马志英老师语文的任务分类,结合学校项目化学习的实践经验,进行了梳理与归类。以下是一些可供参考的任务类别。

表3-4 任务类别

类别	说明	案例
研究性任务	学生通过深入研究特定的主题或问题,收集和分析数据,进行实验或观察,最终得出结论。	【科学】研究当地水质问题,收集水样并分析其化学成分,从而了解水质状况并提出改进建议。

续表

类别	说明	案例
创意性任务	学生发挥创意,创作艺术作品、文学作品、设计或工程项目等,通过创意表达思想或解决问题。	【语文】学生创作一首诗歌,通过诗歌的语言和意象来表达对某一社会问题的观点和情感。
实操性任务	学生设计并制作产品、原型、艺术品等,以解决特定的问题或满足某种需求。	【科学】学生设计并制作一个太阳能充电器原型,以解决户外活动中手机电池耗尽的问题。
模拟性任务	学生在模拟的情境中扮演特定的角色,解决问题或参与讨论,例如模拟联合国会议、法庭审讯等。	【道德与法治】学生模拟法庭,理解违法犯罪的特征和刑罚的种类。
社会性任务	学生围绕社会问题或社区需求,进行实际的服务项目或社会活动,如环保活动、社会调查、志愿活动等,提升社会责任感和实践能力。	【劳动】学生参加社区垃圾清理活动,增强社区居民的环保意识。

(三)任务设计

基于本质问题设计符合学科项目化学习目标的大任务,旨在引导学生深入思考和探索学科核心概念和原则。在设计中需要遵循以下几个关键步骤:

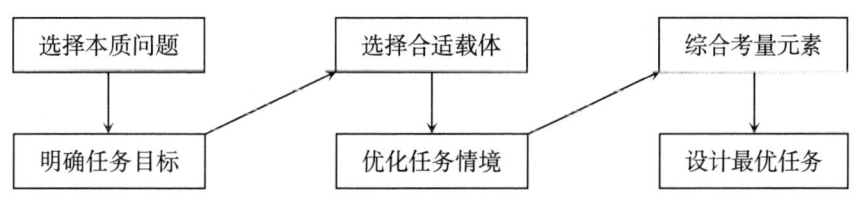

图3-3 学科项目化学习任务设计步骤

1. 大任务设计

一是选择本质问题,明确任务目标。选择一个与学科相关并体现学

科关键追寻的本质问题,能够引发学生的兴趣、激发他们的探究欲望,并能够涵盖学科的核心概念。明确学习任务的目标和期望结果。任务目标应该与本质问题紧密相关,帮助学生深入理解问题的复杂性,并鼓励他们从多个角度进行探究。

二是选择合适载体,优化任务情境。在学习任务的设计过程中,应选择合适的载体并优化任务情境,根据任务性质选择适当的工具、媒体或资源,以确保学习目标的实现。任务情境应贴近学生的日常生活、兴趣和相关问题,使他们能够感受到任务的实际应用和价值。通过选择合适的载体和优化任务情境,可以更好地引导学生积极参与,进而提升学习效果。

三是综合考量元素,设计最优任务。在设计大任务时,综合考量各种元素是确保任务最优性的关键。这些元素包括学生的特点、学习环境、任务的评价和可操作性等。合理且适应性强的任务设计能够满足不同学生的需求,创造积极的学习体验,从而促进学生在知识、技能和综合素养等方面的全面发展。

2. 子任务设计

在学科项目化学习的大任务下,设计合适的子任务时,需要综合考虑学生的学情和学习目标,以确保任务的有效性和学生的参与度。在项目任务设计中,将学习目标与大任务的分解结合起来是关键,这样可以确保任务能够有效地达成教育目标。

首先,明确项目的学习目标,确保它们是具体、可测量,并与学科内容和课程标准相关。接下来,确定一个大任务或项目主题,通常是一个复杂的问题或项目,要求学生在项目过程中进行深入研究和解决。然后,将大任务分解成更小的子任务,以使任务更具可管理性和可完成性,并根据需要考虑不同的任务层级。为每个子任务编写清晰的任务说明,包括任务的描述、要求、截止日期和评估标准,以确保学生明确了解任务的要求。分配任务和资源,监督学生的进展,并在需要时提供反馈。最后,将所有子任务整合到项目中,形成一个有机整体,并强调它们之间的联系和相互依赖性。这个过程有助于确保项目任务设计既符合学习目标,又具有明确的任务结构,从而促进学生有效地学习和完成项目。

为了更好地设计子任务,需要做到三点。一是了解学生学情:在设计子任务之前,了解学生的学习背景、兴趣、学习风格和能力水平。这可以通过问卷调查、课堂观察和个别交流等方式获得。了解学生的学情有助于更好地适应他们的需求。二是明确具体目标:确定大任务的学习目标,并将其细化为具体的、可测量的子目标。子任务应该直接与大任务的目标相匹配,以确保学生在完成子任务的过程中实现预期的学习成果。三是分解任务步骤:将大任务分解为多个具体的任务步骤,每个步骤对应一个子任务。这些步骤应该按照逻辑顺序排列,使学生能够逐步完成任务,同时也有助于避免任务过于复杂。

以八年级下册《道德与法治》学科"基本政治制度"为例,教师在课堂中引导学生化身"小小委员",学生以小组为单位,围绕驱动性问题设计子任务。该驱动性问题是我们班级拟成立模拟政协议事厅,请你作为"小小委员",组建调研团队,撰写一份以"亚运"为主题的提案,并准备好汇报材料。经过讨论,决定将任务分解为四个子任务:"什么是政协""政协在民主生活中的地位作用""政协的主要职能"和"如何写好一份提案",如图3-4所示。

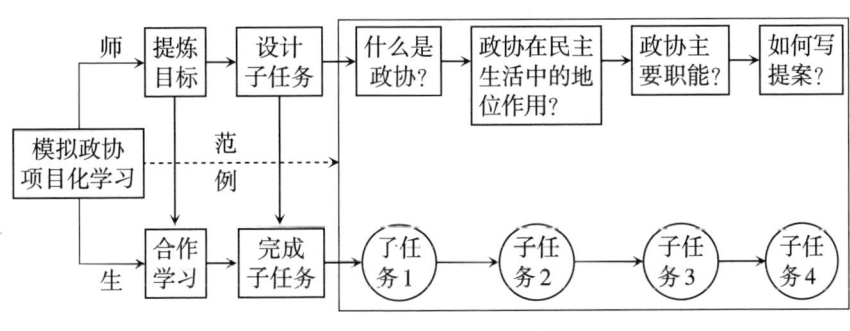

图3-4 项目化团队架构与学习设计

3. 拓展任务设计

为了更好地评价学生个体的学习实效,并将评价重心从整体转向个体,教师可以考虑将学习目标设置在新情境中,通过新项目考查学生同类知识的应用,相同能力的发挥以及素养的具体表现。因此,教师应该改变方式,总结项目成果,在持续学习中创设类似的情境,进行复盘、反思和重构,并再次和同伴分享我们如何最优地解决该问题。通过这一系列持续的探究与实践,可以实现素养导向下的深度学习成果的迁移和再生。这里提到的基于综合素养的拓展性任务,指的是学科任务的深度学习和探究。例如,一个团队之中如果有一个非常全面且能力突出的学生,那么对于其他组员的评价可能会相应提高,但这对其他组员的能力发展带来正面影响。基于此,在项目探究完成后,项目拓展显得尤为重要。

项目拓展使学生的学习从群体合作回归到个体学习。项目的拓展环节能更好地体现个体完整的逻辑思维。在相同能力水平下,学生需要在不同情境中迁移能力,独立完成任务,从提出问题到进行分析比较,再到提出方案,最终验证并执行解决方案。这过程能够让教师更清晰地看到学生个体的素养与能力的生成,从而做出更加真实、更精准的评价。

以下是项目拓展的一般步骤。

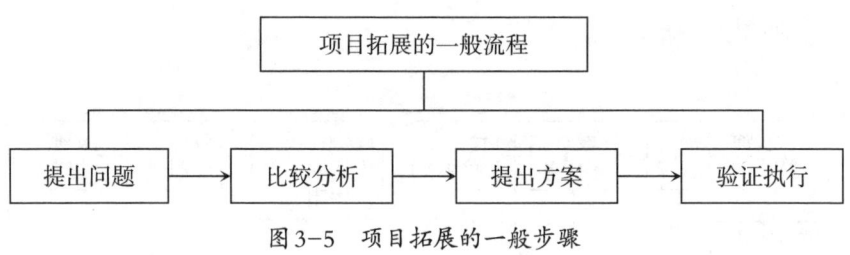

图3-5 项目拓展的一般步骤

在这个过程中,学生需要从对真实世界的观察上升到对问题的多维分析,并通过学科知识的应用回归到问题解决,以此实现高阶思维的生成。然而,仅靠个体难以完成多维分析,因为学生的思维与能力可能存在片段性和漏洞,而在研学中的深化协作能够帮助学生发挥各自所长,实现能力的互补。

第三节　学科项目化学习的组织样态

学科是一种学术的分类,指一定科学领域或一门科学的分支,是相对独立的知识体系。

概念(Idea;Notion;Concept)是人类在认识过程中,从感性认识上升到理性认识,把所感知的事物的共同本质特点抽象出来并概括出来,是自我认知意识的一种表达,形成了概念化思维惯性。在人类所认知的思维体系中,概念是最基本的构筑单位。[1]教学单元是教材和教学活动的基本单位,包括两个侧面:一是依据儿童的思维结构和过程,对应于儿童形成概念的思维活动的段落,把教学内容划分成相对独立的各个部分;二是依据学科知识的逻辑体系,把性质相同或有内在联系的部分组织在一起。本节所指的单元是前者所描述的单元。

学科概念根据内涵和外延,并结合课程标准中的层次划分,可分为学科具体概念、学科专题概念和跨学科概念。依据项目化学习指向的学科概念内涵和外延,可以将学科项目化学习分为微单元学科项目化学习、小单元学科项目化学习和大单元学科项目化学习三类。学科项目化学习的组织样式与概念关系如图3-6所示。三类学科项目化学习分别基于不同层次的学科概念,因此具有不同的基本特征、实施流程和操作要素。在进行教学设计和实践中,要关注这些不同点,依据各自的侧重点分类设计。

---

[1] 常士间.比较政治学研究中的发现、创新和限度[J].思想战线,2021,47(3):86-93.

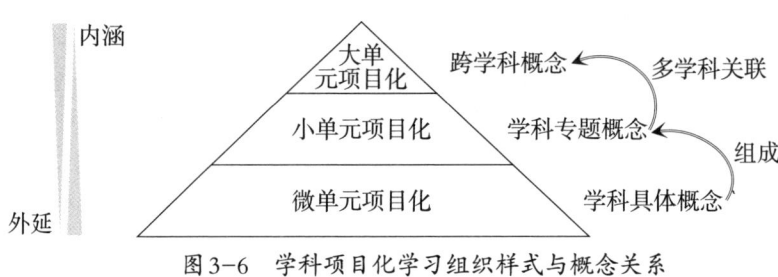

图 3-6　学科项目化学习组织样式与概念关系

一、微单元学科项目化学习

微单元学科项目化学习对应的学科概念为学科具体概念，该学科概念对其他学科概念无统摄作用，且与其他学科概念的关联性较弱。尽管单一微单元项目化学习时间较短，但其强驱动、深探究等特征仍需得到保障，以确保学生具备高昂的学习兴趣，通过沉浸式学习，不断深入探究，最终实现深度学习。

(一)基本特征

微单元项目化学习的本质问题应立足于学科的具体概念，结合驱动情境，体现学科特征。微单元项目化学习应具备匹配具体概念、建构概念、短课时、聚焦核心、短研究等特征，如图3-7所示。学习时长一般为1—2课时。其中关键性特征有以下三项：

图 3-7　微单元学科项目化学习特征

1. 指向具体概念

微单元学科项目化学习强调小切口、低成本和易操作。它的突出特征之一是指向具体概念,具体概念强调"具体而聚焦"。如"杠杆平衡条件""把握朗读设计中的情感基调"为学科具体概念。那么,如何让微单元学科项目化指向具体概念呢?在确定微单元项目化学习内容时,首先要深度分析新课程标准和教材,在此基础上厘清本课的核心知识和能力。其中,核心知识是指在微单元项目化学习中学生要学习的主要内容,核心能力是指学科涉及的核心技能,是可迁移、解决问题的思维,既可以解决学科内的问题,也可以广泛应用于学生的学习和生活。

2. 聚焦概念意义

微单元项目化学习的另一关键特征是聚焦概念意义。学生的思维特征从以具体形象思维为主逐步走向以逻辑思维为主,这需要教师精心设计微单元项目化学习过程,以帮助学生理解概念意义和本质。不管是概念形成还是概念同化方式,都需要关注学生认知结构的丰富、改组和完善。微单元学科项目化的核心理念是对教学内容进行有机重组,快速掌握学科概念意义,把握学科本质及方法策略,并以促进学生的最终发展为目标。

3. 解决具体问题

微单元项目化学习面向真实世界中具体问题的解决。学生因有解决问题的需要,自主地或在教师的引导下从具体问题的"原点"出发,调动已有知识和技能,经历观察记录、验证分析、梳理归纳、比较思考、得出结论的过程,在解决问题中学习和培养面对真实情境的原发性思维方式,从而深刻理解学科核心知识。微单元项目化学习中所涉及的具体问题通常能把学生引向相关知识和技能的学习,体会理论知识与现实生活的密切联系,感悟学习中蕴含的丰富的生命实践形态。

(二)实施流程

基于微单元学科项目化学习的短课时、短研究等特点,结合学科具体概念的建构方式,得出4个环节的设计流程,如图3-8所示。在问题提出、方案设计与实施、成果展示等环节中完成概念的体验、提炼、归纳和

应用,实现对概念的深度理解。

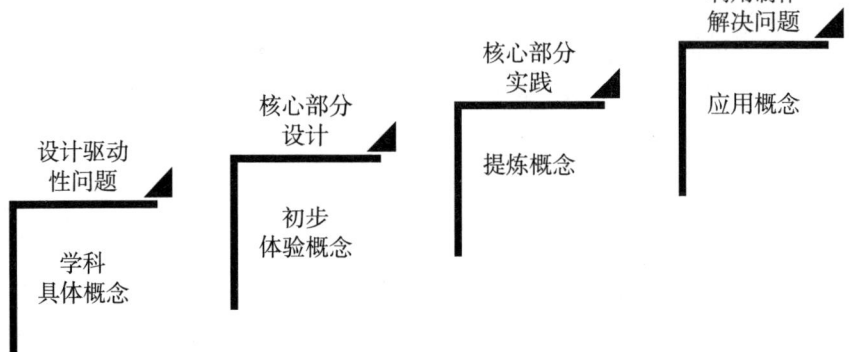

图3-8 微单元学科项目化学习流程

1. 任务驱动

微单元学科项目化学习设计首先要基于学科核心素养要求,立足整体单元任务,梳理出学科具体概念,确定学习的必备能力。接着创设情境,设计指向必备能力的驱动型问题。微单元项目化驱动问题求真不求大,贴近真实生活,切入点具体而微小,易理解好操作。例如,学校将举行"公益短视频比赛"活动,某班"以莫怀戚的《散步》为文本依据拍摄短视频"为任务,要求学生确定拍摄人物、场景等拍摄任务,并对自己的选择和拍摄作适当解释。这样的学习任务不但有明确的方向,而且非常具体。

2. 集中实践

微单元项目学习强调以学习实践为抓手,通过情境化的微型主题任务驱动,让学生在实践体验、探索创新、迁移运用中深化学习,有效发展思维;同时,也让学生在操作中思考、在思考中探究、在探究中发现、在发现中生长。微单元项目化学习设计和实践强调直指核心概念,用时短而集中,真正实现"做中学",让学生在行动、创造、体验、感悟中建构知识,体现了学科实践的价值取向。此外,在具体且集中的学习实践中融合核心素养的各个方面,能激发学生的主观能动性和创造性,凸显学生的综合能力。

3. 应用概念

学生在具体实践后形成微项目化成果，在项目成果输出的过程中对学习实践过程进行评价与反思，这有助于他们理解项目中的学科核心概念，体会运用学科思维与方法创造性解决问题。微单元项目要有具体、明确的达成标准，并能通过解决问题迁移应用具体概念。

学生在与自身学习生活紧密关联的微项目学习中，获得较为贴近现实的情景体验。例如，布置"活板"体验馆、主题展览等，通过这些微项目学习都会让学生在自身的知识储备基础上，放飞想象，大胆实践，萌生无限创意，并能让学生通过小组团队合作学习，促进其学科思维的培养。

(三)注意事项

微单元项目化学习是短课时的学习，在教学设计中需注意以下事项：

1. 核心任务要聚焦

微单元项目化学习首先基于学科核心素养要求，立足整体单元任务，梳理出核心概念，确定学习的必备能力，再依据学习目标确定核心任务。微单元项目化核心任务设计要聚焦核心概念，再依据概念的延展，由易到难，由浅入深，构成任务链，形成任务群，任务之间要环环相扣，层级递增。

2. 学习组织要凝练

微项目的"微"并非仅以时间为衡量依据，而是注重单位时间的可完成度。开发"微单元项目"，就是将教材转化为素材，可以围绕具体概念和必备能力进行多样化的学习组织。微单元项目化学习既可以独立存在，也可以互相关联形成系列，具有精练细微、灵活变通、短时切实的特征。比如，我们可以对目标相融的内容进行选择与重构，或将比较相近、主题融通的内容进行整合，进行微单元项目化学习设计。这样的微单元项目化学习更具有整体性、综合性，能将所学知识进行整合与应用，以此强化学生对具体概念的融会贯通。

3. 学习成效要有深度

微单元项目因规模小、聚焦性强,在实际教学中具有很强的可操作性。它立足高阶认知,开展多元评价,项目任务讲求梯度,指向核心素养的发展。因为它"具体而微",基本不会占用学生太多的时间,是目前缓解学生压力大、时间紧的学习状态并实现深度学习的有效途径。它能有效地提高学习者的学习兴趣、实践能力、协作能力和创新能力,并能帮助他们在实践体验、探索创新、反思迭代中形成核心素养。微单元项目化学习强调"做小、做实",它的学习成效在课堂实践和学生反馈中会得到及时检验,在不断的学习实践中会得以提升和证明。

【案例】 山水文言鉴赏师的独家手册制作

适用年级 九年级　　建议教学时间 1课时

一、项目设计

(一)项目简述

"山水文言鉴赏师的独家手册制作"项目化学习是九年级山水文言复习的创新方式。本项目以《三峡》《答谢中书书》《与朱元思书》《小石潭记》四篇山水文言为载体,以开展"山水文言鉴赏师的独家手册"征集活动为驱动问题,创新复习山水文言的方式方法。学生通过设计制作山水文言鉴赏师的独家手册,回顾总结山水文言写景的方法和抒情的特点,构建复习山水文言文的方法、框架。教师成为顾问与策划,优化项目化学习评价量表,让学习和感悟真实发生,让文言文复习走向高效和深处,培养学生的自主探究精神和实践能力。

项目设计流程见图3-9。

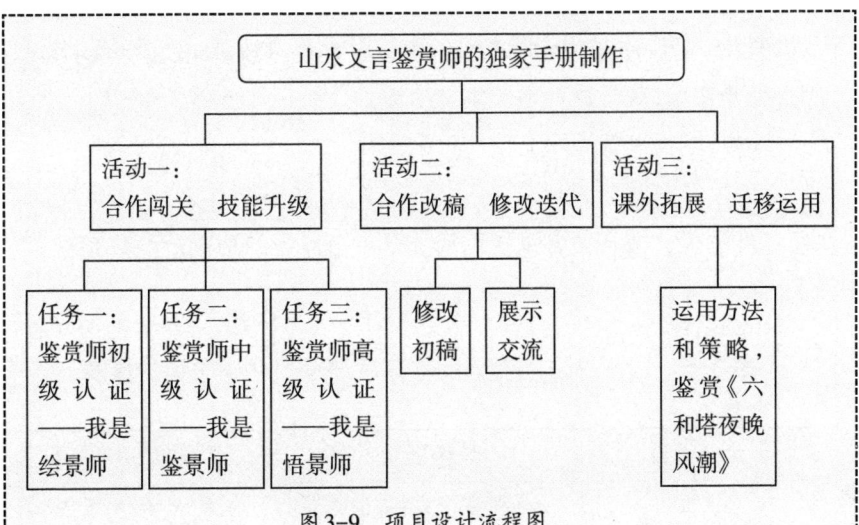

图3-9 项目设计流程图

(二)驱动性问题

为了让同学们掌握鉴赏山水文言的方法,本校特面向九年级学生推出山水文言鉴赏师的独家手册征集活动,请你通过复习《三峡》《答谢中书书》《与朱元思书》《小石潭记》,从景物画面描绘及其特点概括、写景的角度和方法、情感的理解三个角度寻找方法,制作一份参赛手册。

(三)学习目标

1. 通过"我是绘景师""我是鉴景师"的学习活动,能对《三峡》《答谢中书书》《与朱元思书》《小石潭记》等山水文言进行全面复习,结合写景的典型语句复习巩固重点字词句的含义,回顾总结景物画面描绘及其特点概括、写景的角度和方法。

2. 通过"我是悟景师"的学习探究活动,回顾作者寄寓在景中的情感,深入把握古代山水文言的情感类型和方法,理解并把握古代文人寄寓在山水之中的文化内涵。

3. 通过赏析课外文言,能将鉴赏景物的方法和策略转化成实际运用,实现能力的迁移运用。

4. 能够准确生动阐述项目成果和迭代升级过程,养成自主表

达、交流、评价的习惯,形成综合性创新性思维方式,把理解引向深处,提升素养,获得成就感与审美情趣。

(四)项目评价

因项目化学习课时较长,任务较多,在项目开始之初,教师便可以提供给学生项目学习全过程的具体评价标准,以评促学,以便让学生的学习更具方向感,具体内容见表3-5。

表3-5 山水文言鉴赏师的独家手册项目化学习评价量表

评价项目	具体要求	效果评价
鉴赏方法	总结概括,条理清晰	★★★★★
	丰富多样,具体有效	★★★★★
语言表达	表达流畅,通俗易懂	★★★★★

在项目成果展示分享过程中,采用展示汇报答辩评价量表,从以下几个方面评估学生的表现:语言表达流利、汇报时思路清晰、仪态得体等方面的展示情况。满分20分,获得16分及以上可被评为优秀小组代表,具体内容见表3-6。

表3-6 展示汇报答辩评价量表

评价内容	评价结果(1—5分)
语言表达流利	
汇报时思路清晰	
汇报时仪态得体	
答辩时有理有据	
总分	

二、项目实施

本次项目化学习的实施流程分为"合作闯关　技能升级""合作改稿　修改迭代""课外拓展　迁移运用"三大活动,具体阐述如下:

活动一:合作闯关　技能升级

任务一:鉴赏师初级认证——我是绘景师。

作为一名绘景师,对景物的描绘往往是细腻且生动的。请分析绘景师的绘景卡片,总结绘景师的独家秘籍。

绘景师的绘景卡片

摘录:春冬之时,则素湍绿潭,回清倒影。

绘景:等到春天和冬天的时候,我们就可以看到白色的急流冲荡下来,水面上激起一圈圈回旋的清波。有的地方碧绿的潭水如同一面大镜子,倒映着各种植物的影子,五彩缤纷,色泽丰富。这个句子让我们感受到三峡春冬景物色彩清丽的特点,带给我们色彩丰富之美,让我们尽享视觉的盛宴。

绘景师能把"春冬之时,则素湍绿潭,回清倒影"这句写景的句子描述得如此生动形象,他有什么独家秘籍吗?

教师引导总结:

从描绘画面的角度看,方法有:在准确翻译的前提下,借助适当的联想与想象,展开对画面的描写。

从提炼景物特点的角度看,方法有:抓住能突出景物特点的关键词(关注景物前的修饰语或者形容词)。

课堂实录(节选)

生1:"抓住能突出景物特点的关键词"这个方法比较模糊,我怎么知道哪些是关键词呢?

师:你很善于思考,提出的问题很棒!有同学可以帮助他解决这个疑惑吗?

生2:我发现,能突出景物特点的关键词往往跟在景物的前面,比如"回清倒影"中的"回""倒"是回旋的和倒映的意思,体现了水流的动感和清澈。

师：你很善于发现！这些跟在景物前面的关键词，我们把它们叫作修饰语或者形容词，抓住这些修饰语或者形容词就抓住了突出景物特点的关键词，你明白了吗？

生1：明白了！就比如"素湍绿潭"中的"素"和"绿"，这两个是形容急流和潭水颜色的形容词，抓住这两个形容词，我们就可以把握三峡秋冬之景色彩清丽的特点。

师：马上就能学以致用了，真棒！

【目标达成说明】

在绘景师的活动中，学生通过自主学习和合作交流，把握景物画面描绘及其特点概括。分析绘景师的绘景卡片，给学生提供切实有效的支架。在这一过程中达成"能对《三峡》《答谢中书书》《与朱元思书》《小石潭记》等山水文言进行全面复习，结合写景的典型语句复习巩固重点字词句的含义，回顾总结景物画面描绘及其特点概括"这一教学目标。

任务二：鉴赏师中级认证——我是鉴景师

作为一名鉴景师，对美景的鉴赏有自己独特的角度和方法。以下是鉴景师的鉴景策略卡片。

鉴景师的鉴景策略卡片

摘录：急湍甚箭，猛浪若奔。

鉴景：湍急的流水比箭还快，凶猛的浪潮像飞奔的马。通过运用比喻和夸张的修辞手法，突出了水流之快的特点。

鉴景策略：修辞巧用。

作为一名合格的鉴景师，你还能找到哪些独特的角度和方法？如果觉得有困难，可以尝试从老师给出的素材卡片中去寻找。

【卡片一】
两岸连山,略无阙处。
自非亭午夜分,不见曦月。

水皆缥碧,千丈见底。
游鱼细石,直视无碍。

角度或手法(　　　　)

【卡片二】
高峰入云,清流见底。

晓雾将歇,猿鸟乱鸣。
夕日欲颓,沉鳞竞跃。

角度或手法(　　　　)

【卡片三】
晓雾将歇,猿鸟乱鸣。
夕日欲颓,沉鳞竞跃。

悬泉瀑布,飞漱其间。

角度或手法(　　　　)

【卡片四】
素湍绿潭,回清倒影。

两岸石壁,五色交辉。
青林翠竹,四时俱备。

角度或手法(　　　　)

【卡片五】
常有高猿长啸,属引凄异,
空谷传响,哀转久绝。

泉水激石,泠泠作响。
好鸟相鸣,嘤嘤成韵。

角度或手法(　　　　)

教师指导:

1. 引导学生准确赏析写景语句,落实重点文言实词、虚词的掌握。

2. 引导学生在语言赏析中总结归纳写景的策略。

3. 引导学生关注山水文言的语言特点。

教师引导总结:

鉴景的策略:视角变化、正侧结合、动静相衬、感官多样、色彩丰富、修辞巧用……除了可以鉴赏美景以外,我们还可以品味山水文言语言的特点:骈散结合,整齐中有变化。

【目标达成说明】

通过鉴景师的活动,提升赏析语言的能力,把握作者的写景方法和角度,总结归纳出写景的策略,这是从内容理解到方法策略归纳的升华。通过朗读体验,把握山水文言的语言特点,从而达成"结合写景的典型语句复习巩固重点字词句的含义,回顾总结景物描写的角度和方法"这一教学目标。

任务三：鉴赏师高级认证——我是悟景师

山水文言鉴赏师除了能欣赏山水之美，还要能从山水中感悟作者的情感。

小组合作探究：补充完善表3-7 山水文言情感领悟策略，分析山水文言的情感和总结感悟情感的方法。

表3-7 山水文言情感领悟策略

篇名	感悟的文本语句或助读资料	情感	感悟的方法
《三峡》	"巴东三峡巫峡长，猿鸣三声泪沾裳。"《水经注》不仅是一部具有重大科学价值的地理学著作，而且也是一部颇具特色的山水游记和民俗风情录。		
《答谢中书书》	"自康乐以来，未复有能与其奇者。"陶弘景，喜欢欣赏山林，其曾三次远游浙东，求仙访道。	有对谢灵运以来竟无人妙赏此佳山水的遗憾，也有能比肩古人的自得。这是作者寄寓在文字背后的文人志趣。	
《与朱元思书》	"鸢飞戾天者，望峰息心；经纶世务者，窥谷忘反。"吴均，精通史学，曾私撰《齐春秋》，为梁武帝所厌，罢他的官，焚烧了他的稿件，仕途受阻，心灰意冷。		
《小石潭记》	"寂寥无人，凄神寒骨，悄怆幽邃，以其境过清，不可久居，乃记之而去。"柳宗元被贬到湖南永州后，常常探山访水，流连于自然胜境，以排解心中郁积的苦闷。		

教师指导：

1. 引导学生结合助读资料把握蕴含在文字背后的文化内涵。

2. 引导学生总结把握山水文言抒情的特点和策略。

教师引导总结：

结合文章结尾的句子和作者的资料背景，从景物的特点中，我们读出了寄寓在景里的丰富的情感。我们把这些感悟情思的方法叫作卒章显志、知人论世、情景交融……

【目标达成说明】

通过悟景师的活动，学生从总结写景的方法过渡到总结抒情的特点和策略，从对景的理解上升到情和文化的感悟从而培养了高阶思维。这一活动达成了"深入把握古代山水文言文的情感类型和方法，理解并把握古代文人寄寓在山水之中的文化内涵"这一教学目标。

活动二：合作改稿　修改迭代

任务要求：

1. 根据已掌握的技能和评价量表对手册初稿进行修改。

2. 结合评价量表，展示并阐述手册的亮点。

3. 组间质疑及评价。

提示：全员参与讨论，注意合理分工。

学生活动：

1. 根据已掌握的技能和评价量表对手册初稿进行修改。

2. 结合评价量表，展示并阐述手册的亮点。

3. 组间质疑及评价。

教师指导：

1. 指导小组进行修改

2. 在展示交流中引导学生运用评价量表进行评价和质疑

【目标达成说明】

通过合作改稿，完成小组成果的迭代升级。展示交流成果迭代的亮点，以达成提升表达能力、鉴赏能力、学习成就感与审美情趣等目标,进而达成"能够准确生动阐述项目成果和迭代升级过程,养成自主表达、交流、评价的习惯,形成综合性创新性思维方式,把理解引向深处,提升素养,获得成就感与审美情趣"这一教学目标。

活动三:课外拓展　迁移运用

学习活动:

请运用独家手册的方法和策略,鉴赏《六和塔夜晚风潮》,并写写你的发现。

提示:

1. 绘景有秘籍:"我发现此句景物描写很有画面感,……"
2. 鉴景有策略:"我发现此句景物描写/语言方式有特点,……"
3. 悟景有方法:"我发现作者情感丰富,……"

教师指导:

指导学生落实山水文言的阅读方法和策略。

【目标达成说明】

本节课是文言复习课,通过阅读课外文言并完成鉴赏性文字的书写来达成学生能力的迁移运用的目的。在分享交流的过程中,提升了学生绘景、鉴景、悟景的能力,同时也拓展了学生文言的阅读面,既有内容的广度,又有思维的深度,从而达成通过赏析课外文言,能将鉴赏景物的方法和策略转化成实际运用,实现能力的迁移运用"这一教学目标。

项目成果

图3-10　山水文言鉴赏师的独家手册

三、项目反思

1. 创设真实情境,促进真实深度学习

在本项目中,为了让同学们掌握鉴赏山水文言的方法,本校特面向九年级学生推出山水文言鉴赏师的独家手册征集活动。活动的形式和内容贴近学生的日常生活,极大地激发了学生的学习兴趣,同时强调了语文的核心要素落地,突出了学生学习的主体地位,促进了学生有效、持续、真实的学习。

2. 分阶段分任务,促进学习持续发生

项目化学习旨在给学生提供一个贴合生活实际的驱动问题,以一系列的学习任务带动学习,结合多门学科的知识和调动多种能力,从而在解决问题的过程中提升综合素养。在本次项目化学习过程中,学生需要在以语言文字为核心的基础上,分阶段来完成独家手册的制作与修改。在真实情境下,学生能真正掌握山水文言的写景方法、抒情特点、语言风格等。而在项目化学习成果的展示汇报中,又能很好地锻炼他们的语言表达和临场应变的能力。在最后的作业布置中,能设计星级作业满足不同层次学生的能力发展,拓宽学生的阅读视野,促进学生的可持续性探究学习。

3. 多维评价方式,实现能力多元发展

在项目化学习过程中,我们讨论并生成了项目化学习成果评价量表和个人学习评价量表,有评价个人表现的,也有评价小组展示的,还有评价小组成果的……对学生的语言表达、写作能力、合作探究、动手实践等方面的能力都有评价的依据,力求从多维角度去促进学生的多元发展。

4、拓展课外文言,提升迁移运用能力

本节课是文言复习微项目化学习,整理回顾课文内容和知识是基础能力,而把握山水小品文的写景和抒情的共性的能力,以及迁移运用文言阅读的能力是高阶思维能力。此次项目化学习让学生运用所学知识,迁移到课外文言文阅读中,并能写作鉴赏性文字,能有效提升学生运用课内阅读文言知识解决课外文言阅读问题的迁移能力。

(案例提供:杭州市保俶塔实验学校　陈小霞)

二、小单元学科项目化学习

小单元学科项目化学习是一种以学科专题概念为核心,通过项目化的学习方式来探究和掌握学科知识的学习模式。在学科专题概念对具体概念的统摄下,学生能够系统地理解学科知识体系,并在此基础上进行深度学习。

(一)基本特征

由于学科专题概念在整体教学中处于主体地位,故小单元学科项目化学习的学习时长一般为3—6课时。虽然小单元项目化学习的课时比微单元项目化学习多,但小单元学科项目化学习需要实现的学科概念较微单元学科项目化学习更多,故教学安排依然十分紧张。因此,应以精准的需求为目的,逐步引导学生进行持续研究。由此可见,小单元项目化学习应具备匹配专题概念、联网概念、中课时、层层推进、持续研究等特征,如图3-11所示。其中以下特征尤为突出:

图3-11　小单元学科项目化学习特征

1.指向专题概念

小单元项目化学习指向专题概念时,涉及对学科的内涵和外延的明晰理解,既包括掌握特定学科的核心概念、原理和技能,也包括学科与其他领域的联系和延伸。在小单元项目化学习时,可以通过精心设计的项目将学科内涵和外延紧密结合,以提升学生对特定专题的深度理解和跨学科能力,以专题为中心设计项目,促使学生在有限时间内全面理解特定专题,培养跨学科思维和实际应用学科知识的能力。这种学科与专题的结合有助于提高学生的学科综合素养,使其在深入专题研究的同时能够跨足多个学科领域。

2. 聚焦概念联系

小单元项目化学习强调不同概念之间的相互关系。学生被鼓励思考概念之间的关联性,从而建立起更为完整和综合的学科知识体系。因此,设计的项目和任务通常聚焦于特定概念,旨在加深学生对这些概念的理解,并鼓励他们将这些概念与实际情境相连接。通过聚焦概念联系,小单元项目化学习能够使学生更深入地理解学科内的关键概念,培养学生的批判性思维和综合应用能力。这种学习方式有助于学生建立起学科知识的坚实基础,并促使学生将所学概念与实际生活以及其他学科领域相连接,形成更为综合和全面的学科认知。

3. 解决模块问题

小单元项目化学习注重解决整个相关模块的问题,强调学生在学习过程中通过实际项目和任务解决现实或模拟的问题。这种学习方式倾向于强调实际应用和解决模块问题的能力,让学生在有限的学时内通过解决整个模块中的问题,来深化对概念的理解和掌握,从而在模块问题的解决中,实现概念的模块化。小单元项目化学习通过让学生更深入地参与到模块问题的解决过程中,帮助他们全面地理解学科概念和实施流程,进而培养实际操作和解决问题的技能。这种问题解决导向的学习方式有助于培养学生的创造性思维、批判性思维和实际应用能力,使其在未来面对各种挑战时能够更加从容。

(二)实施流程

从本质问题、核心概念、教学组织形式等方面进行思考,将小单元项目化设计与学科专题概念落实进行有机融合,如图3-12所示。以生活中的实际问题入项,明确解决驱动性问题所需输出成果的核心部分,进而对核心部分进行设计,然后应用设计进行问题的初步解决;在问题的初步解决中发现新问题,由此对新问题进行方案的再设计、核心部分的改进、问题的再解决,直至完成项目成果。在每一个问题的解决中,完成对应学科具体概念的体验、提炼、归纳和应用等环节,联结为学科具体概念网,实现专题概念的深度理解,达成学科能力的专项提升。

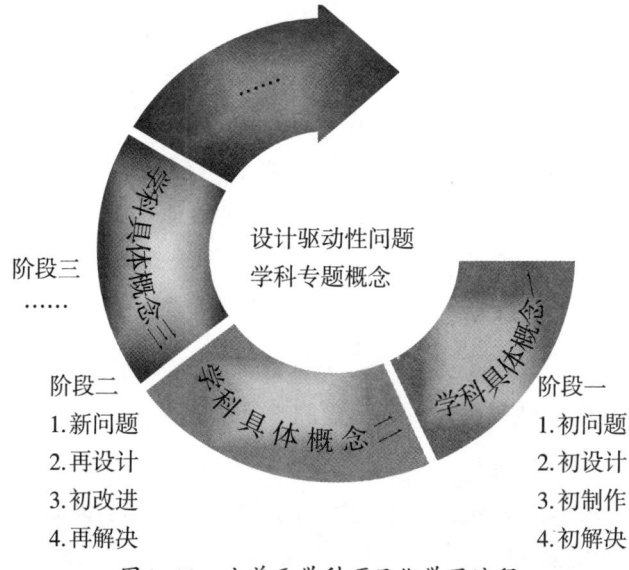

图 3-12　小单元学科项目化学习流程

1. 任务提取

在小单元学科项目化学习中，选取核心任务是一个综合考量学科目标、关键能力、知识体系、学生兴趣和实际问题的过程。在任务选取时，需关注任务的可分解性和可进阶性，并关注任务需来源于真实情境的有效提取，将非良构的真实情境在一定程度上进行理想化提炼。同时，核心任务的选择还应充分考虑学科知识、学科能力、态度责任等方面的因素，以确保学生在学科学习中获得全面且有深度的发展。

2. 分阶段实践

小单元的学科项目化学习建议分阶段实践，通过逐步深化学科任务，帮助学生逐渐掌握学科核心概念和相关技能。

确保小单元的项目化学习在 3—6 课时内形成一个小周期，学习组织层层推进、相互关联至关重要。首先，需要合理分配课时，确保每个阶段的任务都能在适当的时间内完成。在学习的初期，引入任务的背景和目标，明确学生将要解决的问题，激发学生的学习兴趣。其次，通过合理设计的任务分解,让学生逐步展开实践,确保每个阶段都能够有所收获,为学习过程注入动力。层层推进的关键在于任务之间的逻辑衔接,确保每个阶段的成果能够为下一阶段的学习提供基础,这可以通过设计任务的递进性和连贯性来实现。每项任务的完成都为学生提供新的问题和挑战,使学习不断深入,促进他们在学科中的全面发展。

3. 厘清关系

小单元学科项目化学习的实践中,关系的厘清至关重要。小单元学科项目化学习是立足学科专题概念的,学科专题概念对学科具体概念具有统摄性。在项目化学习实施中,需要关注它们之间的统摄关系,在设计时要注意在专题概念的引领下,将任务分解为对应各具体概念的子任务,在子任务不断完成的过程中,逐步认识到各具体概念,进而将具体概念进阶为学科专题概念。具体概念之间应具有严密的逻辑关联。在实施各层级子任务和解决各级问题时,对应不同的具体概念,由浅入深、由易到难,前一个具体概念是后一个具体概念的铺垫,后一个具体概念是前一个具体概念的深化,逐渐建构结构化、层次化的概念体系。例如,在杠杆学习中,杠杆五要素、杠杆平衡条件、杠杆的分类都是杠杆的下位概念,杠杆平衡条件的学习是基于杠杆五要素学习之上的,杠杆分类的依据是通过杠杆平衡条件进行计算得出的。

(三)注意事项

小单元项目化学习是中课时的学习,在教学设计中需注意以下事项:

1. 核心任务要进阶

确保小单元学科项目化学习的关键在于选定一项与课程标准紧密相关的核心任务。而后,通过任务的递进分解,确保每个子任务都在学生掌握基础后提供更高层次的挑战,促使学生在实践中逐步提升技能和深化理解。引导性问题的设计是关键,从简单到复杂的问题能够激发学生的思考和探究欲望,同时引导他们提出更深层次的问题。为了培养学生的自主学习能力,提供资源引导,包括教材、参考书籍和在线资源等。鼓励学生进行小组协作,设计合作性的子任务,通过讨论和交流促进学

生之间的学习互动。设立及时有效的反馈机制,帮助学生发现错误、改进方法,促进他们的自我调整和提高。将任务设计得贴近实际应用,使学生能够将所学知识应用到实际问题中,培养解决实际问题的能力。最后,考虑跨学科整合,促使学生在解决问题时综合运用多学科的知识,培养其综合能力和跨学科思维。通过这些设计,小单元项目化学习在中课时内能够更好地引导学生深入学科内容,培养学科能力,为他们提供全面且有深度的学习体验。

2. 学习组织要关联

相互关联则要求任务之间存在内在的联系。学生在解决一个任务的过程中所获得的知识和技能应当能够被有机地应用到下一个任务中,这不仅加强了学科内容的综合性,还帮助学生形成更为完整的学科认知体系。此外,及时有效的反馈机制也是推进学习的关键。通过及时了解学生在每个阶段的表现,教师能够调整教学策略,帮助学生更好地理解和应用知识。通过以上的组织,小单元项目化学习能够在短时间内形成一个紧凑而有序的学习周期,使学生在有限的时间内获得更为深刻和全面的学科体验。

3. 学习要促成整体建构

学生不仅仅是简单地吸收零散的知识点,而是通过系统性、综合性的学习过程,将学科知识组织为一个有机的整体。这一理念强调概念的整合,要求学生将不同的概念相互关联,形成对学科的整体认知。问题驱动学习是实现整体建构的有效途径,让学生通过解决问题的过程来深入学科领域。整体建构还涉及实践经验的融合,通过将理论知识与实际操作相结合,使学生在实际经验中理解和应用所学的概念。在整体建构的过程中,要在某一主题或领域进行深入挖掘。最终,关注学生个体差异,灵活地设计学习方式,使每个学生都能在学习过程中建构属于自己的知识体系。整体建构的学习理念强调对知识的深刻理解和主动应用,培养学生在实际生活中解决问题的综合能力。

【案例】 我们的情感世界

适用年级：七年级　　建议教学时间：3课时

一、项目设计

(一)项目简述(含重难点)

以七年级《道德与法治》"做情绪的主人"为单元主题，进行小单元学科项目化学习。该学科项目化学习以"重塑艺术人生"微电影拍摄为载体，创设有社会感知的学习环境，充分尊重学生的前认知，在需求的不断推进中，渗透了成功电影的要素：情感是电影取胜的秘诀、共情是演员取胜的法宝。学生将通过走访消防救援人员、网络资料检索、情感迁移想象等方式检索电影素材，撰写并最终形成剧本。通过《小别离》与《小欢喜》两幕的演员体验，感悟情感的层层推进。通过编剧与演员两个角色的体验，帮助学生完成对于"情感的作用"这一重难点的突破，由情感体验驱动学习目标，在课堂中实现"经历感"与"实现感"。此外，还通过强需求、深研究、重应用的方式来实现学科专题概念的有效建构。

(二)驱动性问题

塑造一个有血有肉有情感的电影人物。

(三)学习目标

1. 关注自己的情感，提高感知美好情感的能力，并培养深厚的情怀意识；

2. 感受生活中的美好情感，养成积极、乐观的精神状态；

3. 知道情绪与情感的联系与区别，形成对情感的基本认知；

4. 提高对自身情感状态的觉察能力，增强对生活体验的敏感性；

5. 通过拍摄微电影的活动，完成项目体验，感悟情感的丰富性，感知情感的作用。

(四)项目评价

表3-8 团队和个人过程评价

个人评价量表		组员1	组员2	组员3	组员4	组员5	组员6
参与度	积极参与剧本撰写、视频拍摄讨论,承担小组分工的工作。按照参与的态度、热情、积极性以0—5分计分。						
贡献度	积极思考并充分发表个人见解。按照成果(包括剧本和微电影)实际录用率以0—5分计分。						
团队评价量表		组号:_____					
小组分工	分工合理,人人参与。按0-5分计分。						
合作能力	组员互助,关系和谐。按0-5分计分。						
成果进度	进度正常,态势良好。按0-5分计分。						

表3-9 团队、个人和作品的结果评价

剧本评价量表		作品赋分	个人评价	团队总评
真实性	案例源于真实生活,内容属于社会中确实会发生的典型案例,能够引起共鸣(0—5分)。		按照个人对该内容的参与度与贡献度予以总体评价,由组员评(0—10分)。	从作品的成效、团队分工合理性的角度予以总体评价,由教师评(0—10分)。
冲突性	剧本的对话、情节有反差,能够给人惊喜,引人入胜(0—5分)。			
情感性	桥段与内容符合本节课主题,人物情感充沛(0—5分)。			
总分				

续表

微电影评价量表		作品赋分	个人评价	团队总评
情感到位	演员的情感充沛到位,表现出了人物的情绪与情感。按0—5分计分。			
画质优质	画面音质流畅,场景镜头衔接顺畅,布局精心合理。按0—5分计分。			
引发共鸣	具有说服力和感染力,电影能够拨动观众的情绪。按0—5分计分。			
总分				

二、项目实施

(一)项目准备

1. 教师设置任务一:塑造一个电影人物

学生活动:周末假期期间,学生通过多种渠道了解、归纳、总结塑造一个成功的电影人物所需要的要素,并扫码上传。

2. 教师设置任务二:评选"小人物,大世界"的主人公

学生活动:对同学提交的推荐作品进行票选,推选本部电影的主人公。

设计意图:创造情境,制造载体。微电影拍摄开场的方式能够提高学生的课堂参与兴趣。同时,在微电影设计的内容中也渗透了成功电影的要素:情感是电影取胜的秘诀、共情是演员取胜的法宝。这不仅点明了本节课的主题,也为下一个体验的环节做了铺垫。同时,项目式的探究方式注重拓展学生信息获取的渠道,在学生了解素材的过程中,提高他们的学习能力。

(二)项目体验角色:编剧——情感是电影取胜的秘诀

1. 素材:"最美逆行者"

2. 问题:"最美逆行者"为消防员,当选本部微电影主人公,你会

为此补充哪些素材呢?

3. 学生活动

【手写素材推荐理由】

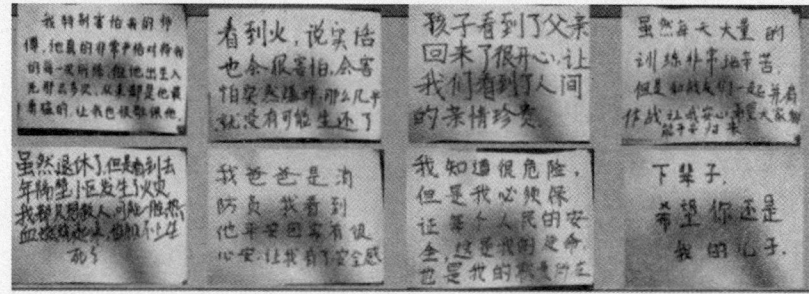

通过走访消防救援人员、网络资料检索、情感迁移想象等方式检索电影素材并且手写推荐理由。

达成的学习目标:体会情感的丰富,意识到生活中有很多美好的情感体验。

【精选电影重要素材】

选择素材并最终形成剧本。

达成的学习目标:了解情感的作用,认识到生活中美好的人和事物能让我们身心愉悦,逐渐丰富我们对生活、对人生的美好情感。这些情感表达了我们的愿望,促进了我们的精神发展。

(三)项目体验角色:演员——共情是演员取胜的法宝

1. 素材:《第一幕·欢喜》

内容:消防员内部运动会,第一大队团体总分得到了第一名,其他人都在开心庆祝,只有A沉默不语。散会后,B将手搭在A上。

B:嘿,我们大队拿了团体的第一名,你怎么不开心?

A:拿了团体第一名我当然开心,但是我跑步的单项没有发挥好。本来我们的成绩可以更好的。唉!

B:兄弟,我可以理解你的失落,但是你已经很棒了!

2. 问题:当选本部微电影主人公后,你会为此补充哪些素材呢?

3. 学生活动

演绎《第一幕·欢喜》

《第二幕·别离之一》

内容:父子挂断了电话(第二段视频)

子:爸爸,你什么时候回家呀?

父:很快啦,宝贝。等爸爸这阵子忙完,马上就回来了。

子:爸爸,我很想你,你想我吗?你爱不爱我?

父:宝贝,只要你身体健康,爸爸就很开心啦。

子:爸爸,你还没告诉我呢,你爱我吗?

父:我……(紧急出镜,挂断电话)

《第二幕·别离之二》

重点演绎火灾发生时,消防员怯场了,而队友义无反顾地冲进火场救人,并身受重伤。

达成的学习目标:

(1)美好情感的获得:情由心生,它是在人的社会交往、互动中自然引发的,不能强迫。正如我们不愿意被人强迫表现出喜欢或不喜欢,我们也不能强迫他人给予我们美好的情感。

(2)传递情感正能量的原因:我们的情感需要表达、回应,需要共鸣,不留遗憾。

(3)负面的情感:羞耻感、焦虑感、挫败感等。

负面情感的意义:

(1)丰富我们的人生阅历,使我们的生命变得更加饱满丰盈。

(2)学会承受一些负面感受,善于将负面情感转变为成长的助力,可以让我们从中获得美好的情感体验。

(四)项目小结

在活动过后,对于"你是否考虑成为一名消防员"的问题进行测评。

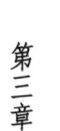

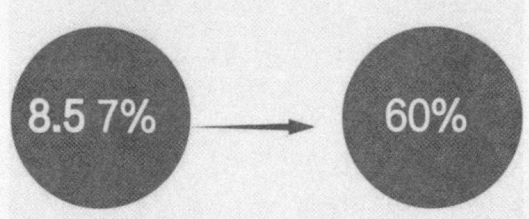

感悟:传递情感正能量的意义:我们在生活中不断创造美好的情感体验,在传递情感的过程中不断获得新的感受,使我们的生命更有力量,周围的世界也因为我们的积极情感而多一份美好。

活动环境:

● 摄像头对于拍摄的实时记录;

● 特邀嘉宾魏叔叔的全程观摩。

设计意图:项目任务的驱动问题旨在帮助引导学生开动发散性思维。本环节的项目体验能够在情景之中帮助学生突破本节课的重难点,提高共情感,开发学习路径,也能帮助学生提高表达、思考、辨析、演绎的能力。同时,摄像机实时记录能够很好地呈现小组讨论的过程,也能够保存教学成果。

(五)项目拓展

每个人都是生命里的主角,回望自己的生活,你已有了哪些真情实感呢?接下来,呈现教师给的惊喜《第三幕·回归》。

学生活动:七年级是我们告别童年、迈向少年的分界点。请成为自己的主角,为自己的童年情感拍摄一部微电影,记录情感故事。

设计意图:旨在引导学生回归自我,从生活体验出发,理解情感的丰富性。"我们需要与人交往,渴望人与人之间的真挚情谊。我们通过情感来体验生命、体验生活,同时情感也让我们的内心世界更加丰富。"学会多角度思考,开拓学生思维,并为社会出谋划策。此外,我们应使内容更加完整,以便作为补充,这也是为了拓宽学生的知识面,这样让一部分课外知识储备较大的学生有实战的空间,从而体现了分层化教学的理念。

三、项目反思

1. 学习概念明晰

本节课的教学内容注重情感体验。我将重难点落在体验与感悟上,这不仅在学生自主项目活动中完成了本节课对情感教学内容的全面突破,同时也完成了学生录制微视频的突破。从教材知识面迁移到社会知识面,紧紧围绕情感,从低阶思维发展到高阶思维。

2. 学习内容关联

本堂课的教学内容整合了情绪、情感的重难点,注重厘清两者之间的关联。围绕"情感体验"联系日常载体,课堂教学既关注学习过程,又关注学科能力,既有课堂内容的整合,又有课外的延伸评价。这有利于提升学习内驱力和课堂精准性,内容与内容之间紧密联系,能力与能力密切相关。

3. 学习任务进阶

以项目体验驱动学习发展,从电影拍摄素材的选取,到素材的挖掘,再到表达、制作、演绎、再生等能力,着眼于核心素养的培育与学习能力的提升;从自主学习,到生生互评,再到合作学习,既有感性输出,又有理性输入,做到了全能提高。

(案例提供:杭州市保俶塔实验学校 鲍哲洲)

三、大单元学科项目化学习

大单元学科项目化学习对应的学科概念为跨学科概念,该概念既可以是学科内部的各分支学科的跨学科概念,如科学内的物理、化学、生物等分支学科之间的跨学科;也可以是与其他学科之间的跨学科概念,如语文、数学、科学等学科之间的跨学科。虽然大单元学科项目化学习立足的概念为跨学科概念,但学习内容仍以学科内容为主。

(一)基本特征

跨学科概念在整体学科学习中处于主要地位,甚至是超学科地位,所以大单元学科项目化学习的学习时长一般为6课时以上。虽然大单元项目化学习的课时多、时间长，但大单元学科项目化学习中所需落实的跨学科概念不易理解，统摄的学科专题概念和学科具体概念多，各学科专题概念相对应的问题之间存在并列或交叉的关系，在这些问题的逐一解决中，实现跨学科概念的领悟和提炼。由此可见，大单元项目化学习应具备跨学科概念、概念统一、长课时、多方解决、多维研究等特征，如图3-13所示。其中关键性特征有以下三项：

图3-13 大单元学科项目化学习特征

1. 指向跨学科概念

跨学科概念是从不同学科领域提炼、抽象出来的共同概念，是在多个学科或领域中反复出现的一些重要概念，它们超越学科的界限，在解释现象、创新理论等方面发挥着重要的作用。如科学中涉及的"稳定与变化"、语文中涉及的"文化理念"皆为跨学科概念。学生在学习时，可先理解各个学科核心概念，通过整合，再从不同领域的学科核心概念中逐渐领悟到共同的概念，形成超越某一具体领域的跨学科概念，最后把多学科的零散知识整合成跨学科概念，并内化为连贯的、清晰的、整体的认识。由此看出，跨学科项目化建构是立足于学科核心概念的基础之上的，通过对各学科核心概念的细化，得知各学科核心概念所蕴含的内容，并对各内容进行分类，将具有共同特征的内容进行归纳，由此提炼出跨学科概念。

2. 聚焦统一性

为了确保各个子任务所涉及的学科专题概念与跨学科概念之间的一致性，需要以共同的跨学科概念为引导。这些跨学科概念具有统摄性，能够指导学生深入理解学科专题概念，并帮助他们在此基础上进阶领会跨学科概念。在教学过程中，我们应注重引导学生掌握这些跨学科概念，并将其应用于不同的学科领域。其意义在于：①统一视野：通过引导学生关注跨学科概念，可以帮助他们形成统一的视野，将不同学科领域的知识和概念相互联系起来。这有助于学生建立全面的学科知识体系，避免知识碎片化。②深化理解：跨学科概念能够帮助学生更深入地理解学科专题概念。通过将跨学科概念应用于学科专题，学生可以从多个角度思考问题，提高对学科概念的把握和应用能力。③培养批判性思维：跨学科概念往往与关键思维能力相关，需在质疑、评判中提炼跨学科概念。

3. 解决相关领域问题

通过大单元项目化学习，学生能够将跨学科概念与具体领域问题相结合。这种综合性的学习方式帮助学生深入理解不同学科之间的联系，并且能够更准确地解决相关问题。同时，学生还能够培养批判性思维、创新能力和问题解决能力，提高他们在跨学科环境中的适应能力。大单元项目化学习使学生能够在跨学科概念的统领下形成对学科概念的整体认识，并且在学习完成后能够对跨学科概念所涉及领域问题的解决提供有效指导。学生能够站在适当的视角来看待相关领域的问题，从而明确解决方法。例如，在立足"结构与功能"这一跨学科概念进行大单元项目化学习之后，在生物问题中，他们能够从生物体的结构与功能相适应的角度来分析和解决问题；而在化学问题中，学生则能够从物质的结构与性质的关系的角度来解决问题。这种学习方式培养了学生的综合素养、批判性思维和解决问题的能力，为他们未来的学习和职业发展奠定了良好基础。

(二)实施流程

基于大单元项目化学习具有长课时、多维研究、多方面解决问题等特征，结合跨学科概念，大单元项目化学习的学习流程设计如图3-14所示。

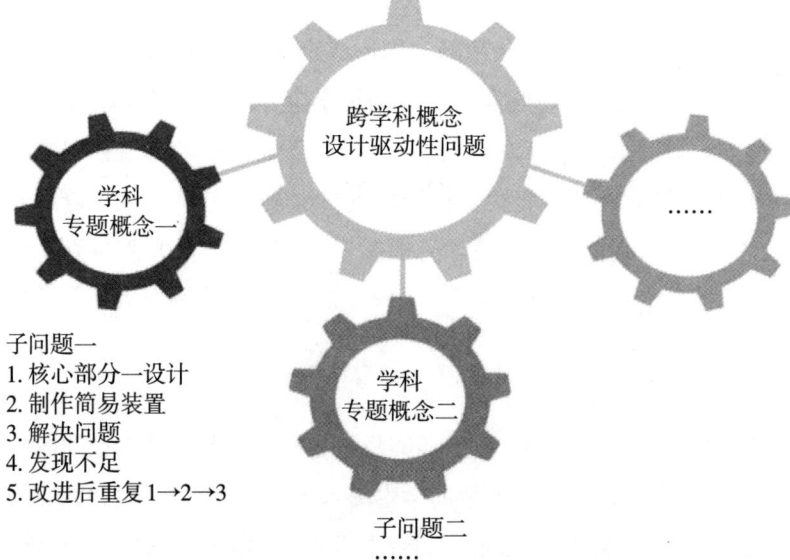

图3-14 大单元学科项目化学习流程

1. 任务发散

大单元项目化学习是一种以实际问题为导向的教学方法,旨在培养学生解决复杂问题的能力。在实施过程中,可以以生活中相对复杂的实际问题入项。首先,选定一个与学生生活密切相关的复杂问题;接下来,引入背景知识,学生代入情境之后,围绕该问题的不同角度,对问题进行分析,从而发散出多方面或多层次的子问题,进而梳理出解决驱动性问题所需的所有核心部分。

2. 分类设计

针对发散出的所有核心部分,逐一对各部分进行设计,然后根据设计进行实践,进而对问题逐一解决。首先,对每个核心部分进行详细的设计;接下来,学生可以根据设计的方案进行实验、观察和数据收集等活动,以验证他们的假设和推断;随后,学生可以根据实际数据和观察结果,分析问题的根本原因,并提出解决方案;最后,学生依据自主设计的方案进行实践,从而收集解决问题所需的数据等资料。

3. 观念统一

在问题解决之后,通过对学科概念的归纳和提升,可以寻找各学科概念之间的共通性,并由此得出更高层次的共识。这个过程有助于建立起概念之间的关联,将其统一在跨学科概念之下,进而形成跨学科观念。首先,通过对问题解决过程中所涉及的学科概念进行归纳总结,可以发现不同学科之间存在着一些共通点和交叉部分;接下来,可以寻找这些学科概念之间的共通性,并将其提升到更高层次的通识。通过建立概念之间的关联和提升至跨学科概念的层次,由此能够实现学科知识的整合和统一。

例如,立足"结构与功能",以"制作人体模型"为主题的大单元项目化学习中,可将问题分为"如何制作消化系统结构模型""如何制作循环系统结构模型""如何制作泌尿系统结构模型""如何制作呼吸系统结构模型"等子问题,分别匹配"小肠的结构与消化和吸收""心脏的结构与血液循环""肾脏的结构与水盐平衡""肺的结构与气体交换"等学科专题概念,通过对每一个子问题的学习,在各专题概念学习的基础上,统一形成跨学科概念。如在解决"如何制作泌尿系统结构模型"问题时,经过了绘制肾单位、制作肾单位模型、使用模型滤过等步骤,由于分离效果不佳,还需进一步观察肾单位切片,并重新绘制肾单位。经过多次迭代,最终完成了泌尿系统结构模型的制作。这一过程使得学生对"肾脏的结构与水盐平衡"形成了更全面和深入的了解,再结合其他专题概念的学习,进而提炼出"结构与功能"这一跨学科概念。

(三)注意事项

大单元项目化学习所基于的跨学科概念对学科专题概念和学科具体概念都具有统摄功能,因此,大单元项目化学习在实践过程中,除了需要注意微单元项目化学习和小单元项目化学习所需注意的事项之外,还需要注意以下事项:

1. 核心任务要上位

大单元项目化学习的核心任务需要能够涵盖多个子任务,能够整合不同学科专题概念和技能要求,使学生能够在解决一个具体问题或完成

一个任务的过程中综合运用各学科知识,由此让学生理解不同学科之间的联系和互动,形成跨学科思维。核心任务需要有效统领各学科专题概念,能够引导学生深入理解学科专题概念。通过将核心任务与学科专题概念相结合,学生可以更好地理解学科知识的内在逻辑和关联性。这有助于学生建立全面的学科知识体系,避免知识孤立和碎片化,以便让学生在多个子任务的学习中形成统一的跨学科概念。

为了确保核心任务的上位,应注意明确学生的学习方向和目标,明确核心任务的实际应用场景或问题情境,让学生明白核心任务的重要性和关联性;应设计多个子任务涵盖不同学科专题概念,并根据学生的学习进展进行适当的调整和拓展;应引导学生从跨学科的角度思考问题,鼓励他们运用不同学科的知识和技能解决问题,由此帮助学生更好地理解学科之间的联系和关联。

通过上位的核心任务,学生能够在大单元项目化学习中形成统一的跨学科概念,这有助于提高学生的综合学科素养、批判性思维和解决问题的能力,使他们能够更好地应对未来的学习和实际挑战。

2. 学习组织要连续

由于大单元项目化学习涵盖多个学科专题概念,往往需要长课时才能完成学习,所以在学习组织中,要注意连续性。连续性是指在教学过程中保持环节之间的衔接和延续性。这意味着在不同的教学环节之间,应该有明确的关联,使学生能够将前面学到的知识和技能无缝地应用于后续的学习任务中。教师可以通过梳理教学内容的逻辑顺序,设计合适的过渡和引导,以确保连续性。

课时分布的连贯性也很重要。由于大单元项目化学习需要较长的学习时间,可能会涉及多个课时或学习阶段。为了避免学生遗忘知识,教学课时的分布应该具有连贯性。即使在不同的学习阶段中,也应该保持一定的联系和延续,使学生能够巩固和复习之前学过的内容,并逐步深入学习新的知识和技能。

为了实现连续性和课时分布的连贯性,在学习组织时应注意在新的学习阶段开始之前,教师可以安排一些复习和巩固的环节,让学生回顾之前学过的内容,由此巩固学生的基础知识,并建立起新旧知识之间的联系。同时,教师可以提供相关的学习资源和参考资料,供学生在课堂外进行进一步的学习和复习,让学生可以随时回顾和温习所学内容,保持知识的连续性。此外,教师可以引导学生在自主学习和探究的过程中,自行组织学习时间和步骤,避免学生较长时间没有接触到相关知识。在整个过程中,教师可以提供指导和支持,鼓励学生主动学习并保持连续性。

通过注意连续性和课时分布的连贯性,可以有效减少学生遗忘知识的风险,帮助他们更好地掌握和应用所学的跨学科概念,从而提高学习效果和学习成果。

3. 学习成效要可迁移

大单元项目化学习是一种以跨学科概念为基础的学习方法,旨在培养学生的综合能力和可迁移的学习能力。跨学科概念是在不同学科领域中具有普遍意义的概念,它们超越特定学科的边界,能够应用于多个学科,并在学科之间建立联系和桥梁。

在实施大单元项目化学习时,除了关注学生形成一定的学习成果外,更重要的是培养他们习得能力的可迁移性。这意味着学生通过学习跨学科概念,不仅能在具体项目中获得知识和技能,还能将所学应用到其他学科和实际生活中。以下几点需要注意:

①强调概念理解。在学习过程中,注重培养学生对跨学科概念的深刻理解,不仅要让学生掌握概念的定义和表面含义,还要帮助学生理解其背后的原理、逻辑和实际应用,使其具备抽象思维和批判性思维的能力。

②培养学科交叉思维。激发学生在不同学科领域之间建立联系的能力。通过引导学生探索和比较不同学科中的共同点和相互关系,促使他们形成跨学科思维的习惯,从而将所学应用到其他学科领域。

③鼓励反思和总结。在项目结束后,引导学生进行反思和总结,帮助他们认识到所学习的跨学科概念是如何在项目中发挥作用,并如何将其迁移到其他学科或实际生活中。同时,教师还要提供及时的反馈和指导,帮助学生改进和进一步提升可迁移的能力。

通过重视习得能力的可迁移性,大单元项目化学习可以更好地培养学生的综合能力和跨学科思维能力。这种能力的培养将使学生在面对未来的挑战时更加灵活和适应,具备解决复杂问题和应对现实情境的能力。

【案例】 自动外卖车的设计与制作

适用年级 七年级下 建议教学时间 8课时

一、项目设计

(一)项目简述

随着社会的发展,外卖成了人们生活的一部分。目前,外卖配送依赖人力,外卖配送的时效性、进出小区的安全性等问题已成为社会关注的焦点。为减少小区外卖人员的出入,提高外卖配送效率,本项目旨在设计出小区内智能外卖配送车。外卖员只需将外卖放至小区门口的外卖小车上,输入地址和单号,小车即可根据相关信息将外卖送至指定位置并通过App告知收货人。该项目共8课时,在七年级实施,涉及科学、数学、信息技术等学科知识。

(二)驱动性问题

外卖行业的发展是当下社会的一大特点,送到家的外卖在方便了人们的同时,也带来了各种问题,如外卖配送常因各种原因出现延时、外卖员与小区安保的冲突等。为避免冲突,提高外卖配送的效率,如何设计一款智能外卖配送车代替外卖配送员,在小区进行外卖的配送,以满足人们日常所需?

(三)学习目标

文化基础:通过对外卖问题的分析和解决,习得比较物体快慢的方法、用速度公式进行简单计算、得知摩擦力方向和影响摩擦力大小的因素、会进行简单的乐高编程等知识,进而涵养勇于探索、追求真善美相统一的内在精神。

自主发展:通过对实际问题的实验分析,学会运用科学方法解决问题,进行一般性的调研,用图表、模型等方法分析实际问题,从而提升有效应对复杂多变环境的能力。

社会参与:通过对社会现状的调查和分析,体悟科学来源于生活,同时服务于生活,求真务实,坚持真理,具备探究与创新的意识。

(四)项目评价

表3-10　团队和个人过程评价

评价等级	不合格	合格	优秀
团队	有成员不熟悉项目过程	每位成员均能阐述项目的过程,超过一半成员能说出背后关联的学科知识	每位成员均能阐述项目的过程和背后的学科知识
个人	不能正确阐述速度、摩擦力的内涵	能正确阐述速度、摩擦力的内涵	能正确阐述速度、摩擦力的内涵,并使用学科方法解决真实问题
作品	能解决车速、爬坡、转弯、投递中的1个问题	能解决车速、爬坡、转弯、投递中的2个问题	能解决车速、爬坡、转弯、投递中的全部问题

表3-11　团队、个人和作品的结果评价

评价等级	不合格	合格	优秀
团队	个别同学引领,全员参与	个别同学引领,全员参与,其余同学能提出自己的见解	每个人都能提出自己的见解,通过讨论后能统一意见,大家分工合作
个人	能和小组一起完成调研	能独立完成调研	能独立完成调研,并能在调研中提出自己的见解

二、项目实施

(一)分析问题所需,调研数据整合(1课时)

1. 学习目标

通过互联网收集、讨论并总结外卖配送的一般过程;通过分析、整合、评价得出设计智能外卖车需要解决的相关问题。

2. 核心问题

外卖配送的一般过程是什么？外卖配送最需要注意的是哪些方面？智能外卖车实现外卖配送需要克服哪些问题？

3. 学习活动

观看视频，视频内容包括：外卖介绍、疫情防控需求、外卖人员在小区内配送、外卖人员与小区保安争吵等。学生通过视频了解外卖在小区配送中存在的实际问题。调动学生的学习积极性之后，教师提供尽可能多的资料，并指导学生通过互联网查找其他所需资料。通过对资料的整合分析讨论，学生了解到外卖配送的一般过程和外卖配送的需求点，其需求点主要体现在：配送时间、配送预计到达时间、配送到达时告知、配送安全。在满足需求点的情况下，分析得知需要解决的相关问题为：配送路线、外卖车速度、机器人爬坡过弯技术、自动投递。

(二) 分析调研，设计车速 (3课时)

1. 学习目标

通过对实际问题的实验分析，得出比较物体运动快慢的方法；通过对速度公式的分析，得出需要调研的相关实际数据；会运用速度公式进行计算，得出外卖车需达到的最小车速。

2. 核心问题

人工配送平均时长为多少？外卖车配送的车速设定至少为多少？

3. 学生活动

学生通过实验研究判断物体运动快慢的方法。通过对定性判断物体运动快慢的方法的不足进行分析，进一步得出定量判断物体运动快慢的方法——速度。学生进行速度分析，得出结论：需要知道外卖车行驶路线和行驶时间才

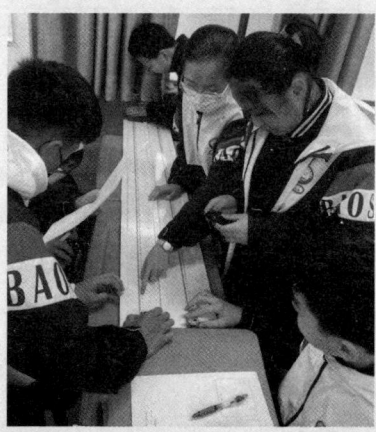

图3-15 研究判断物体运动快慢的方法

能得知外卖车的设计车速大小应为多少。学生在A小区门口蹲点调研,统计小区外卖配送的平均时长,并对A小区各条最佳路线进行了实地测量。学生运用速度公式、小区最佳路线数据、外卖平均配送时长,计算出不高于人工平均配送时长的小车所需的速度。学生根据设计的数据对外卖车进行相应的编程,同时设计和进行小车速度比赛。

(三)研究摩擦力,解决爬坡问题(2课时)

1. 学习目标

通过实验得知影响摩擦力大小的因素;通过对影响摩擦力大小因素的应用,得知如何组装爬坡能力更强的智能机器人外卖车。

2. 核心问题

小区路面不完全平整,遇到有坡度的地方,如何让小车能爬上坡度更大的坡?

3. 学生活动

通过改变接触面粗糙程度或压力大小,从而改变小车受到摩擦力的大小,使小车能爬上坡,以此认识到摩擦力与压力大小和接触面粗糙程度有关。通过对影响摩擦力大小因素的研究,提出相关的增大小车摩擦力的方法,如增大小车底部空气流速或使用机械手臂帮助(图3-16),从而增大压力来实现增大摩擦的目的。

增大小车底部空气流速时　　　使用机械手臂时

图3-16　小车爬坡

进一步地，通过改变前后四个车轮安装车轮套的情况，改变不同车轮的摩擦力大小，如图3-17所示，再通过判断各车轮摩擦力改变后对小车运动的影响，从而判断出摩擦力的方向。实验结果见表3-12。

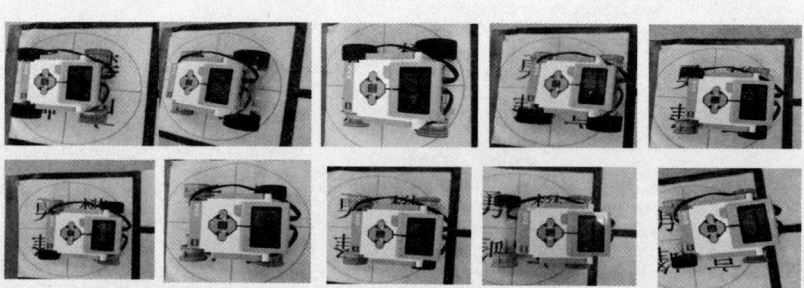

图3-17　爬坡实验车轮情况

表3-12　爬坡实验记录

实验序号	装橡胶轮套情况	运动情况
1	后轮+后轮	无法上坡,且上坡效果更差,前轮打滑
2	前轮+前轮	能上坡,前后轮均不打滑
3	左前轮+左后轮	上坡时向右偏转
4	右前轮+右后轮	上坡时向左偏转
5	左前轮+右后轮	上坡时向右偏转
6	右前轮+左后轮	上坡时向左偏转
7	左前轮	上坡时向右偏转
8	右前轮	上坡时向左偏转
9	左后轮	无法上坡,且上坡效果更差
10	右后轮	无法上坡,且上坡效果更差

(四)应用摩擦力,解决转弯问题(1课时)

1.学习目标

学会运用摩擦力解决实际问题。

2.核心问题

智能配送车在小区配送时需要转弯,如何才能更好地转弯?

3.学生活动

通过探究各车轮装橡皮套对小车转向有无影响来了解增大各车轮摩擦力的现实意义,进一步应用摩擦力,解决实际问题。学生活动后发现转弯依靠前部车轮的摩擦力起作用,故可以通过安装粗糙程度更大的前部车轮的方法来提高转弯的能力。图3-18为学生进行车轮摩擦力对转弯影响的实验研究。

图3-18　后轮有车轮套小车和无车轮套小车的对比

(五)结合信息技术,实现自动投递(1课时)

1. 学习目标

通过归纳分析,学会解决问题的一般方式。

2. 核心问题

为方便购买者取外卖,智能配送车在小区配送时需要做好哪些方面?

3. 学习活动

学生通过对实际外卖取送进行调研分析和探讨，得出机器人取得外卖后，应向App发送预计到达时间和地点等相关信息的结论。学生通过乐高编程实现了将外卖送到指定地点、在接收到取件人的相应指令后自动投放，避免错取。学生通过探讨，得出了对过长时间未回应的外卖进行定点投放后并通过App告知取件人的解决方案。图3-19为学生设计能实现自动投递的智能小车和在抖音展示的集赞评比活动。

图3-19　自动投递智能小车

三、项目反思

在初中科学项目化教学中，有的内容在开展了项目化学习后，大大延长了教学时间，从而挤占了学生的其他学习时间，在课时安排中

远远达不到项目化的要求,故需要对课程内容进行相应地整合。同时,教学中还需注意以下方面:

1. 打通概念

大单元项目化学习是立足跨学科概念的,而跨学科概念并没有明显对应具体概念,在进行大单元项目化学习设计时,需要关注概念本身与客观事物之间的内在关联,在跨学科概念的统率下,关注相关的下位概念之间的真实壁垒,以客观事物链接下位概念,从而让各下位概念服务于客观事物的解决。

2. 立足概念

虽然项目化学习是基于真实问题的,但其根本仍然是以学科概念为中心。因此,在开展项目化学习时,不能纯粹为了追求项目化而盲目进行,应该根据学生的认知水平和学科教学目标来选择合适的项目,也不能过度强调项目化而忽视了学科教学的本质。

3. 合理分组

在进行大单元项目化学习实践时,并非所有的学生都能熟练操作乐高机器人。因此,在对学生进行分组时,不仅要了解学生学科知识上的学情,还要充分了解学生对乐高的熟练度,合理统筹规划,让各小组均能突破乐高技术带来的学习障碍,从而有效地进行实验。

(案例提供:杭州市保俶塔实验学校　夏承俊)

第四章
项目化学习的内容开发

确定合宜的学习内容是项目化学习的重要基础,它能够保证学习的质量,为培育核心素养提供载体。开发项目化学习内容需要遵循以下三个原则:

1. 基于课标:项目化学习内容开发必须以课程标准为依据,确保学习内容与课程目标相一致。同时,要注意内容能够帮助学生发展核心素养。

2. 聚焦生活:项目化学习的特点是解决真实问题。聚焦生活实际发掘生活中的学科知识,有助于引导学生运用所学知识解决真实情境问题,增强学习动力,提高学习兴趣。

3. 意义联系:项目化学习内容需要将学科知识与生活实际建立意义联系,使学生能够将所学知识与旧知、情境产生关联,建构起新的认知结构。同时,这种联系也要有助于培养学生的沟通、思辨、创造等能力。

建设思路如图4-1所示。

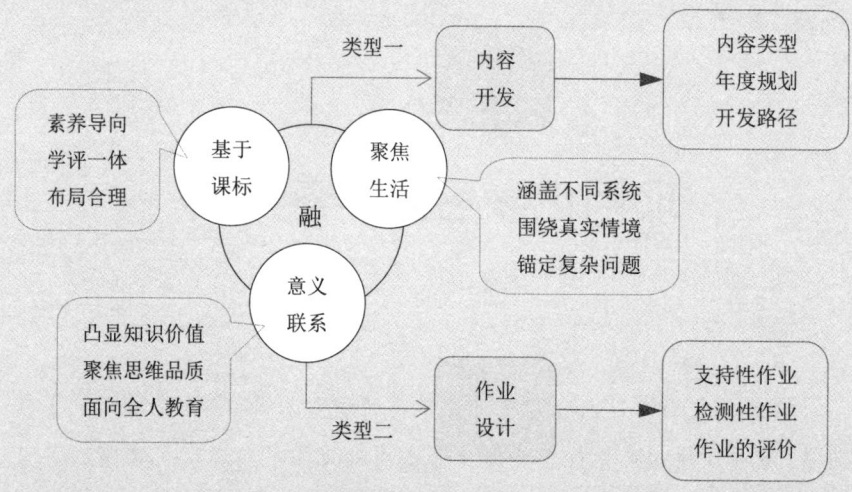

图 4-1　跨学科项目化学习内容开发思路

基于以上原则,我们提炼出两条策略:

1. 内容开发:根据课程标准和学科特点,开发与生活实际相关的项目化学习内容。这些内容应该具有实际意义性和趣味性,能够吸引学生的注意力并激发他们的探究欲望。此外,内容的设计要符合学生的认知规律和心理特点,以便更好地支持学生跨越最近发展区。

2. 作业设计:作业是项目化学习的重要组成部分,也是评价学生学习成果的重要依据。作业设计需要遵循项目化学习的特点,注重学生的实践操作能力和问题解决能力。作业的形式可以多样化,如小组讨论、实地考察、实验探究等,以便更好地满足学生的学习需求。

综上所述,开发项目化学习的内容要基于课标,要聚焦生活,更要产生意义联系,此三者相互融通,可以协同作用,助力项目开发。在明确原则的基础上,通过内容开发和作业设计两个路径具体实施,为学生提供丰富、有趣和有意义的项目化学习课程,促进学生全面发展。

第一节 内容开发的基本原则

在实践研究的基础上,经过提炼总结,我们认为项目化课程建设的基本原则是基于课标、聚焦生活、意义联系。在以上三者中,基于课标是顶层设计,聚焦生活是实践路径,意义联系是学教成效,这三者互相关联,交叉互融,共同作用,助推学生核心素养落地。

一、基于课标

课程标准明确了学业要求,规定了各门课程的性质、目标、内容框架,提出了教学和评价建议,是教师学习设计的纲领性文件。项目化学习作为一种学教方式,在进行内容开发时自然也应该基于课标。在研读了《义务教育课程标准》(2022年版)之后,我们认为基于课标开发内容要追求素养导向、学评一体、合理布局。

(一)素养导向

素养立意的新课标要培养学生适应未来发展的正确价值观念、必备品格和关键能力,引导学生明确人生发展方向,成长为德智体美劳全面发展的社会主义建设者和接班人。

1. 蕴含正向能量

蕴含正向能量的内容是指那些能激发学习动力、增强合作意识、培养创新精神、提高解决问题能力的学习材料,具有熏陶情感、培养沟通能力、引导合作交流等学习意义。这些学习内容能够促使学生在学习过程中汲取成长营养,在学科实践过程中形成关键能力,在问题解决过程中

获得精神生长。

本校开发的"营养午餐配方""运动场上的关怀""完美的水杯""二十四节气丨春"等项目课程的学习内容,均从关爱出发。如"营养午餐配方"项目,从关心学生的身心健康出发,整合数学、健康等知识,引导学生关注饮食健康;再比如"运动场上的关怀"以给不同群体提供更好的体验为终极目标,培育学生发现问题、解决问题的能力,让学生在学习的过程中,学会以关爱的眼光看待生活,从而形成正确的价值观。

2. 关联核心知识

无论是跨学科项目化学习,还是学科项目化学习,其本质都是让学生在获取新知的基础上关联旧知,从而形成稳定的认知体系,提高认知水平。知识本身就是资源,项目学习的过程是整合、运用、内化知识,形成关联,重构认知的过程。因此,在开发项目内容时,应该选择那些有助于知识关联的材料作为关联的载体。

如初中科学"自制耳机"这一项目,以"制作简易耳机"为主线,与核心知识"通电导体在磁场中会受到力的作用"和"物体受力振动产生声音"相关联。学生在制作、调试、评价耳机的过程中,通过知识运用和整合内化形成稳定的认知体系,感受到科学、技术与社会发展的紧密联系。

3. 指向关键能力

关键能力是指学生解决问题所需的技能、方法、思考方式等。各个学科的关键能力不尽相同,比如语文学科是文化自信、语言运用、思维能力和审美创造四大方面,数学学科则是数学思维能力、数学方法能力、数学应用能力、数学交流能力、数学情感态度和数学文化素养六大方面。教师开发出的项目化学习内容同样要有利于发展学生的关键能力,当然,所开发的内容可以综合多元,也可以有所侧重。

比如,在"水浒文化衫设计与制作"项目中,教师运用雷达图,开发学习内容,设计学习活动:绘制水浒人物雷达图,对人物做出综合评价,并能在《水浒传》中找到证据(见图4-2)。这样的学习内容,可以激活思维活力,培养高阶思考力:(1)学生要从武力、性格、文化、宣传意义、情义、社会地位六个维度客观评价水浒人物,可以引导学生主动深入探究《水浒传》的语言细节,结合时代背景,寻找佐证材料,培养"立观点,讲证据"的逻辑思维;(2)学生在多维度理解水浒人物的过程中,理解了"圆形人物",培养了"多角度、多层面综合考虑问题"的辩证思维;(3)引导学生关注本次项目学习的学习成果,时刻关注文化衫设计,培养"打破常规、不拘一格"的创造思维。

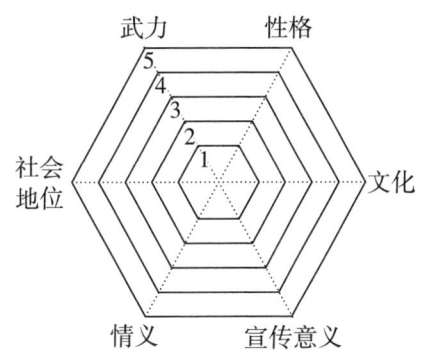

图 4-2 水浒人物雷达图

(二)学评一体

评价不仅是评估学生学习成果的手段,更是引导和促进学习的工具,学评一体意味着学习与评价的关联、互促。以"学评一体"开发项目内容具有以下意义:

"学评一体"有助于明确学习标准。评价量表可以阐明学习目标,让学生明确要求,清楚要达到的标准,这有助于提高学习的针对性。

"学评一体"有助于指引学习方向。评价不仅可以反映学生的学习状况,让教师发现学生在学习过程中的问题,还可以为学生的学习提供指导和建议。这种及时反馈有助于学生调整学习方向,提高学习效率。

"学评一体"还具有以终为始的特点。评价量表可以设定明确的成果标准,这种方式有助于学生在开展学习前就知晓项目的意义和价值,激发学习动力。

1. 实践属性

项目化学习强调"做中学",学生的学习过程与实践活动紧密结合。学生通过亲身参与和动手操作来获取知识和技能,具有融合统整、实践操作、沟通交流、梳理探究等实践属性。好的学习资源往往潜藏着教师对学习活动的引导。这里的"学习活动"需要依托学习内容开展。因此,我们要善于筛选那些有助于引导学生进行实践活动的学习资源,包含一定复杂程度的学习成果,融合多学科的知识,整合梳理、探究、应用等思

维认知,以引导学生开展有梯度有深度的学习活动。

如本校的项目"体育馆大改造之座位分布设计",以解决实际问题为导向,实践属性突出,且有一定的复杂性:比如从使用者角度而言,要考虑座位的高宽、便捷等;从审美的角度而言,要考虑颜色、造型等;从用材角度而言,要考虑环保、经济等,还融合了数学、美术、劳动等学科。学生在学习的过程中,需要经历问卷、调研、访谈、论证、设计、调试、修正等学习过程,深度参与其中。

2. 以终为始

以终为始是一种重要的教学设计理念,它强调在项目学习之初就明确最终的学业要求和成果目标。这种理念有助于确保内容开发的过程始终围绕最终的学习成果展开,提高内容开发的针对性和有效性。围绕"以终为始"开发内容,要注意以下三点:

(1)以终为始的理念要求在项目化内容开发的过程中,对最终要达到的学业要求进行明晰和细化。这包括明确项目的目标、任务、内容、评价标准等。

(2)以终为始还要求对内容本身进行梳理和完善。在明确最终学业要求的基础上,需要对现有的学习资源进行整合、优化和补充,包括对教材、参考书、网络资源等进行筛选、改编和创作,以确保学习内容的质量和适用性。同时,还需要根据学业要求对学习内容进行分类、分层和系统化整理,以便更好地支持学生的学习过程。

(3)以终为始的理念强调在学习过程中不断进行反馈和调整。通过及时评价和反馈,教师可以了解学生的学习状况和进度,发现存在的问题和不足,进而调整教学策略和学习资源。这种动态的调整和优化有助于更好地满足学生的学习需求,提高项目化学习的效果和质量。

比如项目"为亚运会设计电子旅游宣传册",成果是"电子旅游宣传册",为了引导学生明确学习路径及制作标准,在内容上对最终成品从封面设计、图片选择、文案撰写、封底设计、配乐选择、整体观感六个维度进行评价(具体见表4-1)。

表4-1 "电子旅游宣传册设计与制作"评价量规

评价项目	评价量规 星级	评价量规 具体内容	评价结果 自我	评价结果 组间	评价结果 教师
封面设计	☆☆☆	1. 文字简洁精要,能体现所选园林最主要的特征,富有感染力; 2. 图片具有代表性,精美典型; 3. 排版合理美观,且具有设计感。			
封面设计	☆☆	1. 文字能体现所选园林特征,但表达不够精要; 2. 图片不太典型; 3. 排版较美观,略有设计感。			
封面设计	☆	1. 文字不能体现所选园林的主要特征; 2. 图片选择比较随意; 3. 排版混乱,没有设计感。			
图片选择	☆☆☆	1. 图片高清,选择典型景物,综合考虑了远景、近景、细节、时节、空间等; 2. 图片构图讲究,有艺术感。			
图片选择	☆☆	图片清晰,但是选择的图片不够典型,且只有特写景物或整体画面,形式较单一。			
图片选择	☆	图片单一,模糊不清,没有考虑宣传对象的特征。			
文字表述	☆☆☆	1. 抓住园林特征,条理清晰,能综合运用说明方法; 2. 文艺性表达手法多样,有感染力且有节制,恰到好处; 3. 能考虑读者,激发游览的兴趣。			
文字表述	☆☆	1. 抓住园林特征,表述较为清晰,能关注说明方法; 2. 文艺性表达有一定的文笔; 3. 没有读者意识。			
文字表述	☆	1.抓住园林特征,表述较为清晰,能关注说明方法; 2. 文艺性表达有一定的文笔; 3. 没有读者意识。			

续表

评价项目	评价量规		评价结果	
	星级	具体内容	自我	组间	教师
封底设计	☆☆☆	1.文字相较前面的介绍有所提升,例如可以上升到中国人对园林的审美、园林文化、杭州园林的地域特点等; 2.所选图片具有代表性,排版合理美观,且具有设计感。			
	☆☆	1.文字表达精要,但没有考虑杭州园林在审美上给人带来的感受; 2.图片较为典型精美;排版较美观,略有设计感。			
	☆	文字与前面的内容有重复,图片随意,排版混乱,没有设计感。			
配乐选择	☆☆☆	配乐能结合所选园林的典型特征,悦耳舒适。			
	☆☆	配乐虽然舒服悦耳,但是与内容不太吻合。			
	☆	配乐选择随意,聒噪,与内容完全不符合。			
整体观感	☆☆☆	风格统一,配色和谐,排版有设计感。			
	☆☆	风格统一,配色比较和谐,排版较有设计感。			
	☆	风格前后混乱,配色不和谐,排版没有设计感。			

学生在上述评价量规的引领下,标准前置,可以有的放矢地开展写作学习,引发综合性、实践性的说明文写作活动。除了学习成果,"为亚运会设计电子旅游宣传册"项目还设计了学习过程评价量表(见表4-2),从最终成品和过程学习态度两个角度出发,提前跟学生明确本次项目学习需要达成的基本要求。小组汇报评价量表(见表4-3)则从汇报内容、语言表达、仪容仪态三个角度告知学生在进行汇报展示时的注意要点。以上两个评价量规,是学生学习过程中的重要标准,用来明确相关要求,是"无声的老师"。

表4-2　学习过程评价量表

评价类型	评价要素	具体内容 ☆☆☆	具体内容 ☆☆	具体内容 ☆	星级
学习过程评价	最终成品	制作完成,并且新颖别致、符合设计要求。	制作完成,但是整体效果粗糙,较符合设计要求。	没有制作完成。	
学习过程评价	过程学习态度	态度积极热情,主动参与到项目学习过程中,能在过程中不断反思进步。	学习过程没有持续的积极态度,在过程中也较少进行反思修正。	学习态度不端正,作业态度欠佳,且在过程中很少进行反思。	
教师综合评语:					
最终等级:					

操作说明:1.根据"具体内容"栏描述的标准,选择相应等级,填在"星级"处;2.最终等级标准如下:5星(含)以上为A等;3或4星为B等;2星(含)以下为C等。

表4-3　小组汇报评价量表

评价类型	评价要素	具体内容	星级
小组汇报	汇报内容	内容紧扣主题,有理有据,有学习成果。	☆☆☆
小组汇报	语言表达	吐字清晰,声音洪亮圆润,表达准确、流畅、自然。	☆☆☆
小组汇报	仪容仪态	仪态自然,动作大方得体。	☆☆☆
最终等级			

操作说明:1.根据"具体内容"栏描述的标准,给出星级,描黑星星;2.最终等级标准如下:8~9星(含)为A等;5~7星(含)为B等;4星(含)以下为C等。

(三)合理布局

项目内容开发时要注意合理布局,体现以学生为中心的教育理念,确保教育资源的针对性和实用性,从而最大限度地提升学生的学习效

果。我们将从三个维度来理解内容开发要合理布局:(1)学科内部要注意为学生提供丰富多样的学习资源和活动,尽可能覆盖本学科内所有重要的学习领域,以促进学生综合能力的发展;(2)学科之间既强调跨学科资源的整合和协同要合理,也强调各学科一学期内项目学习的开展要均衡;(3)考虑年段之间的过渡和衔接,确保学习内容在不同年段之间具有连贯性和进阶性,避免重复和断层。

1. 内容协调

考虑学科内部的内容协调,首先应该充分研读课程标准,理解本学科的学科个性特点及育人着力点,掌握学科核心素养的内涵和外延,明白基本概念、学业层次及评价要求等在各个学段的具体内涵。如科学学科,围绕"物质与能量""系统与模型""结构与功能""稳定与变化"四类跨学科概念组织项目学习内容;如艺术学科从"演唱""演奏""综合性艺术表演"等学习领域组织项目化学习任务群,开发相关学习内容。

学科之间的内容协调则关注学科平衡。它要求我们在规划和实施项目学习时,充分考虑各个学科的权重和地位,避免偏重或忽视某一学科,以确保学生在不同学科领域都能获得均衡的学习机会和发展空间。

跨学科视野下的内容协调显得尤为重要,不仅是因为课标要求要拿出10%左右的课时用于跨学科资源的整合,更是因为不同学科之间的知识体系和认知方法存在差异,而跨学科更符合真实生活。这意味着教育者需要深入挖掘各学科之间的联系点和共通点,将分散的知识和技能有机地融合起来,开发出系统、完整的学习内容。

2. 年段适切

项目化内容开发要从零散、无序逐渐走向序列性、整体性、发展性,这主要体现在年段衔接的整体协调。为了实现年段衔接的整体协调,我们需要采取以下措施:

(1)建立统一的内容开发体系:以学生的全面发展为导向,明确各年段的学习目标和资源需求,制定统一的内容开发方案,确保学习内容在不同年段之间的有序衔接和高效利用。(2)加强跨年段的内容整合:打破年段壁垒,加强不同年段之间内容的共享和整合。通过跨年段的内容整合,可以避免重复学习内容。(3)注重内容的进阶性和挑战性:随着学生年段的提升,其心理状态、认知结构都有明显变化,在设计和开发内容时,要关注进阶性和挑战性,以满足学生不断发展的学习需求。(4)建立有效的反馈机制:定期收集学生对学习内容的反馈意见,及时调整和优化内容开发方案,确保学习内容与实际教学需求的紧密对接,提高学习内容的针对性和实用性。

本部分案例内容在第二节将作具体呈现,在此不再赘述。

二、聚焦生活

项目化学习的本质决定了要从学生生活中挖掘学习内容。通过"聚焦生活"开发学习内容,首先要具有生活敏锐度,教师不仅要留心日常生活中学生喜爱、关心的话题,更要关心当下国内外的热点新闻、热门事件,主动寻求"知识"与"生活"的焊接点,提炼出生活资源中具有教育功能、探究价值的学习主题。

从学情角度而言,生活虽然广阔无边,精彩纷呈,但是学生主动触摸生活,发现生活中的问题并主动解决的意识较为薄弱。通过"聚焦生活"建设资源,有利于培养学生主动观察、关爱生活(人·自然·社会)的意识,启迪学生心智。"聚焦生活"开发项目内容需要涵盖不同领域,基于真实问题,锚定复杂问题。

(一)涵盖不同系统

生活中,人作为一个独立的系统,跟社会、自然时刻发生交互,"人·社会·自然"三者互相影响,彼此交融,成为一个有机的整体。生活的外延就是学习的外延,项目学习追求解决生活中的真实问题。由此,通过聚焦生活开发学习内容,首先应该考虑学习内容的全面性,即涵盖"人·社会·自然"三大系统,并以恰当的比例形成"组合拳",保证项目学习能够"重拳出击",助力学生深度学习,发展素养。

1. 内心充盈

我们从两个角度理解"内心充盈":(1)学习者内心充盈,即那些能够

让学生获得精神满足感的学习内容,有助于学生在完成学习时,经历"关关难过关关过"的过程,从而使学生内心产生获得感;(2)受益者内心充盈,项目成果让受众体会到生活的变化,让他们得到便利,或获得熏陶,或突破困难,内心产生愉悦感。

比如,本校学生为阿尔茨海默病患者设计"勿忘我"人像识别语音报告仪,可以让患者认出家人且提醒其回家。以上项目成果,从关爱人的角度出发,最终作用于人,让人(学生)与人(阿尔茨海默病患者)产生交互,不仅充分激发了学生学习的积极性,更为阿尔茨海默病患者的内心带来幸福感。

2. 回馈社会

社会是生物与环境形成的关系总和,当我们以"人"为参照物时,社会成为人活动发生、发展的自然场域,人在其中的活动必然对社会的运作产生或大或小的影响。当我们把学习的触角伸向社会时,会有取之不尽的学习内容向我们涌来。鉴于此,我们倡导项目学习成果要能够回馈社会,可以对社会中的某一类人、某一问题、某种现象等产生积极作用。

比如,我们的学生关注到盲人群体,发现马路上的盲道经常被占用,这给盲人出行造成了极大的安全隐患。抓住这个学习内容之后,学生在教师的引导下,开展项目学习,设计制作了"智能主动导盲杖",获得了国家实用新型专利。上述项目学习成果,就是回馈社会的典型例证。

3. 亲近自然

在项目化学习中要注意开发跟自然有关的学习内容,一方面是因为这样的内容可以引导学生从封闭的教室走向广阔的天地,从"课本"到"生活",从"知识"到"实践",拓宽学生学习的场域;另一方面是因为这样的学习内容有助于让学生在学习的过程中发现自然的美好,播种下一颗"尊重自然、顺应自然、保护自然"的种子。

比如,本校小学部的传统项目课程"我与柚子树共成长",巧妙地利用了学校柚子树较多的自然资源,让学生记录柚子开花、结果、生长、成熟、采收、制作产品的过程,感受植物生长全过程,体会时序变化、万物生长的自然规律。

需要指出的是,为了使读者能够对上述三点产生比较清晰的认识,我们采用了分点阐述的形式,但是在实际的操作过程中,内心充盈、回馈社会、亲近自然之间并不是并列关系,他们之间没有壁垒,反而是互相融通的。比如为阿尔茨海默病患者设计"勿忘我"提醒仪,既能使人内心充盈,也能回馈社会。

(二)围绕真实情境

当情境包含一定的"问题"或者"学习元素"[①]时,其能够承载丰富的学习任务,服务于问题解决。项目化学习强调设计合宜的学习情境、驱动性问题,以引发学生的主动学习和积极思考。学习情境越接近真实生活,就越能激发学生的好奇心、想象力、求知欲,从而驱动学生主动学习,避免学生凌空蹈虚。我们从三个角度理解"围绕真实情境"的含义:一是在生活中真实发生;二是模拟真实生活情境,且符合生活逻辑,能反映真实的生活;三是要在真实的生活情境中运用知识,让深度学习真实发生。

1. 真实发生

寻找这类学习内容,教师要留心生活,注意抓住生活中的新闻、现象、问题等,从这些资源中筛选、提炼出学科的本质问题,形成学习主题,再聚焦核心知识,整合之后形成"学习场",引导学生开展综合性、实践性的学习活动。

比如本校老师抓住以下生活现象:①社会调查发现,00后普遍对古典小说兴趣不高;②故宫博物院围绕馆藏文物并与综艺《上新了,故宫》联手,推出"故宫文创产品",让沉睡的文物重获新生,这颇受青年一代追捧。围绕上述生活现象,教师以文创产品"水浒人物文化衫"为学习成果,以"让《水浒传》焕发新的生机与活力"为目的,组织学生开展名著阅读项目化学习,设计并制作"水浒人物文化衫"。在这样的情境下,阅读服务于"水浒人物文化衫"设计,真实的阅读需求自然而然产生,从而有效激活学生的阅读动机。

---

① 荣维东,刘建勇.语文学习情境的学理阐释与创设策略[J].语文建设,2022(5):14-18.

2. 反映真实

教与学是一个特定的场合,并不是所有的知识都能在生活中找到合宜的真实生活情景。因此,在开发学习内容时,教师也可以模拟生活,创设学习情境。如何创设呢？我们认为关键是能够激发学生的学习兴趣和参与动机,激活学生的相关知识和经验,触发学生生命成长的需要,同时能够展现世界的复杂性和丰富性。①在创设能够反映真实生活的学习情境时,要考虑"学习情境""驱动性问题""核心概念""学习成果"四部分,更要建立学习、社会生活和学生经验之间的关联,符合学生的认知水平。

比如,有老师创设了这样的学习情境：杭州亚运会临近,为吸引亚运会期间来杭的游客游览杭州园林,学校团委决定举办"杭州园林电子旅游宣传册"征集活动,并将册子用于亚运期间的旅游宣传志愿服务。这一学习情境抓住杭州亚运会这一社会生活的热点事件,模拟真实的生活,以"用于亚运期间的旅游宣传志愿服务"为问题情境,整合了说明文写作的核心要素,在核心概念的引领下,构建出跨学科写作学习的内容：写作对象为"游客",目的是"吸引",内容是"介绍园林特点",主要表达方式是"说明",成果是"电子旅游宣传册"。这样的写作实践,内容有趣,问题劣构,可以引发学生综合性、实践性的说明文写作活动。

3. 真实学习

项目化的学教方式让我们从"知识本位"向"素养本位"转变,这启示我们在开发问题情境学习内容时,无论是"真实发生"还是"反映真实",都要体现"真实学习"。我们要形成"知识即资源"的观念,即知识在素养时代不再是固定的客观真理,而应成为学生探究的对象和使用的资源。①情境资源能激发"真实学习",从知识运用的角度而言,有三方面的含义：一是"调用已知",即学生调用储备的知识,应用在新情境中；二是"先学后用",即学生先学习相关知识,再在具体情境中运用,知识服务于问题解决；三是"自学即用",即在复杂的学习情境中,为了让学生更好地解决

---

① 荣维东,刘建勇.语文学习情境的学理阐释与创设策略[J].语文建设,2022(5)：14-18.

问题,教师还要通过概念支架、范例支架等引入新知识,学生通过自学研究,让这些"知识"成为学生解决问题的工具。由此可见,"应用性"是"指向学用结合"建设项目资源的基本要求。

比如在"水浒人物文化衫设计与制作"项目中,学生既要调动在八年级下册《美术》教材中的旧知,又要综合运用《语文》教材九年级上册第四单元、九年级下册第二单元的新知,还引入了"文化衫概念""撰写服装设计理念的方法"等新知。因此,这样的学习内容可以有效地激活学生思维,将学习导向"做事逻辑",让学生的角色由"学习者"转变为"做事人"与"创造者",开发高阶思考力。

(三)锚定复杂问题

这里的"锚定复杂问题"指的是我们在开发学习成果时,应体现解决问题方式和途径的多样性,要注意学习结果的开放性。锚定复杂问题,有利于激活学生的思维,形成"立观点—讲证据"的逻辑思维,多角度、多层面综合考虑问题的辩证思维,打破常规、不拘一格的创造思维。

1. 学习痛点

锚定复杂问题来发现项目学习内容,首先要基于"学习痛点",我们从两个角度理解:一是学生学情,学情重要且复杂,只有落在学生"最近发展区"内的学教行为才有意义,这就启示我们要形成"学情即资源"的教学理念;二是倡导进行各种形式的学情调查以明确学习的难点,因为只有围绕学生学习的难点进行项目设计才能发展学生能力。

在设计"文化衫项目"时,教师通过问卷调查,明确了学习的难点在于全面客观地分析人物形象、理解鉴赏古典小说的方法、理解并认同水浒人物身上优秀的精神气质上。正是掌握了这样的学习痛点,设计者在众多成果资源中,确定了"设计与制作文化衫"这一复杂多元的内容为学习成果载体。

2. 问题劣构

我们要追求那些劣构问题的学习内容,因为劣构问题更多地根植于日常生活或工作情境中,有一个或多个问题要素不清楚或者某种程度上的不确定性,拥有多个解决方案、多种解决途径,拥有多种评价解决方案

的标准。因此，问题劣构有助于建构具有复杂性、综合性和实践性的学习场域。戴维·H·乔纳森认为，教育的主要目的应该是使学习者投入问题解决的情境并支持他们学会解决问题，而解决劣构问题则从技能、认知和体验三个维度协同发展学生的能力。

比如在跨学科学习中，学生参照"分析问题→知识补充→设计脚本→进行创造→优化改进→反思迭代"等过程，调动各方知识，制作出一份"吸引人的杭州园林电子旅游宣传册"，设计思维从"提供答案"向"设计方案"转变，有助于引导学生掌握问题探究的基本步骤和方法，学会提炼、表达、呈现学习结果，着重培养学生综合运用多学科知识解决实际问题的能力。

3. 知识组网

情境应该与问题深度关联，形成一个错综复杂的内部和外部系统。其中内部因素包括解决问题所需的知识面，能够达到的能力水平和专业性知识水平。[①]可见，锚定复杂问题开发内容有助于实现知识组网，从而形成结构化的思维。知识组网有两层含义：一是在解决复杂生活问题过程中，实现知识与知识之间相互关联的网状结构；二是知识与生活组网，就是说知识要被应用在生活中以解决某个实际问题。

比如在上述"水浒文化衫"项目中，我们借助"设计与制作水浒人物文化衫"这一劣构问题，将阅读与鉴赏、梳理与探究、表达与交流、设计与应用等知识关联起来，形成"分析任务→讨论标准→提炼元素→设计脚本→构思草图→论证样品→制作产品→迭代升级"八个核心学习任务，在完成复杂问题过程的同时，也在形成"设计"的一般思路。同时，学习和应用这些知识是以"让《水浒传》焕发新的生机与活力"为核心目的的，为了解决00后普遍不喜欢古典名著的真实问题。

---

① 金星.基于缄默知识的语文单元整体教学设计研究——以统编高中教材必修下册第一单元为例[J].语文建设,2023(11):25-29.

三、意义联系

目前,进行跨学科的教学和研讨活动还比较少,学科之间相对独立,然而,要给学生提供面向未来的教育,学校的课程就必须承担起超越学科界限的使命。在项目化学习内容开发上,我们努力凸显知识价值,强调学科间互相作用,并致力于全人教育。

(一)凸显知识价值

2022版课程标准以"实践"为取向,倡导跨学科任务,着力于培养学生的设计、批判、辩证等思维能力,以提升实践、探究、创新的能力,最终达成核心素养。解决真实问题需要综合分析多维度知识,并将其发挥至最优状态,因此项目化学习在内容开发上应追求学科内容的协同性和一致性,建构多学科间知识图谱,从而实现学科知识的迁移应用,让知识服务于问题解决,凸显知识的价值。

1. 应用迁移

我们在选择开发学习内容时,应考虑其是否能承载知识,考虑到依托于这一事物,知识是否可以迁移到实际生活的运用中。项目化学习内容开发要注意知识的应用性、迁移性,包含两大方面:一是将知识与方法运用到真实情境中,并可以迁移到其他领域中解决实际问题;二是将学习过程中形成的行为规范、价值观以不同形式迁移到日常生活中,形成良好的合作关系。

例如,三年级数学"解密年月日"以2023年亚运会为真实背景——"制订一日最优观赛计划",在"年月日知多少""年月日大揭秘"这些项目环节,学生初步认识年、月、日之间的关系,了解"年月口"知识演变,这是知识学习的过程。

2. 相互作用

如果把项目化学习比作一辆小汽车,那么核心知识就构成四轮驱动,它们相互作用,彼此关联,有机融合,协同推进,实现学习效果的最大化和最优化。比如,在"变阻器设计师"中,学生通过旋钮台灯的亮暗,推断出电路中电流在变,电阻在变,从而引出变阻器的原理:通过改变接入

电路的导体有效长度改变电阻。然后,学生在课堂上经历"寻材"(如何选择合适的材料)→"缩小"(如何使用方便,携带方便)→"制作"(如何设计,制作时需要注意什么)→"使用"(实现了什么,发现有什么不足)→"优化"(如何实现连续发光,电阻丝该如何处理)→"拓展"(电位器的制作)六个环节。这几个环节彼此关联,层层递进。

此外,项目化学习中的知识并不是学科拼盘式的简单组合,而是学科之间的深度融合。比如,"风筝高飞的秘密"项目涉及语文、数学、科学、劳动、综合实践和美术等多个学科,整体梳理学习内容的知识图谱,展示跨学科知识之间的关联,实现整个课程资源建设。具体来看,在每个课时的项目学习中,以本学科知识为中心,构建问题涉及学科的知识网,促进不同学科知识间的交叉融合,通过技术支撑整个研究活动,帮助学生学会分析问题,抽象、建模和设计系统性解决方案,形成对人与世界的多元理解力、学习力和创造力。

(二)聚焦思维品质

项目化学习是一种实践性学习方式,以解决复杂的问题为核心,需要大量运用问题解决策略。问题解决的路径并不是事先告诉学生,而是伴随在项目推进的过程中,因此它能成为学生真正的"思维体操",能让学生思维的创造性、逻辑性和系统性得到激活和释放,对学生思维品质的提升起到重大作用。

1. 创造性

华罗庚曾说:"人之可贵在于能创造性地思维。"项目化学习内容开发要考虑支持学生的创造性思维。首先,要创新学习内容,在项目化学习资源的内容上,可以注重选择那些能够培养学生的创新思维和创造力的学习材料,并借此设计具有挑战性的问题,引导学生自主探究、发现和解决问题,或者选择具有开放性的学习成果,充分发挥学生的创造力和想象力,以引导他们提出新观点和解决方案。另外,还要注意开发项目化学习支持工具(思维支架、工具支架等),帮助学生从多个角度理解和应用知识,激发学生的创造灵感。

如"风筝高飞的秘密"项目,基于风筝这一学习内容,学生经历测量计算、分析与实验,探究得出影响风筝高飞的因素,而后学生可以采用创造性的思维制作风筝。这样的学习内容中,知识不是简单的识记,而是在不同的方案中,得到创造性的应用。

2. 逻辑性

项目化学习内容开发的逻辑性至关重要,因为逻辑性可以帮助学生建构知识,形成结构化思维,从而更好地理解和应用知识,提高学习效果。开发具有逻辑性的项目化学习内容,一要建立清晰明确的知识体系,让学生明晰要达到的目标。二要将知识分布到任务中,将整个项目任务分解成若干个小任务或阶段性任务,每个任务都有明确的逻辑关系和顺序,让学生循序渐进地掌握相关知识。三要设计学习问题以及相关学习工具,以培养学生思考问题、分析问题、解决问题的逻辑能力。

比如,科学组研发的"制作耳机"项目将大任务分为四个子任务。任务一是"明确原理,认识耳机",通过拆解培养学生的动手能力,帮助学生认识扬声器的结构并分析原理,为后续制作耳机做铺垫。任务二是"利用材料,制作耳机",通过理论认识,引导学生做出初步的实物模型,培养学生的自学能力和方案设计能力。任务三是"外接信号,调试耳机",对产品进行评估,发现问题,进行多次调试改进,让学生在亲身实践中提高实践能力和创新能力。任务四是"依据质量,评价耳机",该环节的重要作用是提升学生分析和制作产品的能力,同时也引导学生认识到经历过程比结果更重要。四个子任务循序渐进,最终实现耳机的制作。

3. 系统性

系统思维是把认识对象作为系统,从系统和要素、要素和要素、系统和环境的互相联系、互相作用中综合地考察认识对象。事物之间往往联动互通,看通系统内部的运作规律和发展方向,有助于掌握事物的本质、看清全局。就一个项目学习而言,学习内容的系统性体现在开发进阶式学习任务,这些任务可以以"问题链"的形式呈现出来,从而驱动学生的思维从低阶逐渐走向高阶,促进深度学习的实现。

本校三年级下册"欢迎来我们学校"项目以"为幼儿园小朋友们设计一条最佳校园参观路线"的问题解决为导向,基于真实情境,让学生经历

数据分析、路线设计、实践体验、迭代优化等一系列学习任务,学生要综合运用多学科知识,从而培养信息提取、综合应用、合作交流等能力。比如学生在分析要素时,要站在全局立场,运用系统思维得出参观时长、兴趣、行走速度、路线规划等相关的要素。

(三)面向全人教育

全人教育的目的是培养学生成为有道德、有知识、有能力,和谐发展的"全人"。人格培养是未来教育发展的必然趋势,我们称之为"人文心智关怀"。人文心智关怀能促使每个孩子养成自信、独立的性格,形成自己解决问题的策略。正如蔡元培所言:"教育是帮助被教育的人,给他能发展自己的能力,完成他的人格,于人类文化上能尽一分子的责任。"基于面向全人教育开发学习内容,要考虑以下三点:

1. 协调发展

2022年版新课标指出,要聚焦中国学生发展核心素养,培养学生适应未来发展的正确价值观、必备品格和关键能力,引导学生明确人生发展方向,成长为德智体美劳全面发展的社会主义建设者和接班人。通识教育的跨学科整合学习是成为达成全人教育的重要途径。跨学科学习的核心内涵是"整合",根本功能是育人,以生活为基础,以学科实践活动为主线,以主题为引领,以学习任务为载体,整合学习内容、情境、方法和资源。

以"水浒人物文化衫设计与制作"中的跨学科目标及其资源为例,项目组整合语文、美术两个学科的核心知识,引导学生完成"水浒文化衫"的设计与制作,并对水浒中的忠义文化作了道德上的思辨,这不仅可以激发学生关心社会的意识,更可以培养他们"发现问题—分析问题—解决问题"以及沟通协调等能力,实现了道德、知识和能力的协调发展。

2. 人文精神

面向全人教育,是引导学生加深对人、自然、社会的关爱,从而提高他们的社会责任感。例如,"水浒人物文化衫设计与制作"项目中,选取了"00后、90后青少年阅读古典名著"这一社会现象作为切入点,并以此为契机设计驱动性问题,以引导学生解决问题。这样的学习内容值得我们关注,并应用到教学中。

再比如,"书包减重大作战"从生活真实情境入手,带领孩子们发现问题(书包很重),提出问题(怎样给书包减重),解决问题(通过数学方法判断书包超重问题,用数学思维分类超重要素,科学合理地为超重书包制定减重方案)。学生兴趣浓厚,思维活跃,从养成良好的收纳习惯、设计轻便书包等多方面提出了切实可行的方案。在实践过程中,我们激发了学生积极参与学校生活的意愿,培养了学生热爱校园、热爱生活的态度。在开发内容中,我们应当关注人文精神的培养,从而更好地发展面向全人的教育。

3. 高峰体验

在罗杰斯的教育理想中,他想培养的是"躯体、心智、情感、心力融为一体"的人,也就是既用情感的方式思考又用认知的方式行事的知情合一的"完人"或者"功能完善者"。这便是全人教育的主旨。由此可见,在学习过程中,如果学生有"高峰体验",能获得成就感、愉悦感,就能激发生命活力,这应该成为我们的终极追求。因此,从这个层面上而言,选择能激发生命愉悦感的资源就至关重要了。

"水浒人物文化衫设计与制作"中,通过引入了"文化衫"这个载体资源,让学生去设计和制作,在不断修改的过程中,学生不仅深入阅读了古典小说《水浒传》,更体会到制作文化衫的快乐。当他们把自己的设计成品穿在身上时,就是一种"高峰体验"(见图4-3)。

图4-3　学生水浒人物文化衫设计成果展示

第二节 内容开发的类型路径

上一节阐述了项目化学习内容开发的基本原则,本节我们针对学校项目化学习内容相对匮乏的问题,结合项目化学习的原则、课程标准、教材要求以及学校实际,阐述项目化学习内容开发的类型和路径,从内容类型、年段规划和开发路径三方面阐述项目化学习内容开发的类型和路径。

一、内容类型

项目化学习的内容围绕学科学习和日常真实问题进行筛选,从对人、自然、社会的关怀角度出发,旨在培养学生的逻辑性思维、批判性思维和创新性思维等学科核心素养。本校从学生学习中遇到的学科问题、自我成长过程中的生活问题、当下社会普遍关心的热点问题三个角度来确定项目化学习内容,分别挖掘出了"个人小兴趣""身边小关怀"以及"社会大事件"这三类项目化学习内容。

(一)个人小兴趣

根据孩子的个人兴趣开展项目化学习,能激发学生的求知欲望。将项目化学习内容中抽象的、概念化的本质问题转化为有趣的、情境性的驱动性问题,有助于吸引学生的注意,从而能更好地驱动学生积极并主动投入项目化学习活动中。

比如,初中科学的项目"制作简易照相机"和"制作简易望远镜"是学生非常感兴趣的主题。这些项目以学生已有的认知水平为基础,结合学科学习内容"凸透镜成像规律",小组合作设计并制作属于自己的照相机和望远镜,从而发展学生的学科核心素养。

再比如,故宫博物院围绕馆藏文物,与综艺《上新了,故宫》联手,推出"故宫文创产品",让沉睡的文物重获新生,颇受青年一代追捧。学校借此开展"水浒人物文化衫设计与制作"活动,将语文和美术两个学科融合起来,充分关注学生的兴趣爱好(文创产品)、热门话题(综艺节目)和名著特质(古典小说),新鲜感十足,让学生产生阅读期待,从而激活探究欲和好奇心,为深入研读做铺垫,起到事半功倍的效果。

(二)身边小关怀

开展项目化学习时,引导学生关怀身边的事物,能满足学生的精神需求。"身边小关怀"是对人的生存、发展、幸福的关切与尊重,让学生用关怀的眼光发现问题,用创新的意识解决问题,享受帮助他人、贡献社会、实现自我价值的积极体验。

学校的大型关怀与创造项目化课程"运动会场上的关怀"以校运会为现实场景,让学生尝试从不同人的角度交流运动会中的感受,从人的需求出发解决问题,多角度地寻求创新解决方案,通过创造性思考和运用各种工具制作原型,最终获得作品,并提出一些有助于完善、迭代作品的问题。

(三)社会大事件

选择社会的热点事件开展项目化学习,能培养学生的责任意识。社会大事件具有广泛的关注度和讨论价值,学生会在生活中进行自发的思考和表达,形成对热点问题的初步认识和探究欲望。例如四年举办一次的奥运会、亚运会等,是学生进行项目化学习的重要资源。

我们围绕"家庭防疫新生活"这个主题,形成了家庭自制防护口罩、疫情防控下家庭蔬菜种植园的设计与搭建、家庭自制消毒用品等覆盖小学到初中的三个项目。这三个项目被浙江省STEAM项目学习资源平台选取为范例进行全省推广。

"制定一日最优观赛计划"项目化活动,从时事热点"亚运会"入手,带领孩子们以"如何制定一日最优观赛计划"为驱动任务,使学生经历信

息搜集、数据分析、合理规划、优化迭代等一系列的活动。"杭州园林电子旅游宣传册制作"以吸引亚运会期间世界各国友人游览杭州园林为真实问题情境,以"如何准确且生动地介绍事物"为核心概念,引导学生创造性地进行社会实践。"寻找杭州亚运场馆里的黄金密码"项目化学习活动让学生走进亚运场馆,实现从课内转到课外,立足科学学科概念与能力,让学生从多学科视角设计和制作运动场馆的屋顶。

二、年段规划

为发展学生思维的连续性,激发学生学习的内驱力,培养学生的探究力和创造力,本校在项目化实践中发挥九年一贯制的优势,将九年的学科课程进行一体化建设,建构了大学科、大主题项目化学习内容,以培养学生的核心素养。各个学科项目化学习分别进行了"全学段、序列化"的设计和应用,不论是学科项目化还是跨学科项目化都依据学科课程标准和国家基础性课程(教材),聚焦学科核心素养,通过各教研团队整合、重构、重组基础性课程内容、连接生活、意义联系等方法,构建一至九年级全学段项目化学习系列内容。

(一)初阶学段

学生围绕某一学科主题,通过"分析—设计—建构—应用"的流程参与项目学习。首先,学校将3—4年级作为项目化学习的初阶学段,重在激发学生兴趣、鼓励观察体验。此学校的项目大部分都是基于学科项目化学习开发内容,做好项目化学习的启蒙。

初阶学段的语文项目化学习基于语文学科学习,观察人、自然、社会积极思考,通过书面或口头方式在真实情境中尝试运用语文并结合其他学科知识初步解决问题。在整合教材知识的基础上根据学情合理布置项目学习实践活动。在学生实践的过程中,提高语言文字运用能力,提升核心素养(表4-4)。

表 4-4　初阶学段语文项目化学习内容开发举隅

年级	核心知识	项目主题	资源设计			关键能力
^	^	^	课标要求	教材资源	学习目标	^
三年级（上）	想象文字中的壮美山河	跟着课本游	阅读描绘大自然、表现人类美好情感的诗歌、散文等文学作品，结合自己的生活体验，尝试用文学语言表达自己热爱自然、珍爱生命的情感。	统编教材三上第 6 单元	1. 阅读选文和补充性材料，关注并积累新鲜的词句，能想象词句背后的"美丽山河"。 2. 朗读课文，摘抄句子；借助泡泡图、课后习题等讨论、梳理关键语句所在的位置及作用，探究"美丽山河"的不同表达。 3. 尝试在习作中围绕关键句，运用新鲜词句描绘课本或书中介绍的祖国山河。	阅读鉴赏能力 积累运用能力 语言表达能力

第四章　项目化学习的内容开发

从"甜点"到"配餐"项目化学习的学校探索

续表

年级	核心知识	项目主题	资源设计 课标要求	资源设计 教材资源	资源设计 学习目标	关键能力
三年级（下）	读懂寓言故事，明白其中道理	走进寓言世界	阅读解决生活问题的故事，尤其是中华智慧故事，结合自己在生活中遇到的问题学习思考的方法，尝试运用列提纲、画思维导图等方式，表达故事中的道理。阅读中国古今寓言，学习其中蕴含的中华智慧，口头或书面分享自己获得的启示。	统编教材三下第二单元	1. 了解多样的寓言故事形式，搜集更多的寓言故事，初步认识寓言的文学形态，积淀寓言文化。 2. 借助注释及停顿读懂文言文，通过人物语言、动作、神态、心理读懂寓言故事中人物的行为和想法。 3. 联系生活经验，结合故事内容，明白寓言所蕴含的道理，并能联系生活中的人和事，表达自己的观点。	阅读鉴赏能力 把握内容能力 辨析评判能力
四年级（上）	关注主要人物和事件，学习把握文章的主要内容	责任担当，代代传承——我是保贝宣传员	阅读并讲述革命故事、爱国故事、历史人物故事，感受幸福生活来之不易，表达自己对美好生活的向往，以及对革命英雄、仁人志士崇敬之情。	统编教材四年级上第七单元	1. 在实践中认识到把握文章主要内容有助于准确理解课文内容。 2. 懂得可以根据文章题目、内容特点选择不同的方法，初步把握文章的主要内容。 3. 通过把握文章内容体会文章表达的思想感情。 4. 学会用书信与别人互通消息，交流情感。	阅读鉴赏能力 把握内容能力 创意表达能力

续表

年级	核心知识	项目主题	资源设计			关键能力
^	^	^	课标要求	教材资源	学习目标	^
四年级(下)	了解课文按一定顺序写景物的方法	我为山河美景代言	阅读描绘大自然,表现人类美好情感的诗歌、散文等文学作品,结合自己的生活体验,尝试用文学语言表达自己热爱自然、珍爱生命的情感。	统编教材四年级下第五单元	1. 借助图表梳理课文主要内容,学习作者按一定顺序写景的方法。 2. 聚焦印象深刻的美景,精读课文,发现作者修辞手法的运用、个人情感的融入等写作妙招,学会把景物特点写清楚、写生动。 3. 连接生活,绘制游览图。创意表达,小组合作,制作宣传片——为山河美景代言。	阅读鉴赏能力 积累运用能力 语言表达能力 创意表达能力

初阶学段的数学项目化学习基于数学学科学习,学生在(拟)真实情境和问题中,运用数学和其他学科知识,经历发现问题、提出问题、分析问题和解决问题的过程,感悟数学知识之间的联系。在学生实践的过程中,积累活动经验,形成和提升核心素养(表4-5)。

表4-5　初阶学段数学项目化学习内容开发举隅

年级	核心知识	项目主题	资源设计			关键能力
^	^	^	课标要求	教材资源	学习目标	^
三年级（上）	等量代换	曹冲真能称象？	以"曹冲称象"为依托，结合现实素材，感受并认识克、千克、吨，以及它们之间的关系，感受等量的等量相等，发展量感和推理意识，积累数学活动经验。	人教版三 上 P31—35	1. 感受并认识克、千克、吨，能进行简单的单位换算。 2. 理解等量的概念，尝试运用等量相等进行推理，培养推理意识。 3. 能针对具体问题与他人合作制定称重的实践方案，丰富度量的活动经验，提升量感。	量感 应用意识 推理意识
三年级（下）	位置与方向	欢迎来我们学校	能在平面图上根据给定的一个方向，辨认其余方向；结合实际情境进一步理解物体的空间方位及物体之间的位置关系，发展空间观念。	人教版三 下 P8—10	1. 通过设计"校园最佳参观路线"，初步学会在项目学习中综合运用方位相关知识，增强应用意识，提高实践能力。 2. 经历调研收集信息、设计参观路线、调整优化路线、发布实践路线的过程，提高分析问题和解决问题的能力。	数据分析 应用意识 创新意识

续表

年级	核心知识	项目主题	资源设计			关键能力
			课标要求	教材资源	学习目标	
四年级（上）	大数的意义	感受"亿"的魅力	引导学生进一步经历整数的抽象过程，知道大数的意义和四位一级的表示方法，建立数感。	人教版四上P33	1. 通过"数一数""量一量""称一称"等探究活动，让学生从不同的角度（长度、质量、时间、面积等）感受到一亿的大小。 2. 能结合实际，以具体的事物来表达对一亿大小的感受。	数感 量感 推理意识
四年级（下）	搭配与计算	舌尖上的美味	引导学生结合生活经验提出问题，通过经历调查研究、解决实际问题的过程，感悟设计调查方案的重要性；知道如何利用百分数等数学知识和科学、营养学等知识解决问题。	人教版四下P97—98	1. 根据营养午餐的基本指标，运用排列组合、统计的相关知识理解合理的营养午餐的标准。 2. 依据标准，设计营养午餐，养成科学的饮食习惯，感受数学的生活性与实用性。	数据分析 应用意识

初阶学段的英语项目化学习，通过结合并改编教材内容来开展英语学科学习，在拟真情境中，以多样化的动手实践活动为载体，引导学生查阅资料、交流分享，结合其他学科的知识，初步尝试在新情境中的迁移运用，解决简单的生活问题（表4-6）。

表4-6　初阶学段英语项目化学习内容开发举隅

年级	主题内容	项目主题	资源设计			核心素养
			课标要求	教材资源	学习目标	
三年级（上）	饮食与健康	家庭爱心早餐计划	本项目隶属于做人与做事这一主题群下的饮食与健康子主题内容，通过为家人准备早餐食物这一情境，交流简单的家庭信息，表达简单的早餐喜好等。能在教师指导下制订简单的计划，并付诸行动。	人教版三上第五单元 Let's eat! P46—52	1. 能运用句型"I'd like some…""Can I have some…"表达自己的爱心早餐需求； 2. 在为家人制作爱心早餐计划的情境下，运用"Have some…""Here you are"向家人提供爱心早餐。	语言能力 思维能力 学习能力
三年级（下）	饮食与健康	创意午餐沙拉	本项目在人与社会这一主题范畴下，学习了解和表达他人和自己对水果喜恶，增进同伴交往，相互帮助，乐于与他人共同完成制作任务。	人教版三下第五单元 Do you like pears? P46—52	1. 在区分水果的活动中理解健康而美味的水果应包含的主要特点； 2. 能与小组合作设计，并运用目标语言介绍组员和自己所喜爱的水果沙拉。	语言能力 思维能力 学习能力

续表

年级	主题内容	项目主题	资源设计			核心素养
^^^	^^^	^^^	课标要求	教材资源	学习目标	^^^
四年级(上)	校园环境与设施	未来教室我设计	运用图表、思维导图等工具归纳教室物品；围绕主题，用所学语言，以语篇的形式描述心中的未来教室，表达对自己学习之所的喜爱之情。	人教版四上第一单元 My Classroom P4—10	1. 能运用核心句型"This is ..." "It's near ..."简单介绍所设计的未来教室。 2. 对比国外教室，在情境中运用句型"Let's ..." "Let me ..."对未来教室提出自己的建议。	语言能力 思维能力 文化意识 学习能力
四年级(下)	天气与日常生活	保贝气象播报员	在人与自然这一主题范畴下的自然生态主题群下，通过天气与日常生活这一子主题内容的学习，用简单的语言介绍杭州天气的基本情况和给予相应的出行建议。	人教版四下第三单元 Weather P24—30	1. 在小组共同进行气象播报的准备过程中，通过互联网、书本等各种途径搜索资料，并根据收集到的数据为参加的国家和地区设计出行指南，提升学生的合作意识和团队协作能力。 2. 能综合运用掌握的词汇和句型介绍杭州天气并给出相应的出行指南建议。	语言能力 思维能力 学习能力

初阶学段的科学项目化学习基于科学学科学习，以地球系统、生命系统的构成层次，物质的运动与相互作用为研究主题，引导学生从实际生活出发，观察发现，查阅资料，结合科学知识提出假设，设计可行的方案进行实验，最后得出科学结论(表4-7)。

表4-7　初阶学段科学项目化学习内容开发举隅

年级	核心概念	项目主题	资源设计 课标要求	资源设计 教材资源	资源设计 学习目标	关键能力
三年级（上）	地球系统	制作天气日历	能读懂天气预报，学会使用仪器测量气象数据，并描述一天中的气温变化。	教科版三上3.7整理我们的天气日历	1.能坚持长期记录同一地区的气温、风力、风向、降水量等气象数据。2.识别常用的天气符号，理解天气预报用语。	实践操作 科学探究
三年级（下）	生命系统的构成层次	养蚕宝宝	识别常见的动物类别，描述某一类动物的特征。	教科版三下2.6蚕的一生	1.能坚持长期观察记录蚕一生的变化。2.知道蚕的生长发育需要适宜的温度、湿度、空气、食物以及生活空间。	实践操作 科学探究
四年级（上）	物质的运动与相互作用	制作小乐器	制作能产生不同高低、强弱声音的简易装置。	教科版四上1.8制作小乐器	1.能解释声音高低、强弱的改变与振动变化的关系。2.通过制作不同类型的乐器，学生能更加深入体会到声音的变化，感受到科学的探究过程。	探究实践 科学探究
四年级（下）	物质的运动与相互作用	模拟安装照明电路	知道电源、导线、用电器和开关是构成电路的必要元件；说明形成电路的条件，以及切断闭合回路是控制电流的一种方法。	教科版四下2.8模拟安装照明电路	1.会设计房间照明电路，并能根据设计图纸完成制作。2.经历工程设计全过程：明确问题、确定方案、设计制作、改进完善。	探究实践 科学探究

202

在初阶学段综合实践项目化学习中,学生能从个体生活、社会生活及与大自然的接触中获得丰富的实践经验,形成并逐步提升对自然、社会和自我之间内在联系的整体认识,学生亲身经历各项活动,在"实验""探究""设计""创作""反思"等过程中进行"体验""体悟""体认",在全身心参与的活动中,发现、分析和解决问题,体验和感受生活,发展实践创新能力(表4-8)。

表4-8 初阶学段综合实践课程项目化学习内容开发举隅

年级	核心知识	项目主题	资源设计				
^	^	^	教材资源	学习目标			
^	^	^	^	价值体认	责任担当	问题解决	创意物化
三年级	常见植物的种植与养护	容器花园扮校园	劳动三下小农神种植园	具有积极参与学校生活的意愿,培养热爱校园、热爱生活的态度。懂得遵守公共空间的基本行为规范。	能明确活动任务,学会小组合作,认真完成活动任务。主动参与校园建设。	能在教师的引导下,结合校园里的现象,发现并提出自己感兴趣的问题,体验研究的过程与方法。	通过动手操作实践,运用常见、简单的信息技术、劳动技术解决实际问题,形成有意义的作品。
四年级	电路与创意开关设计	点亮红色校史	信息科技四上数据证明观点、劳动四上校园标志牌我设计、劳动四下小贺卡大心意	具有积极参与学校和社区生活的意愿,增强对学校的认同感和自豪感。理解并遵守公共空间的基本行为规范,初步形成集体意识。	能积极承担活动任务,与组员团结协作,认真完成活动任务,积极参与到认识学校、建设学校、宣传学校中去。	能在教师引导下,结合校园实际情况,发现并提出自己感兴趣的问题,通过采访寻找答案,体验研究的过程与方法。	通过动手操作实践,初步掌握手工设计与制作的基本技能;学会应用信息技术,设计并制作相对简单的有意义的作品。

203

(二)进阶学段

5—6年级是项目化学习的进阶年级,这一学段要求学生能从生活实际情境出发设计方案,鼓励学生动手探究,制作创造,能够形成初步的设计思维和研究思维,能够科学地表达与输出,有一定比例的物化成果。

进阶学段语文学科通过项目式学习,架起作品与孩子理解和认知之间的桥梁,激发学生阅读文学作品的兴趣,引导他们理解文学作品的精髓。在项目实践中了解文章的表达顺序,体会作者的思想感情,初步领悟文章的基本表达方法。尤其以阅读整本书为主线,把握文本的主要内容,积极向同学们推荐并说明。感受不同媒介的表达效果,学习跨媒介阅读与运用,初步运用多种方法整理和呈现信息(表4-9)。

表4-9 进阶学段语文项目化学习内容开发举隅

年级	核心知识	项目主题	资源设计			关键能力
			课标要求	教材资源	学习目标	
五年级(上)	了解课文内容,创造性地复述故事	民间故事会	在阅读过程中能获取主要内容,用朗读、复述等自己擅长的方式呈现对作品内容的理解,根据自己的阅读理解提出问题并与他人交流。	统编教材五上第3单元	1. 能产生对民间故事的阅读兴趣,了解民间故事口耳相传的基本特点和老百姓向往美好生活、讴歌正面人物的朴素愿望,愿意主动接触民间故事。 2. 能够运用上一单元快速阅读的方式,快速了解故事,能够理解并且能有条理地说出故事中主要情节。 3. 在了解故事内容的基础上,掌握一种或多种创意性复述的方式。能积极主动地将自己的创意复述给同学或者亲人听。	把握内容能力 口语交际能力 创意复述能力

续表

年级	核心知识	项目主题	资源设计			关键能力
			课标要求	教材资源	学习目标	
五年级（下）	初步学习阅读古典名著的方法	读四大名著，品百味人生	阅读整本书，把握文章的主要内容，积极向同学推荐并说明理由。	统编教材五下第二单元	1. 能初步了解阅读古典名著的方法，把握课文的主要内容，感受主要人物的性格特点。产生阅读中国古典名著的兴趣，乐于与大家分享课外阅读的成果。 2. 能够灵活运用联系上下文、借助资料等方法阅读古典名著。	阅读鉴赏能力 把握内容能力 梳理信息能力
	感受汉字的趣味，了解汉字文化	遨游汉字王国	感受汉字的构字组词特点，体会汉字蕴含的智慧。初步了解查找资料、运用资料的基本方法。尝试写简单的研究报告。	统编教材五下第三单元	1. 了解汉字历史与文化，产生主动探索汉字的兴趣，增强对中国文化的认同与热爱。 2. 掌握并能运用查找图书、网上检索、请教他人等搜集资料的方法了解汉字知识、渊源等，并撰写简单的调查报告。	阅读鉴赏能力 把握内容能力 梳理信息能力
六年级（上）	借助相关资料，理解课文主要内容	我心中的鲁迅先生	参加文学体验活动，能够围绕我心中的鲁迅先生发现问题，搜集整理相关的观点与看法，结合学习积累和经验，初步形成自己的理解和认识。	统编教材六年级上第八单元	1. 阅读文章，借助拓展阅读内容及相关资料，根据鲁迅的不同身份，体会人物的性格特点、内心世界、精神品质等。 2. 结合资料，梳理、筛选、了解鲁迅的不同形象，表达对鲁迅的喜爱和崇敬之情。 3. 制作展览板，在校园里宣传鲁迅精神。	阅读鉴赏能力 感悟文本情感能力 概括文本内容能力 搜集、整理信息能力

第四章　项目化学习的内容开发

205

在能力培养上，进阶学段数学项目更强调培养学生解决真实世界中复杂问题的能力，充分开展小组合作、实践操作、汇报交流和成果迭代等活动。学习主题内容相较初阶学段更具有综合性、开放性、生成性，强调学生主体地位和创造力培养（表4-10）。

表4-10　进阶学段数学项目化学习内容开发举隅

年级	核心知识	项目主题	资源设计			关键能力
			课标要求	教材资源	学习目标	
五年级（上）	统计与计算	书包减重大作战	知道数据蕴含的信息，根据问题背景确定数据收集、整理和分析的方法。能综合运用各学科知识给书包减重提出合理的解决方案，提升数据意识。	人教版五上第一单元小数乘法P2—6	1. 通过收集、整理、分析相关信息，发现书包超重的现实问题。 2. 通过合作探究、集体交流，用数学的方法设计给书包减重方案并实践操作，解决问题。 3. 感受数学与生活的紧密联系，养成合理收纳的良好习惯。	数据意识运算能力应用意识
五年级（下）	图形与几何	我的专属垃圾收纳盒	认识长方体、正方体特征，了解它们的展开图。会计算长方体、正方体体积，能用相应的公式解决实际问题，提升数感、量感和空间观念。	人教版五下第三单元长方体和正方体P18—32	1. 通过测量有用数据，计算容积等活动，提高主动获取信息能力、立体图形体积计算能力。 2. 经历探究求出较大容积的过程，培养学生推理意识和数学表达能力。 3. 在美化、题词等过程中提高学生综合运用多种学科知识解决实际问题的能力。	几何直观推理意识应用意识

续表

年级	核心知识	项目主题	资源设计			关键能力
			课标要求	教材资源	学习目标	
六年级（上）	测量与计算	解密风筝	知道多边形面积计算方法，能用合理的方法和合适的工具度量质量和面积。能运用比的知识解决实际问题，提高数感、量感、几何直观和空间观念，推理意识等核心素养。	人教版六上第四单元比P46	1.能合理选择测量和称重工具，获得相应数据，发展学生的数感和量感。2.能灵活运用方法，解决多边形面积计算问题，培养学生的几何直观和运算能力。3.通过数据对比分析、合理推断荷翼比，用比的知识解决问题，培养概括归纳、迁移运用的能力。4.通过解密风筝活动，了解和领悟中华民族独特的数学智慧，增强文化自信和民族自豪感。	数感量感运算能力推理意识应用意识
六年级（下）	图形与几何	完美的水杯	认识长方体、正方体、圆柱等立体图形的特征和展开图，能运用公式计算体积，提高数感、量感和空间观念。	人教版六下第三单元圆柱和圆锥P16—25	1.通过测量、绘制草图、计算体积等过程，发展学生的数感和量感。2.经历纸模制作过程，丰富学生的直接经验，提高学生的动手实践能力。3.通过发布会等活动，提升学生的数学表达能力。	数感运算能力空间观念应用意识创新意识

进阶学段英语项目化学习聚焦生活，关注创意活动设计，引导学生自主搜集、整合资料，交流成果，借助语言来理解和创意表达，锻炼学生

的英语思维能力,促进其对单元大观念的理解和内化,最终实现"课程育人"(表4-11)。

表4-11 进阶学段英语项目化学习内容开发举隅

年级	主题内容	项目主题	资源设计 课标要求	资源设计 教材资源	资源设计 学习目标	核心素养
五年级(上)	自然景观	探寻我心中的"桃花源"	在自然生态这一主题群下,理解"人与自然相互依存,绿色生活的理念和行为"这一主题内容;同时,通过我心中的桃花源这一项目,关注和热爱家乡自然景观,渗透参与自然生态建设发展的情感、态度和意图等,涵养家国情怀。	人教版五上第六单元 In a nature park P58—63	1.能在探寻桃花源的过程中,运用句型"Is there…""Are there any……"了解桃花源中的具体情景。 2.能使用"There be……"句型介绍大家心目中的桃花源。	语言能力 思维能力 文化意识 学习能力
五年级(下)	自然生态	杭州四季我介绍	本项目属于人与自然这一主题范畴下的自然生态主题群,通过对季节的特征与变化、季节与生活等子主题内容的学习,向外国友人介绍家乡的四季美景,宣传杭州的亚运盛况。	人教版五下第二单元 My Favourite Season P14—20	1.能通过生活实践观察、查找资料、分析讨论、组内交流,总结出杭州的四季特色。 2.能够有逻辑地表达自己喜爱的杭州季节。 3.能对同伴的项目成果展示提出自己的看法。	语言能力 思维能力 文化意识 学习能力

续表

年级	主题内容	项目主题	资源设计			核心素养
			课标要求	教材资源	学习目标	
六年级（上）	情绪与情感	爱的树洞	积极开发与合理利用学生资源，如他们的情绪资源、思想资源和情感体验等；引导学生用所学语言与他人交流信息，表达自己的情感态度。	人教版六上第六单元 How do you feel? P58—62	1.能用简单词组表达自己、他人或动物的各种情绪和心理状态，并对疏导他人情绪提出建议。2.渗透不以自我为中心、关爱他人、为他人所想等的情感态度教育。	语言能力 思维能力 学习能力
六年级（下）	中国典故	经典创意，塞翁再现	通过中国传统戏剧故事展演，了解故事寓意，以及丰富多样的中国文化内涵，并向外国友人介绍中国文化，坚定文化自信。	人教版六下复习单元 Short plays P62—68	1.能在教师的帮助下表演塞翁失马的传统短剧；2.能在创编戏剧故事的过程中，利用戏剧性的英文语言环境，进一步发展表达技巧。	语言能力 思维能力 文化意识 学习能力

进阶学段的科学项目化学习运用学科知识解释生活现象，重点关注在提出假设、设计方案后，学生如何设计和制作。在实践中，注重学生之间的沟通和交流，引导他们得出结论并进行展示，从而使学生逐步形成跨学科知识运用的意识(表4-12)。

表4-12 进阶学段科学项目化学习内容开发举隅

年级	核心知识	项目主题	资源设计 课标要求	资源设计 教材资源	资源设计 学习目标	关键能力
五年级（上）	生物与环境的相互关系	健康毅行	列举睡眠、饮食、运动等影响健康的因素，养成良好的生活习惯。	教科版五上4.7 制订健康生活计划	1.能通过测量、调查、统计，分析自身生活习惯和外部环境因素对人体健康的影响。2.根据自身情况，制定健康生活计划，并付诸行动。	实践操作 科学探究
五年级（下）	工程设计与物化	制作一艘小船	利用工具制作简单的实物模型，根据实际反馈结果进行改进并展示。	教科版五下2 船的研究	1.利用身边的材料，设计并制作一艘能载重50g，并能直线航行的小船。2.通过设计制作，领会到工程的核心是设计。	科学探究 探究实践
六年级（上）	物质的运动与相互作用	自制小电动机	通过实验认识通电线圈周围存在磁场。	教科版六上4.6 神奇的小电动机	1.电动机原理：电产生磁，利用磁的相互作用推动转子转动。2.通过制作，学生更加深入了解电动机的原理，感受科学探究过程。	实践操作 科学探究 探究实践
六年级（下）	工程设计与物化	制作一座塔	利用工具制作简单的实物模型，根据实际反馈结果进行改进并展示。	教科版六下1 小小工程师	1.利用合适的材料，设计并制作一座指挥塔。2.通过设计制作，领会到工程的核心是设计。	科学探究 探究实践

进阶学段的美术项目化学习以核心素养为主线,引导学生积极参与各类艺术活动,感受美、欣赏美、表现美、创造美,从而丰富学生的审美体验,充分发挥艺术课程在培育学生审美和人文素养中的作用。我们还倡导"用中学""做中学""创中学"的理念,将美育浸润在项目学习中,使学生获得独特的审美感知与实践体验,凸显学生的个性和创造力(表4-13)。

表4-13 进阶学段美术项目化学习内容开发举隅

年级	核心知识	项目主题	资源设计			关键能力
^^^	^^^	^^^	课标要求	教材资源	学习目标	^^^
五年级(上)	装点我们的生活	民族纹样的设计应用	了解"实用与美观相结合"的设计原则,为来杭州参加亚运会的各国友人设计香囊,体会设计能改善和美化我们的生活。	生活中的民族纹样	1.初步了解民族纹样在香囊中的应用,认识其内容美、寓意美、色彩美和形式美。 2.学习民族纹样的基本特征、规律,运用民族纹样的元素进行香囊的设计练习。 3.学生认识到民族纹样在生活中的广泛运用,培养热爱传统民族艺术的情感,了解传承传统的民族艺术。	审美感知能力 创意实践能力 艺术表现能力

从"甜点"到"配餐"项目化学习的学校探索

续表

年级	核心知识	项目主题	资源设计			关键能力
^	^	^	课标要求	教材资源	学习目标	^
五年级(下)	感受中外美术的魅力	在探访故居中认识一位画家	学会运用造型元素、形式原理和欣赏方法,欣赏评述艺术家的作品,感受中外美术作品的魅力。	画家故居	1.通过参观、探访当地画家故居,了解画家的生平及其对我国近代美术发展的贡献,感受他们的艺术地位及成就。2.运用观察、欣赏、比较、分析、探索等方法鉴赏画家的作品,了解画家的艺术风格。3.感悟画家为追求艺术而不懈努力的精神,以及他们所达到的思想境界。	审美感知能力 文化理解能力
六年级(上)	融入跨学科学习	保实商业街	注重感知体验,营造开放的学习情境,引导学生亲近自然、感受生活,让学生全身心地参与其中,焕发积极情绪,获得审美直觉和美感体验。	街市新貌	1.调查家乡特色街的文化艺术成果,并感知环境设计与生活的关系。2.学会选用适宜的纸质材料,从美术设计的角度,与同学合作制作"保实商业街"的局部平面图。3.通过综合探索感受家乡日新月异的变化,培养热爱家乡的积极情感。	艺术表现能力 创意实践能力

212

续表

年级	核心知识	项目主题	资源设计			关键能力
^	^	^	课标要求	教材资源	学习目标	^
六年级(下)	融入跨学科学习	探寻竹之美，感受竹之韵	能运用不同的造型方法对竹的形态特征及精神内涵进行创意表达，能利用竹制作工艺品，体会传统竹编工艺的内涵与意义。	竹	1.了解竹子的结构形态特征及精神品质，能用绘画的方式表现竹子。感受中国传统的竹文化，了解竹制品的制作工艺，并欣赏评述。 2.结合诗画赏析探究文人画中竹的造型表现方法以及借物托情的情感表达。 3.欣赏不同的竹制工艺品，用语言表达对作品的认知，提高审美能力，动手尝试，体验竹的编织工艺。	艺术表现能力 文化理解能力

在能力培养上，进阶学段综合实践项目面向学生的整个生活世界，具体活动内容更具开放性。教师基于学生的已有经验和兴趣专长，打破学科界限，选择综合性活动内容，鼓励学生跨领域、跨学科学习，为学生自主活动留出余地。学生把自己成长的环境作为学习场所，在与家庭、学校、社区的持续互动中，不断拓展活动时空和活动内容，使自己的个性特长、实践能力、服务精神和社会责任感不断获得发展(表4-14)。

表4-14 进阶学段综合实践课程项目化学习内容开发举隅

年级	核心知识	项目主题	资源设计					
			教材资源	学习目标			
				价值体认	责任担当	问题解决	创意物化
五年级	小木工基础与传动结构	亚运盒子——利用机械结构模拟运动项目	劳动五上传统玩具我制作、劳动五上LED用处大	自觉遵守公共空间的基本行为规范,养成热爱生活的态度,积累适应未来的能力与经验,产生对中国共产党的朴素情感和民族自豪感。	积极主动承担活动任务,团结协作,提升对家乡的责任感以及对家乡的主人翁意识,能主动关注社会问题,具有初步的社会责任担当意识。	能在教师的引导下,结合生活实际,通过调查分析发现问题,应用工程设计原理设计方案、解决问题、实现想法。	通过动手操作实践,综合运用基本的信息技术、劳动技术解决问题,设计与制作有一定创意的有价值的作品。
六年级	利用同理心地图发现真实需求	玩转校园——为一、二年级同学设计课间玩具	劳动六年级社区娱乐设施设计	自觉遵守公共生活规则,具有热爱生活的态度,主动积累适应未来的能力与经验,形成集体思想、组织观念,产生对中国共产党的朴素感情和民族自豪感。	积极主动承担活动任务,团结协作,认真完成任务,提升对学校、社会的责任感以及对地球家园的主人翁意识,尊重并保护自然与社会环境。	能在教师的引导下,对一、二年级同学进行采访调研,发现并提出问题。能将问题转化为研究小课题,综合运用多种方法和多种工具尝试解决问题。	通过动手操作实践,综合运用基本的信息技术、劳动技术等学科知识技能解决问题,设计与制作有一定创意的作品,服务于学习和生活。

(三)提升学段

提升学段(7—9年级)重在培育高阶思维,注重学科融合,引导学生在跨学科协作学习中运用知识技能,公开展示项目成果,感受创造性项目成果对于现实世界的影响,形成对未来学习方向及职业规划的初步意识。提升学段的学生在参与项目化学习中,应有明确的学习目标,更加注重自我决策,能够表达、修正自己的解决方案,通过反思和复盘来提升作品质量,并公开展示小组作品或成果,以此来提升学科核心素养。

提升学段语文学科项目化学习,引导学生在语文实践活动中,通过倾听、阅读、观察来获取和整合有价值的信息,并有效传递信息;感受文学语言和形象的独特魅力,获得个性化的审美体验;了解文学作品的基本特点,欣赏和评价语言文字作品,提高审美品位;学习科学探究方面的文本,围绕问题提出、探究过程、解决方法等进行专题式的探讨、演讲和写作;引导学生在广阔的学习和生活情境中学语文、用语文,提高交流沟通、团队协作和实践创新能力。同时,引导学生掌握问题探究的基本步骤和方法,学会提炼、表达、呈现学习成果,综合运用多学科知识解决实际问题(表4-15)。

表4-15　提升学段语文项目化学习内容开发举隅

年级	核心知识	项目主题	资源设计			关键能力
^	^	^	课标要求	教材资源	学习目标	^
七年级(上)	抓住特点写人物	追风趁年少	提高语言文字表达能力，增强在具体语言情境中正确有效地运用祖国文字进行交流沟通的能力，增强文化素养。	统编版第二单元写作专题	1. 通过借鉴名家和微观描写的方式,学习人物描写的技巧。 2. 通过采访收集写作素材,利用矩阵图分析写作要素,运用写人技法进行人物描写,并依据学生共建的评价量规进行迭代升级。培养收集、梳理、辨别、整合信息与评判性思维的能力。 3. 在成果输出的过程中,提升准确表达与高效合作的能力。培养在具体情境中解决问题的能力。	语言表达 审美能力 创新能力 交流能力 合作能力

续表

年级	核心知识	项目主题	资源设计			关键能力
^	^	^	课标要求	教材资源	学习目标	^
七年级（下）	说明文内在的逻辑性	追溯活字印刷，感受非遗魅力	诵读古诗文，阅读浅易的文言文，有意识地在积累、感悟和运用中提高自己的欣赏品位和审美情趣。	统编版七下第六单元《活板》	1.借助多元化的学习载体和学习工具，积累一定的文言词汇，把握文章内容，理清文章结构，了解活字印刷的制作过程、印制效果；同时学会迅速提取说明类文章主要信息的方法。 2.通过印刷区布置时产品的最优选择，把握、理解说明文内在的逻辑性和活字印刷"活"的主要特点；利用便签式头脑风暴、班级交流评价等多种形式，培养信息整合与思辨性阅读与表达能力。 3.联系现实生活，围绕主题，感受古代劳动人民的高超智慧和创造才能，了解中国文化，增强文化自信，初步形成文化自信、语言运用及思维能力等方面的核心素养。	梳理与探究 阅读与鉴赏 审美与创造

续表

年级	核心知识	项目主题	资源设计			关键能力
^^^	^^^	^^^	课标要求	教材资源	学习目标	^^^
八年级(上)	山水文言文的写景方法和抒情特点	山水文言鉴赏师的独家手册制作	诵读古诗文,阅读浅易的文言文,有意识地在积累、感悟和运用中,提高自己的欣赏品位和审美情趣。	统编版八上第三单元山水文言	1.通过"我是绘景师""我是鉴景师"的学习活动对山水文言进行全面复习,结合写景的典型语句复习巩固重点字词句的含义,回顾总结景物画面描绘及其特点概括、写景的角度和方法。 2.通过"我是悟景师"的学习探究活动,回顾作者寄寓在景中的情感,深入把握古代山水文言的情感类型和方法,理解并把握古代文人寄寓在山水之中的文化内涵。 3.通过赏析课外文言,能将鉴赏景物的方法和策略转化成实际运用,实现能力的迁移运用。 4.能够准确生动阐述项目成果和迭代升级过程,养成自主表达、交流、评价的习惯,形成综合性、创新性的思维方式,把理解引向深处,提升素养,获得成就感与审美情趣。	积累与运用 梳理与探究 阅读与鉴赏 审美与创造

续表

年级	核心知识	项目主题	资源设计			关键能力
^	^	^	课标要求	教材资源	学习目标	^
八年级（下）	学会游记写作	"杭城印记"旅游手册编制	提高语言文字表达能力，提高在具体语言情境中正确有效地运用祖国文字进行交流沟通的能力，增强文化素养。	统编版八下第五单元写作专题	1. 以八下第五单元为学习依托，了解游记的特点，把握游记三要素：所至、所见、所感。 2. 通过学习，了解写景的方法，并在游记三要素基础上进行总结归纳，整理出游记写作的评价量表1.0版本。 3. 通过实地探访和借助网上资源，对选择的景点资料进行搜集和整理，并根据量表，写出具有杭州印记的游记作文。 4. 根据量表进行审稿评议，在项目的合作实践中，进一步优化细化写作评价量表，形成2.0版本。根据量表，再度修改游记作品以提高其质量，形成图文并茂的带有杭州印记的游记作文，最后编制成册，形成项目成果。	语言表达能力 审美能力 创新能力 交流能力 合作能力 自主发展的能力

数学学科根据学科的特点，将项目化学习与学科内容"数与代数""几何图形""概率统计"相结合，并对六个学期的内容进行了规划。七年级学习的内容以"数与代数"为主，从数到式的扩充，感受数式通性。八年级以"概率统计"为主，八年级学生已经学习了大部分统计知识，能够利用大数据进行分析，解决实际问题。九年级以"几何图形"为主，九年级学生已经学习了整个初中阶段的平面几何知识，初步具备了利用几何直观与逻辑推理解决实际问题的能力。在三个年级的项目化学习设计

中,都设计了建模的课程,其中方程、不等式、函数等都是实际生活中重要的模型,以此来培养学生的模型观念(表4-16)。

表4-16 提升学段数学项目化学习内容开发举隅

年级	核心知识	项目主题	资源设计 课标要求	资源设计 教材资源	资源设计 学习目标	核心素养
七年级(上)—九年级(上)	代数式的值、代数式、数据统计与分析、二次函数	拼插中的数学:谁的小车跑得远?	通过学科整合,学生能在实际问题中应用数学知识对科学中的现象进行理论的计算,并能对实际问题中产生的大量数据进行统计和分析。	浙教版七上:第四章代数式、浙教版七下:第六章数据与统计图表、八下:第三章数据分析初步、九上第一章二次函数	1.通过比赛结果,探索影响小车滑行距离远近的因素; 2.利用数学代数式、二次函数等相关知识分析比赛情境,获得问题解决的经验; 3.通过分析实验数据,绘制统计图,在问题解决中培养问题解决意识和大数据意识。	数据观念 空间观念 运算能力 模型观念
七年级(下)	正方体的表面积、幂的相关运算法则	走近纳米材料,争做运动校服设计师	数学的课程要培养学生核心素养,是学生会用数学的眼光观察现实世界,会用数学的思维思考现实世界,会用数学的语言表达现实世界。	浙教版七下第三章整式的乘除	1.对正方体进行不同方式的切割,直观感受正方体的图形变化; 2.通过计算表面积探究变化规律; 3.通过纳米材料原料价格昂贵,但纳米衣服售价便宜的数学问题,激发学生对数学的好奇心,吸引学生主动参与数学探究活动。同时,在解决问题的过程中,引导学生设想纳米材料今后在其他领域运用的可能性,发展学生创新意识和应用意识。	空间观念 创新意识 运算能力 应用意识

续表

年级	核心知识	项目主题	课标要求	教材资源	学习目标	核心素养
八年级（上）	一次函数、一元一次不等式、一元一次方程	时间管理大师之排队问题初探	从学生的现实需求出发，发展学生的数学眼光，培养学生能够在实际情境中发现和提出有意义的数学问题，进行数学探究的能力。	浙教版八上第五章一次函数	1.基于所研究的排队问题，引导学生抽丝剥茧，抽出问题内核与相关影响因素，从而探究自然现象或现实情境中所蕴含的数学规律，经历数学"再发现"的过程； 2.经历规划与实践的过程，在用数学方式解决实际问题的基础上，结合信息技术知识展开研究，感悟数学与生活、数学与其他学科的关联，发展学习能力、实践能力和创新意识增强； 3.总结并优化策略，在思维不断完善的前提下，培养和发展数学的表达与交流能力，增强应用与实践意识。	抽象能力 运算能力 数据观念 模型观念 应用意识 创新意识

续表

年级	核心知识	项目主题	资源设计			核心素养
			课标要求	教材资源	学习目标	
八年级（下）	数据的收集与整理、统计图表整理和描述、数据统计量表述数据分布的特征和规律	BMI指数与体质健康	知道抽样调查的必要性和简单随机抽样的特点。能绘制、读懂统计图表；能计算一组数据的中位数、众数、加权平均数、方差，知道这些统计量反映的特征和规律。知道样本与总体的关系，能用样本平均数估计总体平均数，能用样本方差估计总体方差。	浙教版七下第六章数据与图表、八下第三章数据分析初步	1.学生借助计算机的统计功能对真实数据进行分析，求出相应统计量并利用统计量分析数据以图表的形式实现数据可视化；2.学生会用统计的知识、信息技术来解决问题，通过本节课活动调查、撰写调查报告综合实践活动的形式，有意识地利用数学概念和原理解决现实世界的问题；3.学生在数学活动中独立思考，提出问题，利用已有知识得到新的结论，并最终以活动交流和调查报告的形式呈现。	数据观念模型观念应用意识创新意识
九年级（上）	二次函数	数学与音乐	结合现实生活中的真实情境(音乐)，通过模拟情境和数据收集，引导学生在描点、拟合的过程中确定合适的函数类型，建立函数模型，并运用到实际问题的解决中。	浙教版九上第一章二次函数	1.能发现问题并选择适合自己完成的问题；2.能把实际问题变成数学问题；3.能设计解决问题的方案并选择合作的伙伴；4.能有效呈现实践成果。	抽象能力模型观念应用意识运算能力数据观念

222

续表

年级	核心知识	项目主题	资源设计			核心素养
^	^	^	课标要求	教材资源	学习目标	^
九年级(下)	平面几何、三角函数、解方程	如何设计遮阳篷	将实际问题抽象成数学模型,构建直角三角形,解直角三角形,让学生感受到数学抽象的过程,使学生更积极地运用数学的眼光观察世界,理解现象,解决问题。	浙教版九下第一章三角函数	1.通过将实际问题引入数学项目化学习中,帮助学生更好地理解数学知识,提高数学学习的实用性和趣味性; 2.设计遮阳棚还涉及物理、地理、美术等多个学科领域,通过将数学知识与其他学科领域相结合,帮助学生更好地理解数学知识的实际应用; 3.学生进行团队合作,提高沟通协作能力,同时还能培养创造力和解决问题的能力。	抽象能力运算能力模型观念应用意识创新意识

基于新课标理念,在主题统领下,聚焦各单元主题,设计真实的驱动性问题,激发学生在真实情景中自主或合作探究,学习英语,使用英语,创造性地解决问题并形成项目相关成果。从七年级到八年级,根据主题进行划分,设计一系列的项目化学习内容,全面提升学生核心素养,发展语言能力,进行有意义的沟通与交流;培育文化意识,坚定文化自信;提升思维品质,逐步发展逻辑思维、辩证思维和创新思维;提高学习能力,学会自我管理,做到乐学善学(表4-17)。

表4-17 提升学段英语项目化学习内容开发举隅

年级	主题	项目主题	资源设计			关键能力
			课标要求	教材资源	学习目标	
七年级（下）	rules	Make Rules for School	初步学会规则表达，能意识到规则的重要性。	Go for it 7B Unit 4 Don't eat in class.	1. 获取规则的表达方式，梳理校园各地的规则条目。 2. 基于校园规则，提取、归纳规则的重要性，并内化规则的表达方式。 3. 运用相关的语言表达方式，小组合作为校园制作规则海报。	学习理解能力 应用实践能力 迁移创新能力
七年级（下）	trips	Travel Vlog	通过运用一般过去时态，能介绍过去的出行记录。	Go for it 7B Unit 11 How was your school trip?	1. 获取出行的描述，梳理相关的语言表达； 2. 基于他人的出行语篇，提取归纳出行的要素，内化相关语言表达。 3. 运用相关的语言表达，制作自己的Travel Vlog。	学习理解能力 应用实践能力 迁移创新能力
八年级（下）	stories	A Taste of Journey to the West、A Search of Truth	初步了解故事的要素，能积极探索故事的内在意义。	Go for it 8B Unit 6 An old man tried to move the mountains.	1. 获取故事梗概，梳理、概括西游记中人物所遇到的困难和克服困难的方法，借助可视化图形呈现结构性知识。 2. 分析、评价西游记人物的行为与品质，推断人物个性。 3. 表演剧本，感悟人物品质。	学习理解能力 应用实践能力 迁移创新能力

续表

年级	主题	项目主题	资源设计			关键能力
			课标要求	教材资源	学习目标	
八年级（下）	plays	The Emperor's New Clothes	通过学习西方故事，体会中西方文化差异。	Go for it 8B Unit 6 An old man tried to move the mountains.	1. 获取故事梗概，梳理、概括皇帝的新装故事情节，呈现结构性知识。 2. 分析、评价人物行为，推断人物性格。 3. 排练皇帝的新装，并进行小组表演，进行自评、他评。	学习理解能力 应用实践能力 迁移创新能力

提升学段的科学项目化学习注重学生自主设计、制作以及改进，在培养学生思维、创新、交流、合作、自主发展能力的同时，也让学生尝试综合运用多学科、跨学科知识解决某些生活中的实际问题，了解处理实际问题的模式和方法(表4-18)。

表4-18　提升学段科学项目化学习内容开发举隅

年级	核心知识	项目主题	资源设计			关键能力
			课标要求	教材资源	学习目标	
七年级（上）	细胞的结构	神奇的细胞模型	初步学会使用显微镜观察细胞，知道细胞是生物体的基本结构单位。	浙教版七上2.2 细胞	1. 根据前概念制作细胞模型。 2. 在学习"细胞"的过程中，进一步认识细胞的结构、特征和功能，并对原有模型进行讨论、评价和修正。 3. 学生利用假期改进并完善自己的作品。	思维能力 创新能力

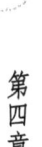

续表

年级	核心知识	项目主题	资源设计 课标要求	教材资源	学习目标	关键能力
七年级(下)	凸透镜成像规律	制作简易照相机	通过实验了解凸透镜成像规律,能解释相关问题。	浙教版七下2.6 透镜和视觉	1.通过探究凸透镜如何使远处物体成像清晰,了解照相机的核心部件及结构。 2.通过固定物体和透镜位置,比较不同焦距的凸透镜成像大小和清晰度,制作符合要求的照相机。	思维能力 自主发展能力
八年级(上)	混合物的分离方法	我是水源净化师	初步学会混合物的分离方法,了解净化水的常用方法。	浙教版八上1.6 物质的分离	1.以物质的分离方法等核心概念为载体,学生参与设计并制作一款易于操作、经济环保的家庭净水装置,在解决真实问题的过程中逐步建构知识。 2.通过小组合作设计、制作净水装置。	思维能力 创新能力 交流能力 合作能力
八年级(下)	磁场对通电导体的作用	自制电动机	通过实验认识通电导体在磁场中受力方向与磁场方向和电流方向有关。	浙教版八下1.4 电动机	1.电动机原理:通电线圈在磁场中受力转动,当线圈转过平衡位置时,通过换向器改变电流方向,从而改变线圈的受力方向,以保证线圈沿同一方向持续转动。 2.通过制作,学生能更加深入地了解电动机的原理,感受科学探究过程。	思维能力 创新能力 合作能力

续表

年级	核心知识	项目主题	资源设计			关键能力
			课标要求	教材资源	学习目标	
九年级(上)	杠杆平衡原理	手工制作杆秤	知道常见的简单机械的特点,并用它们解释一些生活实例。	浙教版九上3.4简单机械	1.学生结合家里现有的实验器材,制作各种各样的杆秤。2.通过杆秤的制作,培养动手能力、创造能力和实践应用的能力,提升核心素养。	思维能力创新能力自主发展能力

提升学段的社会学科涵盖了人文地理、人文历史、道德与法治三门学科,基于教材的编排和学情特点,在三个年级分阶段分学科有侧重地开展项目化学习。在七年级重点开展人文地理的项目化学习,设计富有趣味性的驱动性问题,充分挖掘地图、图片教学资源,培养学生的空间感知、地理实践等素养。在八年级重点开展人文历史的项目化学习,充分利用史料资源,培养学生的历史解释、辩证唯物史和家国情怀等素养。在九年级重点开展道德与法治项目化学习,充分利用时事热点设置驱动性问题,在情境中解决现实问题,培养学生的政治认同、法治观念和社会责任感等素养(表4-19)。

从『甜点』到『配餐』项目化学习的学校探索

表4-19 提升学段社会项目化学习内容开发举隅

年级	核心知识	项目主题	资源设计			关键能力
^	^	^	课标要求	教材资源	学习目标	^
七年级(上)	地形、气候对河湖的影响	"河理湖说"——世界河湖卡牌制作	初步理解地理事物和现象是由地理要素在不同时空条件下相互作用形成的。	人教版(人文地理)上册2.2.3众多的河湖	1.借助教材插图,了解世界及亚洲著名河流、湖泊的分布位置和概况。2.对比分析"亚洲主要的河流和湖泊"与"亚洲地形图""亚洲气候图",掌握河湖与地形、气候之间的紧密关系。3.举例说明河流对人类生活的影响,认识到河流、湖泊对人类生产生活的重要意义,树立保护河湖的观念。	人地协调观 综合思维 区域认知

续表

年级	核心知识	项目主题	资源设计			关键能力
			课标要求	教材资源	学习目标	
八年级（上）	中国共产党诞生的影响	潮涌百年：三船记述中国共产党的历史篇章	通过了解陈独秀、李大钊传播马克思主义和中国共产党第一次全国代表大会的召开等史事，认识中国共产党成立的历史意义。	人教版《中国历史》八年级上册 4.3 中国共产党的诞生	1. 了解李大钊等先进知识分子在中国传播马克思主义的史实；了解中国共产党诞生的历史条件和中国共产党第一次全国代表大会召开的时间、地点、内容，认识中国共产党成立的历史意义。 2. 通过分析共产党早期组织分布示意图，培养识读历史地图的能力。通过对典型史料的阅读和理解，进入历史情境，直观感知中国共产党第一次全国代表大会召开的历史，增强从历史材料中获取有效信息的能力。 3. 通过对中国共产党诞生条件的分析，认识中国共产党的诞生是历史发展的必然选择。通过对中国共产党第一次全国代表大会概况和曲折过程的学习，感悟中国共产党人信仰的力量，加深对中国共产党的认识。通过对"红船精神"的领悟感受历史与现实的联系，加深对党的感情，坚定对社会主义、共产主义的信念。	唯物史观 时空观念 历史解释 家国情怀

续表

年级	核心知识	项目主题	资源设计			关键能力
			课标要求	教材资源	学习目标	
九年级（上）	中华民族精神的内涵和作用、社会主义核心价值观的内涵	凝聚价值追求	感受个人成长与民族文化和国家命运之间的联系，提高文化认同感、民族自豪感，以及构建社会主义和谐社会的责任意识。	人教版《道德与法治》九年级上册5.2 凝聚价值追求	1.体会中华民族精神的深刻内涵及作用，学习社会主义核心价值观的内涵，提高对中华文化的认同感、归属感和民族自豪感，传承和弘扬民族精神，热爱祖国、热爱共产党，培育政治认同。 2.认识到民族精神是凝聚各族人民的巨大精神力量，感受到社会主义核心价值观凝聚着全体人民共同的价值追求，达到价值认同与共识，培育道德修养。 3.树立正确的人生观、价值观，把社会主义核心价值观作为自己的行为准则，培育法治观念。	政治认同 道德修养 法治观念 责任意识

学生通过参与项目体验活动，将所学的知识融会贯通，同时建立知识与生活的链接，由此形成和发展核心素养。在具体实践中，我们逐渐形成九年连续设计的学习主题，并以项目化方式实施教学。各个年级、各个学科都围绕一定主题开展长期研究。随着年级的增长，学生不断卷入学科或跨学科项目化学习中，不同年级的学习任务、学习体验对其思维品质、核心素养、创新意识都产生了积极的影响。

三、开发路径

在内容开发的过程中，对项目内容形成过程的研究是学校资源建设中一个重要的话题。在实践中,我们采用访谈的方法,记录了项目产生的过程,并对不同素材的内容开发方式进行了整理,提炼出素材归仓、项目研磨和案例推广三个不同阶段的资源开发路径。

(一)素材归仓

素材归仓是项目产生的前奏。它是指将不同来源、不同类型、不同内容的素材进行有机整合,以支持项目的顺利进行。"素材就好比是珍珠,项目就好比是项链,素材归仓的过程就好比是把素材变成了项链。"如何把散落的珍珠串联起来是问题的关键。串联珍珠的方法是什么?用怎样的方式进行统整?这个过程就是素材归仓的过程。

1. 问题导向

问题导向以问题为学习的起点,整个学习过程紧密围绕问题展开,其关键在于利用解决现实生活问题的方式学习重要概念。问题导向的学习以问题激发学生的学习兴趣,帮助学习者以问题为焦点,搜索所需了解的知识和信息,进而解决问题。

基于问题导向的素材归仓首先是寻找素材,然后是对素材进行关联归类,形成驱动性问题。

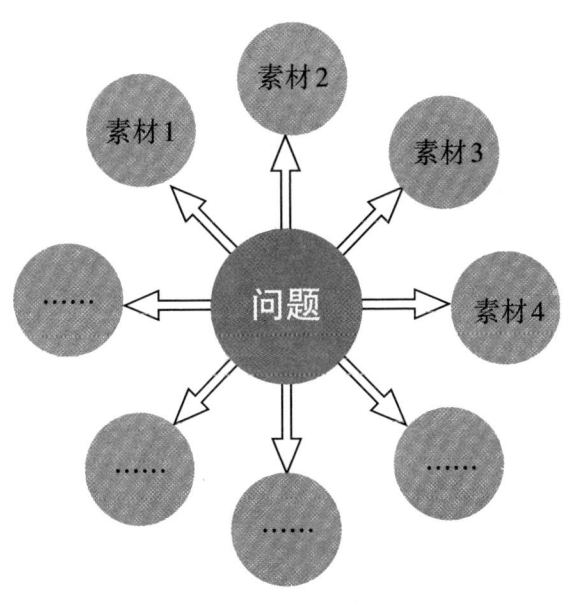

图4-4 问题导向的素材归仓

例如,在2013年,本校师生在探讨校园服务提升的问题中,创造性地将问题解决与学科知识进行意义整合,形成跨学科项目化课例"运动场上的关怀"。在这个课例中,教师通过头脑风暴等形式,引导学生从现场观众、运动员等不同人群的视角,对运动会上计时不精确等情况进行思考,通过论证将需求转化为准确计时等具体目标。最后,师生讨论汇总,从而确定"自动喷淋系统"等可以实施的项目。

以上案例是基于校园服务提升的真实问题,从师生的需求出发寻找相关素材,再转化为具体目标,最终确定可以实施的项目。

2. 成果导向

成果导向的学习是一种以目标和成果为导向的学习模式,可以引导学生在学习中更加自主、独立和富有创造性地进行活动。成果导向的学习设计的核心是将学习目标与学习内容有机结合,从而更好地实现学习目标。

成果是衡量学习目标是否实现的质量标准。遵循"以终为始"的逆向设计理念,在学习资源的统整中,我们首先将学习结果拆分为可操作的学习项目,然后根据问题寻找素材内容,再进行内容关联,最终形成可实施的项目。

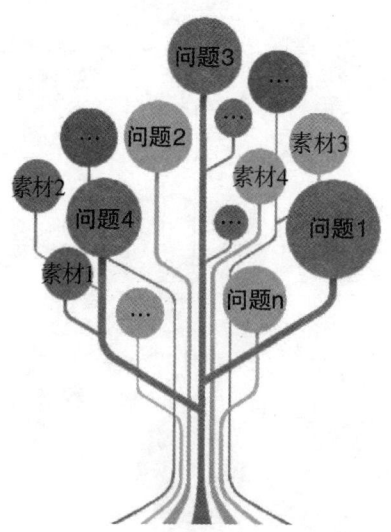

图4-5 主题导向的成果素材模型

例如,"设计一件水浒文化衫"是初中语文教研团队的一项项目成果。在这个项目的产生过程中,老师根据项目化学习的驱动性问题和最终成果,联想到近期文创产品的热门趋势,并进一步联想到学生在八年级已经学过的文化衫设计。此外,文化衫与语文学科的气质颇为契合,老师意识到这两者之间的内在联系;它们都是对"忠孝礼义"等文化理解的表达,只是形式不同,一种是美术语言,另一种是文字语言。这些元素就像散落在生活中的素材,通过文化衫的设计,一下子就建立了联系。老师通过学习载体关联到学习目标,思路顿时就清晰了。

以上案例中,老师正是从设计一件吸引人的水浒文化衫出发,进行领域的分解,然后关联学习内容与素材,最终形成颇受孩子喜欢的创意项目。

3. 主题导向

主题导向的项目化学习中,主题是整个项目的核心,它通常与"个人小兴趣""身边小关怀""社会大事件"密切相关。主题可以是来自教材单元的,也可以是由感兴趣的话题进行统整而形成的,在探索的过程中,我们也可以根据需要发展出子主题或项目。

基于主题导向的项目在产生的过程中,首先需要通过主题创设情境,然后根据问题情境组织素材,这些素材需要和学习目标之间产生关联,最终形成学生喜爱的学习项目。

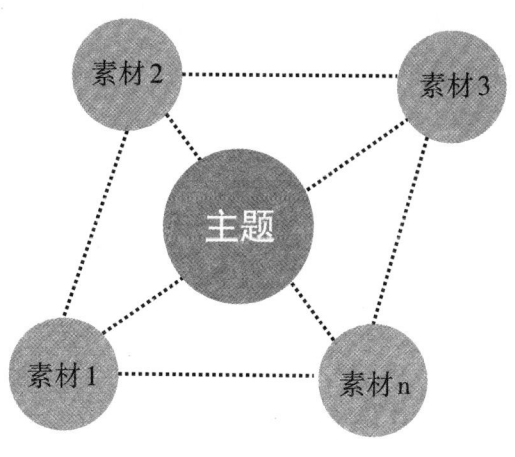

图 4-6 基于主题的成果素材模型

如"为祖国妈妈献礼"这个项目正是基于人音版教材"爱祖国"这一单元主题设计的项目。教材提供了两首歌曲《祖国祖国我们爱你》《只怕不抵抗》和三首欣赏作品《卢沟谣》《红旗颂》《我们走进十月的阳光》,以作为教学素材。不同于以往教学中只教歌曲或欣赏教材的处理方式,老师以献礼祖国妈妈为主题,将整个单元以中华人民共和国成立前、中华人民共和国成立、中华人民共和国成立后为线索来组织教材内容,创设了"为祖国妈妈献礼"这一最终成果,并通过运用前面所学的歌曲和欣赏作品,引导学生进行综合性艺术表演。

如上,"为祖国妈妈献礼"这一项目正是从教材的单元主题出发,创设了以时代背景为线索的学习情境,根据时间线索组织教材,最终形成学生喜爱的学习综合性艺术表演项目。

项目化素材的统整方式多种多样,以上是根据问题、项目和主题进行组织的一般逻辑,而在实际操作的过程中,老师们也许还会有更加适切的方法,可以进行进一步的迭代。根据项目的具体情况选择合适的统整方式有助于提高素材的利用率和项目的效率。而素材的统整不仅有助于成员之间的合作与交流,还能为项目的顺利进行提供有力的支撑。

(二)项目研磨

项目研磨是学习内容开发的主要环节。有了素材学习主题,接下来要做的就是打造一个受学生喜欢且能唤起学生高阶认知的高质量项目。基于学为中心的理念,我们以问题解决为指向,将任务分解、教学行为和评价设计作为项目研磨的重要环节。

1. 任务分解

驱动性问题是贯穿整个项目活动的核心所在。任务是达成驱动性问题的路径,任务的设计要指向驱动性问题。驱动性问题的本质是学习目标以问题形式的转化。项目的研磨正是围绕"问题的解决""对任务关键环节的拆分""核心任务与学习目标的关联""不同任务类型的设计"等方面进行研磨,形成项目化学习资源,其核心环节如下:

(1)设计任务链。驱动性问题的本质是学习目标以问题形式的转化,因此,项目研磨的重要一步就是任务的分解,就是从问题解决的路径出发,把驱动性问题进行分解,变成一个个指向核心问题的任务链条。

图4-7 驱动性问题的任务分解模型

(2)关联核心任务。跨学科项目化学习往往由几个学科的核心知识组成,在对任务链条进行分析的过程中,我们要根据学习目标的领域,将各个学习任务与学科学习的目标进行关联。

2. 行为设计

教学活动的行为设计包含了教与学两部分。立足学为中心的理念,教的过程设计一般应当从帮助学生更好地解决问题、完成项目的视角出发,进行支持性活动的设计。

(1)需求分析

根据任务的不同类型、学生的学情进行需求分析。一般可以从完成核心任务所需的学科知识内容、专业技能、思维能力、合作能力等几个维度进行思考。学科核心知识、技能是一般问题解决所需要的知识、技能基础;思维能力指向解决问题所需的高阶思维。同时,在项目化学习中,我们还要充分考虑完成项目过程中所需要的合作能力,并对学生的合作基础进行整体的需求分析。

(2)任务分析

项目化学习中的任务有不同的类型,如探究型、设计型、制作型、表现型等。在设计的过程中,我们还要根据任务的不同类型,科学合理地设计学习任务,再根据学习目标和任务的特征科学合理地设计核心任务,帮助学生更好地解决问题。

(3)活动设计

不同的任务类型需要不同的活动设计,我们要做的就是能基于核心

任务的需求设计恰当的支持性活动。支持性活动的设计可以从两个方面进行考虑:一是任务的类型,即根据任务的类型进行相应的活动设计;二是依据学生的学情判断活动设计中扶放的程度。在支持学生问题解决的行为设计中,我们还可以借助量表等项目化学习工具帮助学生学习,培养学生的学习品质、高阶思维,帮助学生更好地完成任务。

3. 评价设计

项目化学习的评价是与学习成果的产生紧密相连的,项目的研磨包含项目评价的量规设计。项目化学习的评价是在一开始就明确标准,并嵌入项目实践的过程之中的。项目化评价量表的设计有以下几个关键环节:

(1)设计评价任务

首先是评价任务设计,项目化学习的评价是对项目化学习质量的评价,分为最终的学习任务评价和学习过程的任务评价。一般而言,我们要根据课程的学习目标确定最终的学习质量标准,设计相应的学习任务。然后根据分解的任务目标和任务类型设计一个个的评价连续体。评价量表通常从课程目标中提取,放在评价量表的最上面,起到解释任务目标、明确任务所要达到的质量标准的目的。

(2)确定评价维度

评价量表是一种真实性的评价工具,是对学生的作品、成果或行为进行评价的一套标准。评价维度是对完成该任务所需要的知识、技能、思维、态度等多方面构成要素的分解。

项目化评价维度的设计需要考虑不同的任务类型和学习目标。如设计性任务的评价量表通常从知识技能、表现形式、创意、合作等维度进行考虑。而探究性任务评价量表通常从知识技能运用、问题解决、协作能力等维度进行考虑。

(3)确定水平标准

项目的质量标准如何,通常用量化或质性评价的方式进行描述。量化评价根据不同的水平标准分层表述,如等级评价、层级评价、星级评价、符号评价等。质性评价则是用文字描述的方式明确具体所需要达到的行为标准。在评价一个项目的水平标准时,我们通常先从结构维度分层表述评价尺度,再根据不同任务的水平程度进行具体的尺度描述。

(三)案例推广

让更多的老师能够实现学教方式的转型、让更多的学生能够在项目化学习的过程中获得成长是学校推进项目化学习的初衷。如何让项目化学习内容(形成案例之后变成资源)流通及实现更广泛且具有深远意义的推广是学校在推进的过程中重点考虑的问题。在项目化学习推进的过程中,针对项目化学习内容缺少、案例实施局限于少数核心组成员的现状,学校以校本教研为载体,基于学校教研组的实际情况、教师的需求等分析,通过复制推广、同类推广和迁移推广等方式进行案例的全面推广。

1. 复制推广

针对项目化学习推进中骨干力量成长迅速、普通教师对理念和实践认同不足的现状,学校自2018年始,以"希望杯""鸿雁杯""保俶春韵""保实秋霞"学术节为主要载体,开始以教研组为单位的团队磨课,并针对不同层次不同类型教师的学习需求,共同研磨课例,形成共同的价值理念并在课堂进行实践。

比如,小学部在跨学科项目案例研磨的过程中,采用了一课三构的形式进行案例的复制推广。第一阶段是聚焦学习主题,教研组采用"同课同构—同课异构—同课再构"的方式进行跨学科项目设计,在过程推进中达成共识;第二阶段是模拟上课,采用分组研讨的形式再碰撞,进行重构完善;第三阶段是现场磨课,将项目化设计意图以上课的形式进行展示,并在课堂实践中验证想法;第四阶段是论坛展示,通过案例梳理、迁移设计形成对项目化学习的本质理解。初中部在复制推广的过程中共同研磨一个跨学科学习项目,并通过现场抽签的形式进行推进,保证这些项目资源在同备课组的常态使用。

项目化学习的案例资源一方面通过集体备课的形式,以保证每学期至少有一项高质量的学习资源得到复制推广;另一方面,通过每一年的迭代改进不断提高项目化案例的质量。

2. 同类推广

区别于一个项目化案例复制推广的范式,同类推广则是对相同知识领域的项目类型通过迁移进行推广。同类的推广分为几种形式。

同一类型的知识技能往往具有相同的学习过程。如一个歌唱表演项目的学习过程往往要经过"选择—分析—排练—表现"四个阶段,那么,"春天举行音乐会"歌唱表演项目设计就可以推广到其他歌唱表演的项目中。

同一类型的思维品质同样也具有可迁移的特征,如对比统一是设计的原则,这一原则适用于艺术学习中设计领域的很多方面。本校艺术组在设计民歌合唱剧《嘎达梅林》这一综合性表演任务的过程中,采用"明确任务—知识建构—方案设计—任务表现"四个基本过程,引导学生在合唱剧的设计和表现的过程中理解对比统一这一设计原则。对标课程标准,我们发现,在综合性艺术表演的项目设计中,都可以用到这一设计原则。由此,艺术组对同一类的内容进行了同类迁移,形成了器乐剧、儿童歌舞剧等系列的同一类型系列化的项目化学习资源。

同样,相同类型的学习过程也具有可迁移性。在语文习作领域的学习资源建设中,"西沙群岛旅游攻略"这一项目的设计抓住了景色描写这一核心知识,通过"任务发布—探究过程—知识建构—成果制作—展示评估"的过程进行设计。围绕习作指导这一领域,结合教材内容和课标要求,语文教研组以"西沙群岛旅游攻略"为例,在三至六年级形成了"历史人物介绍卡"(四年级)、"校园四季明信片"(五年级)、"毕业赠言"(六年级)这些进阶项目,实现了同类迁移。

表4-20　学科领域的同类推广

项目	驱动性问题	过程要素	成果发布
西沙群岛旅游攻略（三年级）	我们即将去西沙群岛旅行,请你为这次旅程制作一份旅游攻略。	任务发布—探究过程—知识建构—成果制作—展示评估	制作并发布一份西沙群岛的旅游攻略。

续表

项目	驱动性问题	过程要素	成果发布
历史人物介绍卡（四年级）	古今中外有许多名人志士,请选择一位你所敬佩的历史人物,为他撰写一份介绍卡。	任务发布—探究过程—知识建构—成果制作—展示评估	撰写一份历史人物介绍卡,并绘制他的形象。
校园四季明信片（五年级）	校园处处是景,作为保实小主人,请为美丽的校园设计明信片并在学校周边进行义卖。	任务发布—探究过程—知识建构—成果制作—展示评估	做一张吸引人的校园四季明信片,并撰写美文。
毕业赠言（六年级）	快乐的小学生活即将结束,你想对同学、老师说些什么呢？请以书信的形式写下你的赠言。	任务发布—探究过程—知识建构—成果制作—展示评估	撰写一封书信,作为小学毕业的文字留念。

3. 迁移推广

本校在项目化推广的过程中,逐渐形成了跨学科项目化学习的基本范式。在项目化学习资源建设的过程中,除了复制推广和同类推广,还有一种方式是迁移推广。迁移推广是在同一学科的不同领域、不同学科的不同领域之间进行项目设计的迁移推广。

比如,在项目化学习中,数学学科的"节目风筝"就是在"欢迎来我们学校"和"书包减重大作战"的基础上形成的迁移推广。"欢迎来到我们学校"是图形与几何板块的问题解决,"书包减重"是概率与统计领域的问题解决,"解密风筝"是数与代数领域的问题解决,但这几个项目化学习都是聚焦"个人小兴趣""身边小关怀""社会大事件"这几个内容,经历"驱动性问题—分解要素—合作探究—发布成果"这几个关键过程,在项目化学习的基本框架下进行同类课型基本框架的平移。

表4-21 学科内不同领域的迁移推广

项目	指向	驱动性问题	过程要素	成果发布
蓝色的星球——水净化	社会小议题	如何运用身边的材料设计简易的水净化设备?	驱动性问题—分解要素—合作探究—迭代优化	发布简易水净化设备并推广使用
书包减重	身边小关怀	如何让自己的书包又轻巧又符合学习需要?	驱动性问题—分解要素—合作探究—迭代优化	发布减轻书包重量的方案。
解密风筝	个人小兴趣	风筝飞得高的秘密是什么?	驱动性问题—分解要素—合作探究—迭代优化	迭代自制风筝2.0并尝试放飞。

在目前素养目标导向、教材内容没有改变的情况下,我们需要在原有教材的基础上,遴选核心概念,选择合适的学习资源匹配项目化学习的实施。在不增加课时、不盲目增加课外材料的基础上,通过指向"个人小兴趣""身边小关怀""社会大事情"为主要项目内容的整体规划和统整实施,形成了复制推广、同类推广、迁移推广三种项目化案例可推广的范式。

第三节 项目化学习的作业设计

随着项目化学习在日常教学中的实施,情境性、系统性、支持性、实践性的设计思维持续推动了教学的发展。一课一练、内容封闭、目标单一的应试型作业,已经不适应学生在项目化学习中的探索学习、合作学习、实践性学习的需求。我们结合项目化学习的教学研究,探索如何基于项目的核心概念,串联学科内或者跨学科的学习内容,以终为始设计作业评价,从而满足学生整体性、个性化等多层次的学习需求。

一、支持性作业

支持性作业是指以项目化学习的进程为主线,基于不同阶段的学生需求,从现有知识水平到达潜在水平所提供的支持。它能带动整个项目的学习,帮助学生打通学科内部知识之间、学科与其他学科之间、学科知识与真实世界之间的联系,促进学习的联系性、整体化、结构化。

(一)引导进程

在项目学习的全过程中,引导学生以"关怀"的视角发现自己身边感兴趣的事情,甚至是社会上值得研究的问题,让学生像专家一样去实践体验、专业查询、考察调研、合作探究,共同解决各种真实问题。全程引导学生经历"入项—研究—拓展—出项"的探索过程,以此推进项目进程,并提升学生实际问题的解决能力。

表4-22 进程引导式项目作业举隅

项目	入项:发现问题	研究:合作探究	研究:获取知识	拓展:迁移应用
班级画展巧设计（三年级）	征集令 小朋友们,班级画展马上要开始啦！学校倡议<u>不铺张不浪费,人人参与画展</u>。你认为目前我们的班级墙面展示区有哪些问题？请记录你发现的问题。	1.根据班级人数对墙面进行合理划分 2.给自己的画作设计一个大小合适的边框	1.测量墙面长宽 2.周长的概念和应用	1.设计画展分布图 2.设计制作画作边框 3.在墙面上展览区布置画作
制定一日最优观赛计划（四年级）	怎么为假日小队设计一天最优观赛计划呢？	1.一日最优观赛计划要考虑哪些因素 2.设计一个最优观赛方案	1.设计路线图 2.计算经过时间	1.发布最优观赛计划 2.调整修改1.0计划 3.家庭观赛计划运用

以三四年级的项目化学习为例,我们发现支持性作业的一大功能就是如同"导览图"一般帮助学生在项目进程中明确方向,获得程序性的步骤。如在"班级画展巧设计"项目中,首先,学生通过观察,发现教室外墙面的作业展示区并不适用于班级画展布置的现实问题,从而提出各种改造的设想;其次,教师设计了"双线并进"的任务提示,即既要考虑外墙面需要展示全班作品的需求,又要考虑给自己的画作设计边框;再次,为了完成这两个任务,学生需要获取周长的知识,也要对墙面的长宽进行准确测量,在纸上进行规划画展布局图;最后,学生要把自己装饰好的画作按照设计草图在墙面上进行实地布置和调整。项目化学习的推进需要有这样支持性作业来引导、监控和调整整个学习过程。

(二)帮助思考

将项目化学习分解为系列的作业子任务,也就是我们说的"任务链"。教师需提供适当的任务路径,以开放性的资源架构有效呈现作业的内容、方式、素材等,充分展现学生的思维轨迹,在作业的全过程适时、适量、动态地推送作业资源支架,提供支持性学习支架或思维工具。

以四年级"制定一日最优观赛计划"为例,为了解决"如何为自己假日小队设计一天最优观赛计划呢"这个驱动性问题,教师引导学生讨论交流后得出了必须考虑的三大因素:"时间合理""项目丰富"和"出行方式合适"。根据这三大必要因素,教师分类、分阶段提供资源支架和思维支架(见表4-23)。

表4-23 资源支架和思维支架的运用

因素	资源支架	思维支架
时间合理	2023年9月和10月月历	①流程设计图 我们小组选择的日期是＿＿＿＿＿ 预计能观看＿个项目,计划如下:
项目丰富	第19届亚运会赛程安排和赛事时间模拟表	
出行方式合适	1.可选择的交通工具: ○地铁 ○亚运专线 ○步行 ○其他 2.出行小贴士视频	②攻略设计图 提供地图和相关信息,学生自主规划路线和设计图

这个项目本身就是一个真实情境中的劣构问题,对四年级学生来说挑战极大。因此,教师提供了亚运期间的日历、赛程表、场馆分布图,以及出行方式及预估时间时必须考虑的三大因素。同时,教师还为学生提供了三种思维方式各异的思维工具:思维工具1如同流程图,通过时间顺序来排列计划;思维工具2是半开放式的时间顺序图;思维工具3则类似"旅游攻略地图",直接在地图上体现行程规划、时间安排、交通选择等信息。学生可以根据自己不同的认知风格选择喜欢的思维工具开展研究,从而激活他们的思维层级。

(三)激发探究

项目化学习的任务(作业)应当是学生亲身经历的、令人期待的,并能带给学生成就感的。因此,在设计项目作业时,教师要有创新意识,让学生成为作业的生产者和消费者,让学生参与作业的设计开发、资源共建,实现作业运营的自组织,从而提升学生的作业价值感,并在参与中提升学习力。

三年级的"欢迎来我们学校"项目以"为幼儿园小朋友设计一条最佳校园参观路线"为驱动性问题,通过"调研幼儿园毕业班""规划参观路线""体验参观路线""优化并发布参观路线""实践参观路线"五大实践体验活动来形成任务链。像这样的学习任务,学生兴趣盎然且能全身心地投入其中。

【任务3:体验参观路线】

核心问题:最佳校园参观路线1.0合理吗?

学习活动:挑选辅助工具(iPad、秒表、指南针、方向标),携带设计草图,根据路线在校园中模拟参观过程,记录参观总时长,根据实践调整景点和路线,优化升级最佳参观路线。

【任务4：优化并发布参观路线】

学生以小组为单位汇报展示本组的研究成果和设计亮点，在展示过程中，其他学生现场质疑，汇报小组给予解答。组与组之间观点的质疑、思维的碰撞，还可能产生新的问题，从而进一步拓展研究的深度和广度。

以其中一个小组的现场发布实录为例介绍最佳路线：

我是保贝1队的代表，我们小队设计的路线是从南报告厅出发，先往北方向走，到达日晷，再往北走到达食堂，接着往西北方向走到游泳馆，再向西北走到羊羊养殖园，随后向西南方向走到儿童乐园，再往南走到博弈馆，再往东南方向走到天井乐园，再往西北走到达核桃树，最后向东北方向走过书法长廊回到南报告厅。路线共经过9个景点，其中有3个人气景点，总用时大约30分钟。我们的设计亮点是参观景点多且路线没有重复。

【任务5：实践参观路线】

学生以小小设计师和校园参观体验者的双重身份经历了"设计参观路线""体验参观路线""发现问题调整优化路线""对标评选最佳路线"这一完整的项目学习过程。真正的成果运用是学生以校园小主人的身份先后三次接待了幼儿园大班孩子进行校园参观。他们把自己的研究成果运用到现实生活中去，且收获了幼儿园老师和孩子们的点赞。

二、检测性作业

项目化检测性作业以学习任务为载体，引导学生在真实而复杂的学习情境中，经历"运用核心知识""开展实践探究""解决真实问题"的学习过程，其探究结果呈现个性化和主观性。该类作业兼顾"学业检测"和

"学习指导"两大功能,具有情境性、整合性、自主性、实践性等特点,符合素养导向的新课程理念。

(一)设计追求

分析项目化检测性作业和当下常规作业的区别,结果如下图所示:

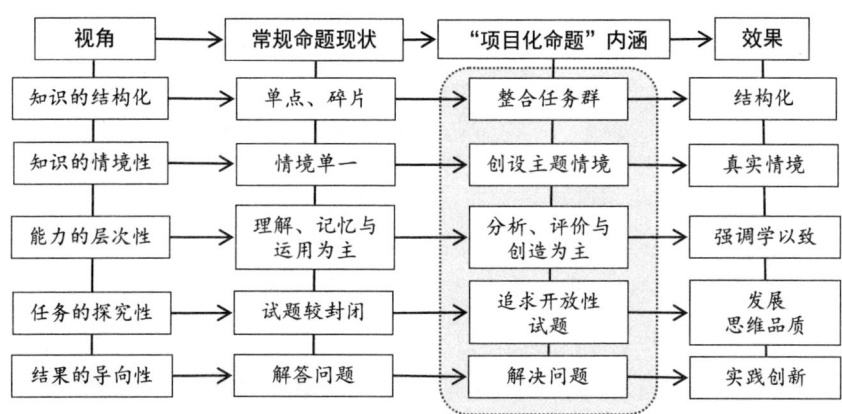

由图可知,项目化检测性有三个追求:追求知识融合,考查学生知识"结构化"的程度;追求高阶思维,注重探究性和综合性;追求意义建构,导向学习结果的开放。

(二)作业示例

请你参与并完成明信片设计活动。

表4-24　设计说明

赠送对象	班级同学
设计主题	传递美好祝愿
内容要求	以"春"为主题,内容积极向上
灵感来源	《初春的山》《春之海》《新树》

【甲】初春的山

登后山。

春空烟迷,四山霞飞,谁也夺不去的春天来临了。

大海沉荡,同天空融为一体。海水滔滔奔流,水面上映着富士山头的白雪,闪闪灼灼。渔舟比鸥鸟还小。

村村仍是一派荒寂的冬景。然而,云霞已经低吻着地面,春光充满了每个角落。山下,一只鸢鸟悠然盘旋。山崖、田地,到处都萌出了绿茸茸的款冬①。榛树已垂着一串花朵。春兰也早已开花。春,在枯草枯叶之间,簇簇萌动了。

【注释】①款冬:一种多年生草本植物。

【乙】春之海

坐在不动堂上,眺望大海。

春海融融,波光荡漾。有的地方,像巨大的蜗牛爬过留下的痕迹一般,滑滑地闪着白光;有的地方,像聚着亿万只有鳞的生物,一齐颤抖着,泛起碧青的颜色。近岸的海水透明,像被明矾打过,圆圆的石子闪着紫色的影子,横卧水中。茶褐色的水藻缠绕着岩头,像梳理好的头发。没有什么波纹,只有那远处晃动的海涛,仿佛熨烫着大海的衣褶,接二连三地席卷而来。撞在岩石上的碎了,撞入岩穴的,发出洪亮的声响,漫入小石子堆的,似乎在窃窃私语。

对面有一条小船,船桨时时落在船舷上,发出咔嗒咔嗒的响声。一个男人在捕捉章鱼和海虾,他蹚着浅水,脚下泛起银光闪闪的水花。

【丙】新树

夜里,春雨渐止,九时许,满天的云朵散了,又薄,又细,如棉,似纱,继而化为轻烟,以至完全消失,天空一碧如玉。

阳光如雨一般照射下来,绿叶映着窗纸,碧影绰约。

看到浓密的影子,可知绿叶之茂盛。

静静望去,一庭新树,沐浴在阳光之下,浮绿泛金,欣欣向荣,仿佛将满天的日光全部集中到院子里来了。你看,那枝枝叶叶,水灵灵地映着碧空,将淡紫的影子印在地面上。

樱树长出了嫩叶,一两点残花稀稀疏疏,掩映在绿叶丛中,不时飘飞

下来,像翩翩的彩蝶。树下,落英和红萼,片片点点,连同影子一起贴着地面。一只白鸡,披着斑驳的树影,啄食落花。

看,树枝之间,张着一面蛛网,绿、黄、红三色交映。看,飞虫如雪,纷纷绕树而飞,蜂虻嗡嘤,映着阳光飞舞。自然界适逢这样的丽日,显出十分满足的样子。

风徐徐吹来,新树轻轻摩挲着碧空,不停地点头。满地的树影微微颤动。新树之间晾晒的衣物,也把影子投在地上,翩翩舞动。

靠近落叶树的邻家,距离新树较远,隔墙能听到咿咿呀呀的织机声。

太阳落了。青灰的云挂在新树梢头。

晚风送爽,新树在高空微微抖动,麦地静静滚起了绿波。暮气苍苍,天色向晚。

回望后山,松林之上,十四的月亮硕大如盆,尚未散射出强光。漫步田野,豆叶豆花,香气袭衣。天上,空气,风,月,所有的一切,像水一样淡,像水一样清,像水一样不停地流动。

(以上均选自《德富芦花散文选》)

【搜集设计素材】

1.请你参与搜集素材,完成相应任务。

类别		内容
诗文	"春"相关诗文整理	
	课外拓展	和①晋陵陆丞早春游望 [唐]杜审言 独有宦游人,偏惊物候新。 云霞出海曙,梅柳渡江春。 淑气②催黄鸟,晴光转绿蘋。 忽闻歌古调,归思欲沾巾。 【注释】①和(hè):指用诗应答。后文的"古调"指陆丞写的诗,即题目中的《早春游望》。②淑气:指温和之气。
	成语	
	俗语谚语	一年之计在于春。

(1)请补充一个跟"春"相关且符合设计主题的成语。

(2)结合设计说明,在"春"相关诗文整理处补充两句连续的诗文,并简述理由。

(3)你认为素材《和晋陵陆丞早春游望》适合本次设计吗?请你从诗歌基调、诗人情感、设计说明三方面阐述理由。

【确定核心图景】

2.阅读文章,设计画面。

(1)你想选择哪个春景作为明信片的核心图景?请结合景物特点和本次设计的"内容要求",阐述理由。

A.春山　　　　B.春海　　　　C.春树　　　　D.自选

(2)根据(1)中选定的春景写一首小诗(5行左右),并为画面配文。

提示:①你可以化用文中的词句,也可以借助联想和想象自由发挥;
②符合春景的特点和设计主题。

【录制有声祝福】

3.明信片也可以用声音来传递毕业祝福。请结合评价量表,从画线句中任选一处,完成方案设计。提示:你可以先完成方案设计,再进行录制。

表4-25　录制祝福方案设计

维度	具体内容	评价量表
设计朗读脚本	(1)_____。	要考虑语句情感。 要结合具体字词说明如何处理重音、停连、缓急。
选择配乐	(2)我选_____(填序号), 理由:_____。 备选曲目: A.《光》:曲调轻盈活泼,节奏欢快。 B.《神秘园之歌》:曲调舒缓柔美,不经意间流露出些许忧愁,令人沉醉其中。	基于所选语句的情感基调。 围绕设计主题。

【绘制明信片】

4.请你结合上面确定的素材,绘制出明信片。

```
┌─────────────────────────────────────────┐
│  ┌─┬─┬─┬─┬─┐                    ┌───┐  │
│  │ │ │ │ │ │                    │   │  │
│  └─┴─┴─┴─┴─┘                    └───┘  │
│                                         │
│                                         │
│                                         │
│                                         │
└─────────────────────────────────────────┘
```

(三)设计策略

项目化检测作业设计有如下三个策略:

1. 概念统摄

项目化的检测性作业的目的是检测学生对核心概念的掌握情况。因此,项目化的检测性作业首先要围绕概念,设计出适切的、环环相扣的系列"任务群",并通过"任务群"聚合起相关的知识点,以检测学生对核心概念的理解程度,考查学生的高阶思维能力。

比如上面的案例中,以"融情于景"为核心概念,将写景抒情的散文和律诗两个文体整合在一起,统整了多个具体知识点,打破了语文基础知识、鉴赏、写作等知识领域之间的壁垒(见表4-26),包含了记忆、理解、分析、应用、创造等认知过程,具有极强的综合性和实践性,可以有效地检测出学生对核心概念的理解。

2. 多项选择

学生个体之间客观存在着差异性,因此如何因材施教是教育永恒的命题。项目化作业同样需要考虑学生能力的差异。教师在设计作业时,要考虑学生在男女性别、兴趣爱好、心理期待等方面的差异。追求作业的开放是项目化检测作业的基本特征,旨在冲破反复操练、机械记忆的应试牢笼,激活学生思维,让课程开放且富有活力。

表4-26 相关要素梳理

核心概念	题号	领域	知识
写景抒情	1(1)	梳理与探究	古诗文名句积累与运用
	1(2)		在具体情境中运用成语
	1(3)	阅读与鉴赏	理解诗歌基调、赏读诗歌情感
	2(1)		理解景物特点、赏析散文语言
	2(2)	表达与交流	围绕"意象"创作现代诗歌、写作要有读者意识
	3	阅读与鉴赏	朗读
	4	表达与交流 阅读与鉴赏	设计与应用

开放的关键是需要使解决问题的思维过程体现个性化,解决问题的途径具有可选择性。上述案例中,"你想选择哪个春景作为明信片的核心图景?结合景物特点和设计目的,阐述理由""请从三篇文章中摘录你最有感触的一处内容,根据阅读体验,参考示例,完成朗读设计稿和祝福文字稿",这些问题都给学生提供了选择的空间。

3. 成果开放

区别于常规作业封闭的"参考答案",项目化作业成果的呈现方式追求丰富多元,教师提供的一般只能是"示例",这跟素养导向的学习追求密切相关。开放的成果,可以用"高阶思维"带动"低阶思维",可以极大改变当下的题海战术,引导教师从"追求知识"向"培育素养"的教学观转变。

比如上述案例【确定画面】中,"根据你已经选定的图景,写一首小诗(5行左右)作为画面的配文。你可以化用文中的词句,要求主题积极,特点突出,符合设计主题"这一学习任务的成果是"一首短诗",学生可以根据自己的兴趣选择意象,组织语言。"完成明信片制作"的终极成果,更是融通了美术和语文学科,是跨学科的学习成果展示。

三、作业的评价

多样化实施作业评价是有效开展项目化学习的保障,需要特别指出的是,我们这里的"作业的评价"指的是针对上述教师设计的"支持性作业"和"检测性作业"的评价。"支持性作业"是发生在项目学习的过程中,是项目的有机组成部分,而"检测性作业"则发生在项目学习之后,是以项目学习的思维来设计的长周期作业。

我们设计通用版作业评价量表,旨在给老师设计作业、运用量规评判作业设计的优劣提供方向。评价量表的使用规则有:(1)标准下的具体内容重在弄清楚达到该等级的证据,未到最高等级的理由及改进建议;(2)在评分栏下打分,1—3表示做到的程度由低到高递增。具体见表4-27、表4-28。

表4-27　项目化"支持性作业"设计评价量表(通用)

视角	评价维度	指标	具体内容	评分	修改意见
支持性作业	作业目标	检测性	能评判上一学习环节的成效		
		承接性	具有承上启下的作用		
	任务设计	探究性	能激活学生的学习兴趣,深化求知欲望		
		针对性	成为整个项目学习的有机组成部分,起到导引项目学习进程的作用		
	学习支架	支持性	提供学习资源或思维工具		
总分					

表4-28 项目化"检测性作业"设计评价量表(通用)

视角	评价维度	指标	具体内容	评分	修改意见
检测性作业	作业目标	适标性	能达成对本课程核心概念的再建构		
		发展性	有利于培养创造性思维		
		融合性	综合考虑不同类型作业的检测功能		
	任务设计	选择性	能根据学生差异设计同质活动,具有选择性		
		挑战性	任务之间有关联,环环相扣,层层推进		
		探究性	能激活学生的学习兴趣,学生的深化求知欲望		
	学习支架	及时性	在学生需要之时及时呈现		
		丰富性	至少运用三种不同类型的支架		
	作业成果	开放性	学生能根据自己的需求合理选择		
		迁移性	完成作业的过程能促进知识的运用,形成新的认知结构		
	作业评价	全程性	以终为始,为学生的项目作业提供量规		
		多元性	评价主体考虑到教师、学生、家长等		
		综合性	评价考虑过程性和终结性		
总分					

第五章
项目化学习的评价设计

当下教育正处于深刻的变革之中,而项目化学习作为一种富有活力的学教模式,正受到越来越多的关注。项目化学习旨在打破传统教学的束缚,激发学生的学习热情,培养学生跨学科学习的综合能力。在不断发展的教育理念中,评价成为指导学生发展的重要支撑。本章将结合最新的政策导向、哲学思考以及教育学依据,深入研究项目化学习的评价设计,致力于构建一个全面而深刻的评价体系。

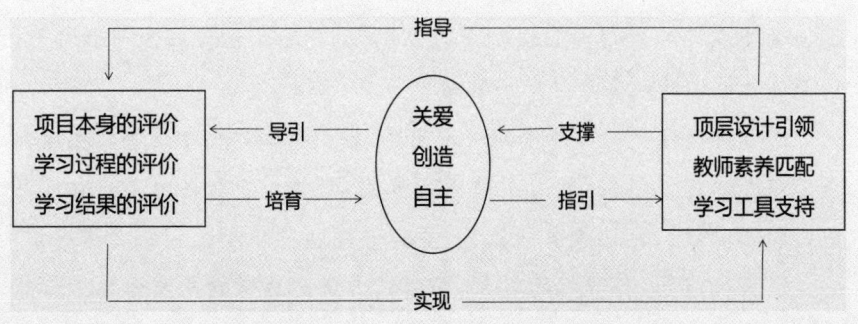

图5-1 项目化学习的评价设计

首先,我们将审视最新的教育政策导向,尤其重视学科融合、跨学科学习和培养实际应用能力的政策框架。因为只有通过深入理解最新政策背后的逻辑,我们才能够更好地构建适应时代需求的评价工具,真正服务于学生全面发展的目标。

在哲学层面,本章将通过审视关爱、创造和自主发展的理念,引领教育者对教育进行深刻思辨。如同教育家约翰·杜威所言:"教育就是生活,而不仅仅是为了生活做准备。"关爱,不仅仅是对自然、社会和他人的关心,更是一种温暖的教育氛围,是培养学生积极人格和社会责任感的力量。创造,不仅仅是对知识的创新,更是对独立思考及解决问题的能力的追求。自主发展,不仅仅是学科知识获取的过程,更是学生自我认知提升和个体成长的过程。这些哲学思辨将为我们的评价设计提供坚实的理论基础,使评价不再仅仅是对知识点的考查,更是对学生整体素养的把握。

从教育学的视角出发,我们将深入研究项目化学习的评价框架,以提升学生的关爱水平、创造水平和自主发展水平。通过学生在项目中的关爱行动、创造性思维和自主学习的具体展现,我们才能够更好地引导他们朝着全面发展的目标迈进。关注具体行为的评价将帮助我们更全面地了解学生的学习动态,不仅关注到学生学科知识的学习,也关注到学生在项目中的具体行为、态度和价值观的培养。这一维度的评价旨在促使学生在项目中形成积极的学习态度,培养团队协作和沟通的技能,进而提升他们的社会责任感和创新能力。

通过对项目化学习评价的深入研究,我们将构建一个注重学生素养全面培养的评价框架,致力于培养具备关爱之心、创新之力和自主发展能力的新时代人才。教育学家肯·罗宾逊说过:"学校教育的问题在于,它太过强调线性、标准化的教育,而创造力正是这样的教育体系中最容易丧失的品质之一。"在教育变革的浪潮中,我们期待教育者能够更加深刻地理解评价的本质,更加有力地引导学生在项目中实现自我价值的发现,助力学生成长为具备全球竞争力的未来领袖。

第一节　行为导向的评价工具

项目化学习的评价涵盖从项目设计到实践的整个过程,评价关注教师"教"的行为,让教师在项目设计与实施中更有方向性和指导性;同时评价关注学生"学"的行为,让学生在学习实践中明晰学习目标,获得学习过程的指引,增强对学习的自我评估与调整的能力。我们实践研究的项目化学习指向学生关爱水平、创造水平和自主发展水平的培养。我们探讨"关爱水平""创造水平""自主发展水平"的评价工具设计的意义,进一步清晰项目化学习的初心与价值。项目化学习的意义不仅在于追求学科知识技能的有效学习,更在于引导学生对人、自然、社会产生关爱,进而发展创造性思维与创造能力,实现自主发展和自我实现。我们从设计评价模型、细化评价具体表现、制定评价量表这几个维度搭建评价框架,让评价更具体化,更具有操作性和导向性。

一、"关爱水平"的评价

"以关爱激发创造,以创造实现关爱。""关爱水平"的评价不仅指向学生的社会责任感、道德素养、人际关系等,还指向丰富学生解决跨学科问题、帮助他人、贡献社会、实现自我价值的积极体验,以及寻求助人悦己,实现人与自然、社会的和谐共生及美好发展的共同愿景。

(一)关爱评价的目的和初心

每一个生命个体都有被尊重和被关爱的需求,从高层次需求的角度出发,也有尊重和关爱他人的需求。通过关爱评价,学生产生更为积极

主动的意识与行为,实现知行合一的价值追求。

1. 呵护恻隐之心

学生的关爱水平首先体现在恻隐之心。指向关怀与创造的学科项目化学习是以对人、自然、社会的人文关怀为初心,从现实世界中发现真实需求,进而围绕问题解决开展的学习活动。这种真实需求首先源于存在于内心的"恻隐之心"。一个人如果有了"恻隐之心",能体会到别人的悲痛、忧伤、难处,内心有了"不忍"或"不安",就是有了"仁爱之心"。在一定时间和环境下,恻隐之心会成为"助人"的动机,进而可能转化为善的举动。因此,学生因活动情境引发的"恻隐之心"需要被用心呵护,并使这颗善的"因子"得以生长、壮大。

"恻隐之心"的评价就是关注学生在学习情景中的情绪状态和行为表现,可通过交流式评价、表现性评价,引导学生表露内心的"不忍"或"不安",并在交流中充分肯定学生的"恻隐之心"。在"保护心灵之窗"项目化学习中,学生通过调查,发现近视与日常的书写坐姿有很大关系,在日常观察与数据分析中发现同伴中坐姿不良的现象较多,由此生发出近视趋于严重的问题意识,进而产生制作"坐姿警报器"的设想。这一项目源起于学生对自我健康、他人健康的"担忧",这份"担忧"驱动学生开启创造。

2. 发展共情能力

"恻隐之心"是关爱的"发端",共情是关爱能力的情感表现,它是每个人都应该具备的良好情感能力。指向真实问题解决的学科项目化学习源于学生对人、自然、社会的关爱。这种对他人、自然、社会的关爱表现在能设身处地地换位思考,能理解和感受他人的需求并在情感上达成一致,产生共鸣。基于此,解决真实问题的需求也就应运而生。

我们引导学生在观察与倾听中发展共情能力。通过倾听他人说话,观察他人的表情,学生可以理解他人的情感和感受;通过观察问题表象,思考产生的原因和影响,学生能够聚焦要解决的核心问题。

借同理心发展共情能力。学生通过收集并记录他人的所看、所听、所思、所感,换位思考,探寻真实需求,聚焦真实问题。共情能力不仅体现在真实问题的产生过程中,也体现在解决问题的过程中。学生在项目实施中,需要站在"问题解决对象"的角度选取解决问题的方法、可利用的资源等,实现项目的真实意义。

3. 指导关爱行动

学生的关爱水平体现在恻隐之心和共情能力上,最终表现在言行之中。学生为生活中的真实问题寻找解决方案,用自己的实际行动表达内心的关爱之情,最后的学习成果指向关爱的终极目标。

在"为低年级同学设计课间游戏玩具"这一项目化学习中,六年级学生在日常观察中发现低段学生的课间生活比较单一,进而通过调查了解低段学生的需求,开始设计并制作课间游戏玩具。这一项目源于学生内心对低段学生的关爱,希望以此丰富学生的课间生活。当看到低段同学快乐地体验玩具时,学生真切地体验到学习带来的成就感和自豪感,也体验到了关爱他人所带来的快乐与幸福。这样的项目能推动学生用自己的实际行动表达关爱,传递关爱。

指向关怀与创造的项目化学习能培育学生的大爱精神,能激发学生社会参与的意愿和责任意识。解决问题的过程就是践行大爱的过程,学生通过思考和研究,探寻对策,从"我想知道什么"走向"我能做什么",与此同时实现了从关注自我到关注社会、理解社会的行为转变。

(二)"关爱水平"评价设计

鉴于关爱评价的目的和初心,"关爱水平"评价从整体结构、模型工具、评价内容和评价形式等方面综合设计与实施。

1. 圈层建构

在全球化和信息化背景下,教育面临着前所未有的挑战和机遇。诺丁斯关怀理论(Nel Noddings' Care Theory)在教育领域的应用日益受到重视。该理论的核心理念是"关怀不仅是人类行为的基本模式,更是教育实践中的关键组成部分。"诺丁斯认为,关怀是一种关系性的概念,关怀者与被关怀者在互动中彼此受益。在此基础上,她提出孩子们应该学会如何关心作为物质和精神结合体的自我,如何关心身边的和远在他乡的人,如何关心动物、植物和地球,如何关心人类创造的物质世界,以及如何关心各种学科知识。在诺丁斯关怀理论的基础上,我们将关爱水平

的评价以"成长中的我"为原点,加入自然、社会相关指标,以学生不断扩大的生活和交往范围作为建构评价的层级,形成三维三层级的圈层架构:一是赋予人生以意义,实现自我追求和素养的全面发展,指向人的关爱(身边的人、有联系的人、陌生的人),感知情绪、关注需求和困难,并给予力所能及的帮助;二是赋予自然以灵性,实现人与自然的和谐共处,指向自然的关爱(生产生活、自然生态、地球宇宙),关注自然环境中的现状与问题,并能针对问题提出解决的方法和策略;三是赋予社会以生命,实现人与社会的美好发展指向社会的关爱(学校/社区、国内、国际),实现人与社会的美好发展。关爱水平的评价为学教诊断与改进提供研判依据,并驱动关爱与创造能力的发展。

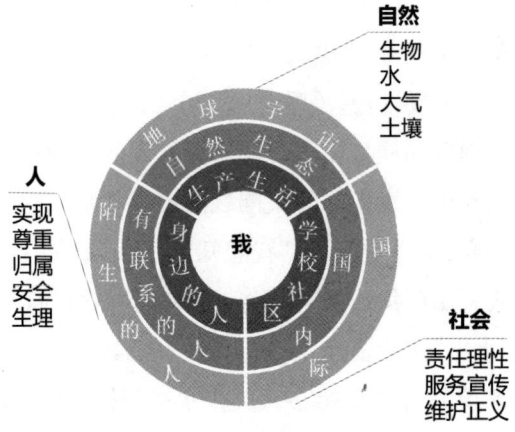

图 5-2　关爱评价的圈层结构

2. 具体表现

项目化学习旨在引导学生给予人、自然、社会以人文关怀,促进对社会的真实认知、思考、参与。这种人文关怀具体表现为:一是指向人的关爱,以同理心为基础,依据马斯洛需要层次理论,选择一些典型行为为观察点;二是指向自然的关爱,立足个体的生存圈层,以与个体生存密切相关的生物、水、大气、土壤为对象,以关心、关注、探究、行动为层级区分方法;三是指向社会的关爱,以对自己的责任理性、对群体的服务宣传、对不良现象的正义维护为行为表现。

表 5-1　关爱水平的表现性描述

关爱维度	关爱层级	关爱水平的具体表现 小C	关爱水平的具体表现 中C	关爱水平的具体表现 大C
指向人的关爱	身边的人	对家人的生活、工作不了解,甚至比较冷漠。	能感知家人在生活和工作中的辛劳、不易、难处。	能感念家人的关爱之情,理解家人的难处,主动参与家庭决策,为家人分忧解难。
指向人的关爱	有联系的人	对待同学、师长、邻居等认识的人比较冷漠。	能与同学、师长、邻居等认识的人沟通交流,给予理解和支持。	能理解自己认识的人,对他们有同情心,能主动关心、帮助他们。
指向人的关爱	陌生的人	对待陌生的人比较冷漠,不会主动与他们交流。	能关注陌生人的生活、工作,能与他们共情。	能尊重各行各业的人,关注、牵挂陌生人的难处,会用行动给予关爱、帮助。
指向自然的关爱	生产生活	对自己生活的环境现状不太关注。	能关注自己生活环境中的水、空气、土壤等自然资源的现状,能发现问题。	能发现生活环境中存在的环保问题,能探寻问题的原因,并付诸行动,尝试解决问题。
指向自然的关爱	自然生态	对国家环境现状不太了解,表现出事不关己的态度。	能学习了解国家环境现状,关心环境问题,有一定的忧患意识。	主动关注国家环境现状,能根据问题展开探究,尝试提出解决问题的想法和做法。
指向自然的关爱	地球宇宙	对世界环境现状不太了解,也没有主动关心的意识。	能关心了解世界环境现状,针对感兴趣的问题有进一步了解的意愿。	关心并了解世界环境问题,针对感兴趣的问题,主动探究原因,尝试提出解决问题的构想或具体行动策略。
指向社会的关爱	学校社区	对生活的学校和社区没有太多的认识,不太关注学校和社区的发展现状。	热爱自己生活的学校和社区,能关注其发展现状和存在的问题。	对自己生活的学校和社区具有主人翁意识,能关注其发展现状,发现存在的问题,探究原因,积极提出解决问题的办法,并付诸行动。

续表

关爱维度	关爱层级	关爱水平的具体表现		
		小C	中C	大C
	家乡/国家	对家乡和国家的现状与发展不太了解,也不太有主动了解的意愿。	能关心家乡与国家的发展,产生热爱家乡、热爱国家的美好情感。	具有强烈的中华民族自豪感和使命感,能关注家乡和国家发展中的问题,提出对问题的思考与分析,并付诸行动。
	国际	不太了解国际社会现状,也没有主动关心的意识。	对主要的国际社会问题有一定的了解,具有一定的关怀意识。	对主要的国际社会问题有一定的了解和认识,能关注国际社会中的弱势群体,具有同情心,能用行动表达自己的关爱情感。

3. 评价量表

"关爱水平的评价量表"设计了对应关爱维度、关爱层级的具体行为,分点对应之后,以1—7数字分别代表不同程度(1为最低,7为最高)的测评分值,形成了一份综合型、素养型的评价量表。这份量表覆盖了对学生关爱水平评价的全过程,促进师生共同发展。

表5-2　关爱水平的评价量表

关爱维度	关爱层级	关爱水平评价(1—7数字分别代表不同程度,1为最低,7为最高)
指向人的关爱	身边的人	1.当发现长辈劳累时,我会经常为他们准备茶水或食物。 2.我总能感觉到家人的不同情绪,并愿意做家庭氛围的"开心果"。
	有联系的人	1.对那些我照顾的人,我总放心不下,因为我担心会有什么意外发生在他们身上。 2.生活中,经常有人称赞我乐于助人。
	陌生的人	1.我经常会为守卫边疆的战士感到担心。 2.我觉得公共场所为环卫工人、出租车司机等服务性行业人员设置茶水区、休息区十分必要。

续表

关爱维度	关爱层级	关爱水平评价(1—7数字分别代表不同程度,1为最低,7为最高)
指向自然的关爱	生产生活	1.我经常参与"蚂蚁森林""捡垃圾"等环保活动,希望为减少沙尘暴等恶劣天气出一份力。 2.我愿意参与"护河行动"等保护身边水源的公益活动。 3.我愿意选择自行车、公共交通等绿色出行方式。 4.为了家中或学校里的动植物健康生长,我愿意搜集它们的资料并科学地照顾它们。 5.我知道植物的生长离不开健康的土壤。 7.我会注意把空调定在更节能的温度,这样有利于保护臭氧层。 8.我不会往河里丢垃圾。 9.在日常生活中,我会及时关闭水龙头,节约用水。 10.我会更多地选择环保袋,不用一次性塑料袋。
	自然生态	1.我愿意到自然保护园区,如西溪湿地等,参加公益宣传活动。 2.我对"如何让天空变蓝"等问题有主动关心的意识。
	地球宇宙	1.我希望学习并发挥智慧,参与海水淡水转换等技术的研发。 2.我希望了解某种动物灭绝背后的原因。 3.我通过查阅资料等方式深入了解过宇航员如何在太空生活的知识。
指向社会的关爱	学校/社区	1.我经常去社区参加志愿服务工作。 2.我经常参与假日活动、社区志愿服务等活动,为有需要的人提供力所能及的帮助。 3.我认为制定并遵守班规、校规是非常重要的。 4.我认为完成班级卫生岗位的工作是值得称赞的事情。 5.我非常愿意参与捐款、免疫计划等公益活动。 6.我从不会忘记老师交给我的任务,比如打扫教室。 7.我乐于在课程学习中和同伴们挑战有难度的任务。 8.当同学同伴违反规章制度时,我会指出并纠正他们。 9.我为学校"少代会"撰写过建设性的提案。 10.我会遵守承诺,比如及时归还借用的物品、信守与他人的约定。 11.鉴于一些传染性病毒的流行,我会主动戴好口罩,避免交叉感染。 12.我会根据学习和生活的经验,分析身边的矛盾纠纷,为正确的一方加油打气。 13.我能观察到有些公共设施使用不方便的现状,如盲道等,希望用自己的智慧和努力改造这些设施。

续表

关爱维度	关爱层级	关爱水平评价(1—7数字分别代表不同程度,1为最低,7为最高)
	家乡/国家	1.当发现有行人试图闯红灯时,我会制止和提醒。 2.我积极参与学校发起的志愿服务活动,如"文明迎亚运"等。 3.我会主动了解时事新闻。 4.我会为国家的伟大成就和荣誉感到骄傲与自豪。
	国际	1.我会为遭遇战争迫害的人们感到担心,我不希望任何地方发生战争。 2.我知道全球人均耕地面积减少会导致粮食缺口,我不希望其他国家的人遭受饥饿。 3.我知道目前不同国家间存在矛盾,我希望能为世界各国的友好相处出一份力。

二、"创造水平"的评价

创造力是人类特有的一种综合性能力,是指产生新思想、新发现和创造新事物的能力,它是由认知能力、知识和经验、人格特质等多因素综合优化构成的,是成功地完成某种创造性活动所必需的品质。"创造水平"的评价指向学生的创造性思维和创造性能力的提升。

(一)创造评价的基本追求

创造力是人类不断发展的驱动力。通过创造评价,我们逐步培养学生的创造性思维,促进创造性能力的发展,培养学生在真实世界中解决真实问题的能力。

1. 引导学习设计

创造水平的核心在于创造思维,它是实现创造的关键。创造思维使学生能够跳出常规思维的束缚,以超常规甚至反常规的方式和视角思考问题,并提出独特的解决方案。评价创造水平的过程有助于引导学生围绕问题展开思维,从某一点出发自由发散。这就好比打开一扇门,学生可以不受外界因素的限制,接触多方面的信息,并从中产生多种可供选择的解决方案、办法或建议，促进学习设计的全面展开。

2. 指导学习发生

创造水平的评价旨在引导学生关注真实世界，进而展开真实的学习。它鼓励学生不盲从或迷信生活中司空见惯的现象或权威论断，而是培养他们以审视、怀疑、批判等思辨态度来看待事物或现象，发现形式与内容、现象与本质之间的区别。同时，该评价还引导学生积极主动地、有效地寻找事物之间的联结点，将看似不相干的事物联系起来，触类旁通，从而形成新的设想和方案。

3. 侧重学习过程

创造水平的评价更加侧重于学生在项目化学习过程中的表现，它引导学生关注真实生活中的问题，鼓励他们从不同视角思考问题，学会获取并利用各种学习资源。在此过程中，学生需要产生并设计多种解决问题的设想和方案，并在实践中不断调整和完善这些方案，最终实现问题的解决。

(二)"创造水平"评价设计

美国教育心理学教授詹姆斯·考夫曼和罗纳德·贝格托在2009年提出了创造力4C模型（学习过程中的创造性、日常生活中的创造性、职业领域中的创造性以及杰出人才的创造性），此模型关注了对创造结果的评价。本研究指向的是创造过程的评价，创建创造评价的层级模型，通过确立学习行为四大观察指标以及对应的具体描述，实现对学习行为发生过程中的创造给予过程性评价。

1. 层级建构

创造水平的评价根据四阶学教样式，依据细化的学习行为，确定指向学习行为观察指标，即分析、设计、建构、展评，并在此基础上明确具体的分级指标，设计创造层级研判模型。

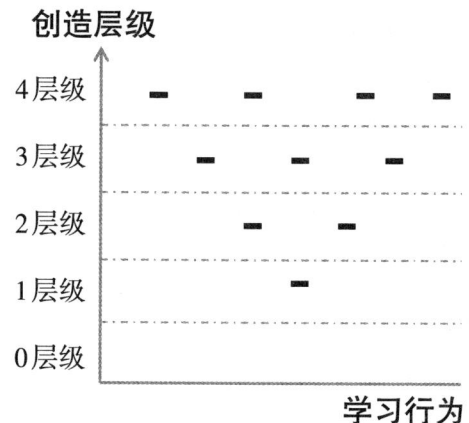

（说明：学习行为指分析、设计、建构、展评，"-"表示未给出。）

图5-3　学生创造层级研判模型

2. 具体表现

项目化学习旨在引导学生将学习体验与生活体验紧密相连，促进他们对生活中真实问题进行创造性思考、多样化尝试与多途径解决。这种联系具体体现在以下三个方面：一是树立主观意识，培养学生对待事物有独到见解的能力，进而塑造独立人格；二是赋予学生探索世界的冒险精神，鼓励他们不断尝试与创新；三是形成学生多途径解决问题的能力，从而实现人的社会化发展。

创造评价的具体表现从分析、设计、建构和展评四个观察指标展开，每个观察指标下都设有细化的分级指标。分析指标主要关注学生在拆分需求、论证目标、检索条件、筛选问题这四个分级指标下思维力的具体表现；设计指标则侧重于学生在理解项目、激活认知、重构载体、合并创意这四个分级指标下好奇力的具体表现；建构指标则着重考查学生在选择资源、制作试样、测试模型、检验方案这四个分级指标下挑战力的具体表现；而展评指标则主要关注学生在分享过程、论证方案、评价标准、实践样品这四个分级指标下变通力的具体表现。根据上述四项学习行为的表现情况，最终确定学生的创造层级。

表5-3 创造水平的表现性描述

评价维度 (创造层级)	"创造水平"评价的具体表现		创造层级
	具体描述	是否达成 (√或×)	
分析	在四个分级指标下的分析过程中有思维力的表现： ● 能体现发散性思维 ● 能体现独特性思维 ● 能体现批判性思维 ● 能体现严密性思维		4层级 3层级 2层级 1层级 0层级
设计	在四个分级指标下的设计过程中有好奇力的表现： ● 能表现出高度探索的兴趣 ● 能结合自身已知进行更深入的创意思考 ● 能发现并采用有效载体 ● 能乐于分享并有效合并多项创意		
建构	在四个分级指标下的建构过程中有挑战力的表现： ● 能专注持续并有条理地完成建构过程 ● 能不断克服困难并实践解决方法 ● 能运用合适的资源建立并测试模型		
展评	在四个分级指标下的展评过程中有变通力的表现： ● 能以不同方式分享过程 ● 能通过不同途径论证方案可行性 ● 能从不同角度制定评价标准 ● 能根据展评结果衍生出新的成功构想		

3. 评价量表

创造评价的评价量表从分析、设计、建构和展评四个观察指标展开，每个观察指标有细化的具体行为，不同行为的表现程度量化成数字，以大数据为基础，实现创造评价的过程性评价。以每个观察指标的第一个

分级指标为例,展示四个观察指标下的评价量表:

表5-4 "分析之拆分需求"的评价量规

分值	分值描述	回答举例
0	完全错误或偏离需求	"我不知道这个项目的受众是谁。"
1	缺乏独立分析过程	"老师这么说的。""同学这么说的。"
2	回答中缺乏独立分析,但是能阐释认同他人的简单理由	"我同意XXX的分析,因为……"
3	有独立分析过程,但是缺乏独特性	"我认为这个产品的受众是XXX,他们在这个时候需要这个产品。"
4	有独立分析过程,且分析新颖、有思维力	"我做了调查问卷,发现大家对这个产品提出了一些建议,他们在某个场景下使用起来并不方便,所以我觉得可以运用光学理论,更新这个产品。"

"分析之拆分需求"的评价量规主要根据学生的问题回答,对学生的思维力进行层级判断,具体指向发散性思维、独特性思维、批判性思维、严密性思维的判断。

表5-5 "设计之理解项目"的评价量规

分值	分值描述	回答举例
0	完全错误或偏离项目目的	"我不理解这个项目的目的。"
1	缺乏独立思考过程	"我从网上搜索了类似项目,复制下来……"
2	回答中缺乏独立思考,但是能阐释认同他人的简单理由	"我也这么理解这个项目,我觉得……"
3	有独立思考过程,但是缺乏独特性	"我对这个项目的理解是……"
4	有独立思考过程,且对项目的理解是新颖的、有好奇力的	"我翻看了以前的类似项目,这个项目在实用性上有了新的提升,以前的产品中没有这个特点。"

268

"设计之理解项目"的评价量规主要根据学生的问题回答,对学生好奇力进行层级判断。它主要关注学生对项目学习的兴趣,以及对项目的创意表达。

表5-6 "建构之选择资源"的评价量规

分值	分值描述	回答举例
0	完全错误或偏离合适的资源	"我不知道该使用什么材料。"
1	缺乏对资源的基本了解	"老师说这个材料可以用。"
2	回答中缺乏自主思考与选择,但是能阐释他人选择的理由	"XXX同学推荐的这个材料挺好的,他说这个材料比较防水,我们的项目产品需要防水功能。"
3	能独立选择资源,但是缺乏独特性	"这个材料比较适合我们的产品,能够基本达到产品需求。"
4	能独立选择资源,且资源有新颖性,有挑战力	"我尝试了好几种材料,做了对应的实验,最后确定这个材料的综合性能比较高。"

"建构之选择资源"的评价量规主要根据学生的问题回答,对学生的挑战力进行层级判断,具体指向学生在项目中能专注持续地克服困难并实践解决方法,能运用合适的资源建立并测试模型。

表5-7 "展评之分享过程"的评价量规

分值	分值描述	回答举例
0	完全错误或偏离项目本身	"大家自己看……"
1	没有独立分享展示能力或无法正确使用分享语言	"这个项目可能是关于……"
2	无法进行独立分享过程,但是能与他人合作完成分享过程	"这个项目的核心我不太熟悉,您可以问一下另一位同学。"
3	能进行独立分享过程,但是缺乏变通力	"这个方面,我们是这样子解决的。(拿出前期设计方案)"

续表

分值	分值描述	回答举例
4	能大方得体地进行独立分享过程,且方式新颖、过程中能根据需求展示变通能力	"针对您的这个问题,我可以通过一个小实验来解决您的困惑。您看,我先把……"

"展评之分享过程"的评价量规主要根据学生的问题回答,对学生变通力进行层级判断,具体指向学生能从不同的角度制定评价标准,能用不同的方式分享学习过程,能根据成果展评衍生出新的成果构想。

三、"自主发展"的评价

自主发展作为中国学生发展核心素养的重要组成部分,涵盖了"学会学习"和"健康生活"两大方面,为自主学习赋予了新的时代内涵与意义。培养学生自主学习的能力,使他们成为能够自主发展的人,在未来的教育中具有不可替代的价值。在科学技术飞速发展、知识呈井喷式涌现的时代背景下,社会对人才的需求也在不断提高,具备自主学习能力已成为时代发展的必然要求。只有掌握自主学习和主动知识建构的能力,才能适应不断变化的社会,并更有可能在时代的演变中发挥引领作用。因此,促使学生自主发展的评价显得尤为重要。

(一)自主发展的内在要义

法国近代思想家、教育家、心理学家卢梭说:"形成一种独立的自主学习方法,比获得知识更为重要。"从文字的角度,将"自主"两个字拆开解读,"自"包括:自觉、自立、自控;"主"包括:主人、主体、主见。"什么是自主发展?"基于建构主义学习理论与元认知学习理论,自主发展指学生在学习过程中以积极、创造的状态,组织、评价、监督、控制自己的认知过程,从而实现自我实现、自我选择并拥有健康人格,学会关爱人、自然与社会。自主发展的主要内涵具有以下四个特点:

1. 积极性

自主发展的积极性是实现学生自主学习的基础和前提,它主要包括乐观的情绪和坚韧的精神。无论面对的任务是容易还是困难,学生都能以积极的情绪和精神状态去迎接挑战,并主动尝试应对策略。另一个重要方面是行动上的积极,即能保持一种活跃、能动、自觉的心理状态,并将这种状态转化为强大的内动力。这样一来,就能增强并优化学生的行为效果和能力,从而最大限度地发挥他们的个人潜能。

2. 独立性

自主发展强调培养学生的独立意识,使其在学习过程中具备自主思考、自我管理和主动探索的能力。它主要指学生能够发现身边或者社会上值得研究的现象并将其转化为有价值的问题,并能在过程中展现出批评性反思、决策以及独立行动的能力。每个学生都是具有相对独立性的人,都由自我独立的心理认知系统操控着整个学习过程。

3. 监控性

即监察与调控,指的是学生能够及时觉察并反思自己已有的情绪和行为是否合理,同时根据过程中的实际情况给出适当的调整措施。监控性的目的在于培养学生的自我意识和自我监控能力,并使之形成习惯,随时调整或改变相应的学习策略,这是促进学生自主学习的关键所在。

4. 差异性

从学生的实际学习情况来看,学生的学习状态多数介于自主与不自主之间。这种状态受学生主观能动性、教师教学、师生关系、家庭环境等多重因素的影响。因此,对于自主性的评价,我们更注重过程性评价而非结果性评价。学生拥有学习的选择权和主动权,应根据自身的学习特点和学习需求等条件,有目的性地选择适合自己的学习方式。

(二)"自主发展"评价设计

自主发展能力对于学生的意义,不仅限于学习是否积极主动的问题,更涉及学生一生能否奋发有为,能否可持续发展,能否为人生找到心灵港湾等问题。"自主发展"的评价指向的是增强自我发展意识,指导自主发展实践,提升自主发展能力,体验自主发展成果,让学生可以自我教育、自我超越、自我实现,活出自己,为生命找到意义。

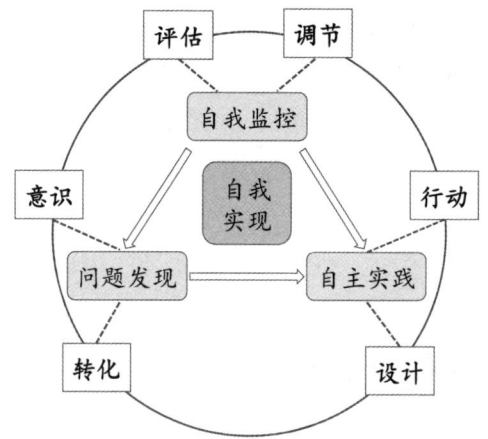

图5-4 学生自主发展的评价模型

1. 循环建构

学生的自主发展经历问题发现、自主实践、自我监控这三个主要步骤,三者循环,最终指向学生的自我实现。针对学生的自主发展,我们建立循环结构的评价模式,以衡量学生在做好这三个关键要素的情况下实现自我发展的螺旋式上升情况。

(1)问题发现。项目化学习中,学生能在真实的学习情境中,有意识地关注事物的现状,产生好奇心,并能根据观察到的现象,在思考中提出感兴趣的、有疑惑的问题,进而转化为有价值的学习问题。

(2)自主实践。学生在项目化学习过程中,主动参与、动手动脑、积极体验,能够主动学习并接受各种信息资源;能够针对实际需要明确问题,并根据原理或限制条件进行设计,提出富有创意的方案;能够利用各种资源加工、设计、制作产品并根据实际效果进行迭代。在分析、设计、建构、展评中,学生寻找方法,解决一个个问题。

(3)自我监控。自主发展意味着学生在学习过程中的行为是自主的、自控的。学生对自己为什么学习、能否学习、如何学习等问题能产生自觉的意识和反应。学生能够自主确定学习目标、选择学习策略、监控学习过程并作出积极的调整、反思学习过程与结果。

2. 具体表现

(1)主动确立研究项目。项目化学习注重逆向设计,学生在开展项目化学习的初级阶段就需要明确达成怎样的学习目标。学生主动地发现问题并转化问题,尝试解决问题。学生在自主分析问题产生的原因、已有的资源,设想最终的成果后,思考"我想实现什么",最终制订出项目学习目标。

(2)自主选择学习策略。在项目化学习过程中,学生自主规划并展开行动,需要通过尝试错误来寻找最优的问题解决方法和路径。这就要求学生对问题情境中已有信息进行收集、整理、归类,厘清已有的条件和方法,根据分析结论自主选择解决问题的方法,并在情境中实践尝试。如果问题无法得到解决,就需要继续探究问题原因,提出新的学习策略。如此反复,直至实现学习目标。

(3)具备自我监控能力。在项目化学习过程中,学生能明确自己的学习目标、制订学习计划、选择学习方法,同时对自己的学习过程、学习状态、学习行为进行自我观察、自我审视、自我调整、自我指导,活动后还能进行自我反思、总结,自我评价和自我补救。

(4)具有自我评价能力。项目化学习是一个较长时间的学习探索过程,需要学生围绕学习目标,清晰每一个学习阶段的目标与方法,对自己在过程中的学习行为、学习状态能做出自我评价;面对困难、诱惑能运用自我控制加以克服和抵制;面对不足,能提出改进的办法。

自主发展是学生内在成长的客观需要和必然要求。在项目化学习中,学生需要自主选择项目、制定任务、解决问题、反馈总结。在这个过程中,学生能否自主确立学习目标,能否自主选择学习策略,是否具备自我监控能力和自我评价能力,是项目化学习能否有效实施的重要因素。

3. 评价量表

基于关怀与创造的自主发展评价,问题的发现对象指向人、自然、社会,这三个圈层是关爱发生的起点,自主实践的具体表现评价内容旨在帮助学生塑造"助人悦己、和谐共生、美好发展"的品格。自我监控则是项目进行中,学生在不断地评估和调节时迸发出的创造性思维,希望学

生经历"问题解决—创新实践—意义联系—学科整合"的学习过程,达成自我实现,学会帮助他人,能够贡献社会。

表5-8 自主发展的评价量表

自主发展的评价量表		
一级维度	二级维度	具体表现
问题发现	观察意识	1.我擅长发现身边人或事的变化。 2.我喜欢观察生活中常见的动物或者植物,并知道他们的主要结构。 3.我常关心社会事件并提出对事件的看法。
问题发现	问题转化	1.我善于总结身边事物的发展规律并找到本质原因。 2.我总能基于问题或需求找到有效的研究角度。 3.我善于将复杂问题分解并找到关键的突破角度。
自主实践	学习设计	1.我善于自主分解目标并为项目制定周全的计划。 2.我擅长针对计划采取多种方法和策略。 3.我总能将有效资源有机整合进学习设计中。
自主实践	实践参与	1.我善于动手设计并制作出物化的产品。 2.我积极参与社会实践活动,熟悉自己所处的环境。 3.我善于在团队项目中与成员共同沟通合作并听从指令。
自我监控	评估	1.我善于观察并反思事物是否全面。 2.我能够判断研究问题是否指向关怀且是否有创造性推进的可能。 3.我能够通过事实和细节来解释和评估我的想法。 4.我知道以怎样的方式从家到学校是最快最安全的。
自我监控	调节	1.我能够用多种手段从不同层次和角度看待事物。 2.我能够及时优化问题使其指向核心目标。 3.我善于突破瓶颈,结合现状利用他人的反馈,找到多种解决方法和策略。 4.我喜欢主动探索新的解决方法并用于解决实际问题中。

"自主发展水平的评价量表"根据自主发展的具体表现,设计了对应问题发现、自主实践、自我监控的评价模块,并进行分点对应分析,获知课程学习后学生自主发展能力的现状。

第二节 促进学习的评价实践

促进学习的评价聚焦项目学习的开端、过程与结果。在项目学习的开端,针对项目设计的关键特质,对项目设计从目标指向、问题聚焦、情境真实、活动生成、评价表现、关怀创造等多个维度进行评价,迭代更新项目学习设计,助力教师教学素养提升。在项目学习过程中,学习过程评价以促进学生的学习和发展为目标,关注学生学习主体,帮助学生了解学习状况,提供有效的反馈和指导,引导"学"的发生,促进"学"的达成。在项目学习成果产出中,学习结果评价以深化项目化的学习反思、成果应用、学习样态为价值取向,建构对学生学习成果以及成果展示的评价应用。通过对评价实践路径的摸索,促进学生学习、教师成长的真实发生。

一、评价项目设计

评价设计的好坏,在某种程度上决定着一个项目的优劣,自然也就决定了学生学习质量的高低。因此,我们认为,首先需要梳理清楚"项目学习"本身,即其本质追求、关键特质是什么,只有厘清这些内容,才能有针对性地评价学习设计。此外,评价项目设计最重要的成果是评价量规。对于设计教师而言,只有拿到具体的量规,才能有具象的、可参照的标准,进而判断设计的优秀处以及可提升处。

(一)本质追求

项目化学习的设计,旨在培养学生运用知识和技能解决复杂的真实

问题的能力,在解决问题的过程中学会如何与人合作、承担责任,形成对社会问题的洞察力,实现个体的成长。学习的评价有助于学生有效学习,获得综合素养的持续发展。

1. 指向对核心概念的深度理解

项目化学习的目标应指向核心概念,它可以是学科中的关键概念、关键能力。跨学科项目化也应指向各学科的关键知识与技能的综合应用,要对分散在课程标准中的各关键内容进行整理、建立联系。每一个项目化学习与一系列分解任务都应建立在概念与能力的联系之上。项目活动是在新情境中将知识迁移、运用、转化,并通过行动将其转化为成果。因此,活动任务需要具有一定的挑战性,才能激发学习者的深度理解。

2. 加强学生与真实世界的联结

作为指向学生成长、以自然社会密切运转相关知识为目标的学习模式,能促进学生发现知识与真实世界的新联系。因此,项目设计应充分调动学生的积极性,使其能够全身心投入情境,动手动脑动情地开展活动。同时,应增强组内、组间的讨论,甚至是超于课堂外的社会性反馈和观点的吸取,从而产生对自己、他人和周围社会环境有意义的成果。

3. 促进素养持续提升的实践

项目化学习用高阶思维包裹低阶学习,通过明确一个具有真实意义且富有挑战性的问题,为高阶思维的发展提供空间,也能不断激发学生探索学习的动力。学生在学习实践过程中,想法逐渐从"我要学会它"转变为"我需要学什么"以及"我怎么才能学会"。学生能够知道他所学的知识除了能应对考试还意味着什么,对他自身、对他发现自身与世界的联系有怎样的价值。这样,学生才能在学习中学会"怎么学""怎么做",能够像艺术家、科学家、工程师一样思考问题,从而增强自我发展能力,提升核心素养。

(二)项目设计的关键特质

项目化学习的设计是运用"课程"的思维重新设计知识、学生与世界之间的联系,因此其必须符合课程的基本特征,围绕项目设计、实施与外延三个学习阶段展开设计,指向全面发展学生的个人素养。

1. 目标指向性

依据所设计学科的课程标准,解读教材知识结构和逻辑体系,根据项目周期制定单元、课时学习目标。聚焦单元核心概念,确定理解目标,在团队任务中,目标的设计应该具有适应不同学生学习风格和学习水平的特点。尤其注意需要保证其清晰具体、可操作、可测量,这样才能够为师生的教学活动提供明确的指引和清晰的评价参考。

2. 问题聚焦性

项目化学习的设计展现出很强的开放性,但这种开放性并非漫无目的,而是旨在为学习者提供一个广阔且多维度的探索空间,以拓宽他们的思考范围,为思维的开放性创造可能。在保持开放性的同时,它更强调问题的聚焦性、驱动性,以及问题结构的设计应聚焦于关键能力的培养,注重结构化。最终导向的驱动性问题具体而明确,这确保了问题解决的可操作性,限制了不可控因素,从而体现了项目化学习的有效性。

3. 情境真实性

项目化学习的场景是真实且多元的。这里的"真实",并非指简单地照搬现实场景,而是要让学习者建立起与真实世界的紧密联系。因此,场景的设计可以多样化:它可以是学科性较强的项目,通过将现有的课程材料转化为问题式的情境,使学生具备主动建构知识、合作解决问题以及关注质量标准的能力;也可以是角色扮演的虚拟情境,如展览策划师、建筑工程师、文化讲解员等,学生需要将自己代入真实世界中的某个角色,建构必要的知识,发展必要的技能;当然,它还可以是直接来源于真实世界的项目,例如将关注身边特殊群体的关怀问题、突破垃圾分类的难点、借助学校组织的春秋游作为活动载体,为学生提供真实的挑战机会。

4. 活动生成性

设计让学习者亲身参与的实践探索活动,能够充分调动学生的感官,激发学生对旧知识的运用,强化对新知识的理解,并建立学科知识与

真实世界情境之间的关联,使学生学会运用学科素养来解释、处理和解决真实问题。因此,应该提供给学生多样化的实践组合形式以供选择,让学生根据自己的意愿和资源考量,选择必选项目与可选项目进行实践。

5. 评价表现性

评价的首要原则是科学性,其最终目标指向课程标准,旨在提升学科素养。因此,评价需与教学目标、项目目标保持精准的一致性。科学性还体现在,当目标内容细化到具体学科时,应充分展现该学科的特点。评价应坚持激励性原则,从正向引导的角度出发,激发学生思考的兴趣。前置性评价不仅要评价过程的完成情况,更要起到指导学习者进行任务实践的作用。评价具有多元性,可以是书面式或口头式,可以是自主评价或他人评价,也可以是组间评价或社会评价,旨在更全面、综合地评价学习过程、学习表现以及学习成果。

6. 关怀创造性

项目化学习的成果不能束之高阁,而要对自己、他人或周围的世界产生意义,真实地触动学习者自己或周围的世界,产生可改善自己或周围环境的成果。在这个真实问题的实际解决过程中,学生从走访与分析中能发现公民角色所发挥的重要作用。项目化学习能发展学习者广泛的技能,健全和培育学习者的人格,体现关怀创造性。

(三)项目设计的评价量表

指向"关怀与创造"的学科项目化学习设计评价以《关于全面深化课程改革落实立德树人根本任务的意见》《义务教育课程方案和课程标准(2022年版)》两个文件为主要依据,聚焦中国学生核心素养,培养新时代学生适应未来的正确价值观、必备品格和关键能力,充分发挥课程培根铸魂、启智增慧的作用,也为教师设计项目化学习设计提供了诊断的依据,以促进其自我反思与优化,为教师间的设计交流评价提供了参考的标准。

表5-9 指向"关爱与创造"的学科项目化学习设计评价量表

视角	评级维度	具体内容	自评			他评		
项目设计	学习目标	对人、自然、社会有助人悦己、和谐共生、美好发展等关爱理念。	1	2	3	1	2	3
		能引导学生深度理解核心概念,学习知识的迁移和应用。	1	2	3	1	2	3
		能注重发展学生的创造性思维与实践能力。	1	2	3	1	2	3
		能考虑发展学生社会协商、沟通协调等能力。	1	2	3	1	2	3
	学习任务	驱动性问题设计紧扣核心概念。	1	2	3	1	2	3
		通过调查掌握学情,问题设计能充分考虑学生起点。	1	2	3	1	2	3
		任务设计具有挑战性,利于创造性思维发展。	1	2	3	1	2	3
		任务设计环环相扣,层层推进。	1	2	3	1	2	3
	学习情境	能从个人小兴趣、身边小关怀、社会大事件中选取最合适的内容设计学习情境,体现对人、自然与社会的关爱。	1	2	3	1	2	3
		围绕学生的学习难点,有助于让学习过程落在"最近发展区"内。	1	2	3	1	2	3
		包含核心知识、学习成果。	1	2	3	1	2	3
		能激发学生学习兴趣,具有一定的趣味性。	1	2	3	1	2	3
	学习评价	制定出评价学习成果的量表。	1	2	3	1	2	3
		能考虑到学生在学习过程中表现出来的学习态度、参与程度,并设计出相应的评价量表。	1	2	3	1	2	3
		评价主体多元,邀请相关学科教师、家长、社会人士等参与评价。	1	2	3	1	2	3

续表

视角	评级维度	具体内容	自评			他评		
项目实施	学教行为	学生在分析、设计、建构、展评等阶段拥有自主性。	1	2	3	1	2	3
		能将生成性问题内化为学习设计的有机组成部分。	1	2	3	1	2	3
		能在教学过程中呵护恻隐之心、发展共情能力、指导关爱行动。	1	2	3	1	2	3
	概念理解	促进了学生对学科概念的发现、归纳、理解与运用。	1	2	3	1	2	3
		学生能建立知识与知识、知识与情境的关联。	1	2	3	1	2	3
		学生能感受到所学知识的意义与价值。	1	2	3	1	2	3
	支架搭建	支架设计类型丰富,一次课程至少运用三种不同类型的支架。	1	2	3	1	2	3
		支架运用合理,在学生需要之时及时呈现。	1	2	3	1	2	3
	合作学习	能设计出小组合作学习的过程性记录单。	1	2	3	1	2	3
		能关注合作学习过程中每一位学生的参与度。	1	2	3	1	2	3
	项目成果	围绕学习目标,绝大部分学生都能拿出学习成果。	1	2	3	1	2	3
		学习成果具有一定的创造性。	1	2	3	1	2	3
项目结束	作业设计	能根据本次课程的核心知识设计作业。	1	2	3	1	2	3
		作业具有一定的综合性、开放性、实践性。	1	2	3	1	2	3
	教师反思	整理教学资料,形成一份案例。	1	2	3	1	2	3
		反思、总结、迭代,形成一份新的学习设计。	1	2	3	1	2	3
	学生总结	设计"出门单",有意识引导学生总结得失。	1	2	3	1	2	3

指向"关爱与创造"的学科项目化学习设计评价量表从"项目设计、项目实施、项目结束"3个视角进行编制,从"学习目标、学习任务、学习情境、学习评价、学教行为、概念理解、支架搭建、合作学习、项目成果、作业

设计、教师反思、学生总结"12个评价维度进行细化,设计出32条具体可操作的量规内容。

【案例】 "设计路线"项目设计评价

一、案例简述

"设计路线"是人教版《数学》三年级下册"位置与方向(一)"的一个学习内容。项目基于真实情境,以"为幼儿园小朋友设计一条最佳校园参观路线"为驱动性问题,让学生经历"数据分析、路线设计、实践体验、迭代优化、带领参观"等一系列活动。学生与合作伙伴明确设计要素,综合运用数学、科学等多学科知识设计校园参观路线,在实践反思和迭代优化的过程中发展设计思维,借助不同角色的体验培养同理心,在现场发布会和带领幼儿园小朋友参观的活动中感受创造的全过程。

二、项目评价

表5-10 "设计路线"项目设计评价

视角	评价维度	评价内容	待改进
项目设计	学习目标	目标适切,课例基本达到了设计目标,培养了学生的工程思维,提升了解决实际问题的能力,也培养了学生热爱生活、关注生活和美化生活的情感态度。	评价主体可以多元,邀请相关学科教师、家长、社会人士参与评价。
	学习任务	经历小组协作、完整解决问题的全过程,很好地激发了学生的探究欲,让学生的核心素养也得到了有效地提升。	
	学习情境	课例基于真实问题和真实情境,按照工程思维的流程,让学生综合运用不同学科知识,很好地激发了学生的探究欲,让学生的核心素养也得到了有效的提升。	
	学习评价	整个项目化学习采用"过程性评价+终结性评价",充分考虑学习过程中表现出来的学习态度、参与程度。	

续表

视角	评价维度	评价内容	待改进
项目实施	学教行为	该项目通过过程性评价生成项目迭代方向,充分给予学生分析、设计、建构、展评的机会。	在教学支架搭建及学生分析建构时,可引导学生对设计服务对象"幼儿园小朋友"的年龄特征给予特定的关怀。
	概念理解	通过"调研幼儿园毕业班""规划参观路线"等实践体验活动引导学生综合运用人教版《数学》三年级下册"位置与方向(一)"中的知识,以及科学、语文、综合实践等多学科知识。	
	支架搭建	遵循"提出问题→分析问题→确定标准→制订可行的解决方案→画出设计图→进行创造→测试改进→反思总结"的过程,课例按照真实问题解决的流程进行设计,大多较充分地考虑到了该年龄段学生的特性,总体难度和梯度都比较合理。	
	合作学习	能设计出小组合作学习的过程性记录单,关注合作学习过程中每一位学生的参与度。	
	项目成果	每个小组都具有自己的路线成果,基于设计需求有小组特质的创造性想法实践。	
项目结束	作业设计	作业具有一定的综合性、开放性、实践性。	在项目结束栏目中可增加学生对于总结性项目的反思作业。
	教师反思	已多次修改迭代项目学习设计案例。	
	学生总结	项目设计中有学生回看幼儿园参观访问时根据设计路线实地带领小朋友参观体验的过程视频。	

二、如何开展学习过程评价

素养导向的项目化学习过程评价的设计,具有严谨实效性,可测可评。高质量的项目化学习过程评价设计有助于发挥评价的导向、诊断、激励和调控等功能,实现学习项目进阶,引导学生在学习过程中形成阶段性改进及升级评价,坚持自主评价原则,支持学生收集资源、分析推理、反思优化。

(一)学习过程评价的意义

"指向关怀与创造"项目化学习以学生为中心,涉及知识运用、合作交流与独立学习等领域,覆盖多个学科,强调应用知识或技术有效解决问题的综合能力培养,发展批判性和创造性等高阶思维能力。结合以上学习特征,需要对项目实践过程中的不同阶段进行设计并实施有效评价。

1. 引导"学"的发生

学习过程评价前置评价量规、嵌入阶段评价、细化合作评价,学生在项目学习中的行为表现、学习路径等均可理解为指向目标达成的证据,使其成为促进学生产生学习的内驱力以及深入学习的契机。评价过程中赋能学生,使学生学会学习与思考,并基于上一阶段的学习设计,努力寻找资源,产生主动发现问题、解决问题的强烈意愿,熟练规划项目路径并实施。

2. 促进"学"的达成

学习过程评价是推动项目目标实现的关键行为指标,可对实践过程、实践内容和具体要点进行整体观察评估。教师要搜集学生真实学习的证据,在学习的动态过程中适时调控,鼓励学生运用阶段评估、自评互评、列表对照评估等手段,实现知识与能力的建构,保证项目高质量完成。

如本校三年级下册"设计路线"项目学习以解决"为幼儿园小朋友们设计一条最佳校园参观路线"这一问题为导向,学习过程评价贯穿于"需求分析""路线设计""实践体验""迭代优化"等一系列活动中,对学生信息提取能力、综合应用能力、解决问题能力、合作交流能力等进行形成性评价,指向学科核心素养、跨学科通用素养,促进其素养的养成。

(二)评价机制建立实施

评价机制对评价主体、评价过程、评价方法等重要内容进行定义,能够使基于项目实践的学习过程性评价模型具有较好的可实施性。

1. 评价主体

评价是项目历程中不可或缺的一部分,项目化学习中的评价主体可以是学生自己、同伴、教师、专家等多种主体,当然也可以包括成果作品

的观众。评价主体除了学生个人还包括合作团队。多方位的反馈和多主体的参与能够增强评价视角的维度和广度。教师需要参与到项目的整个过程中,有效指导项目推进,跟进指导个体和团体反馈,对学生的困难进行方法引导,帮助学生调整阶段性学习行为、学习状态,鼓励学生积极探究,在实践中调整、完善方案,助力学生实现深度学习并形成高质量的成果。

在项目化学习的过程中,评估的重点应放在学生的成长上,评价从澄清学习的目标开始,由获取信息不断改进实践,在过程中推进学生的学习。

2. 评价内容

项目化学习的评价中,学生的评价内容涵盖了促进学生成长的多个测评维度,并回顾和分析整个过程中的关键节点、挑战和收获。一是项目涉及的知识、能力、态度等,包括知识的掌握、知识和元认知的应用等学科素养;二是学生核心素养,如高效完成项目的能力、有效合作能力、人文情怀、创新实践、责任担当等中国学生发展核心素养。

如在"小小藏书票"项目中,根据项目特点,从"概念理解评价""素养能力评价""情感态度评价"多维度设计评价量表,评估了学生在完成藏书票项目过程中,核心素养的达成情况。同时给学生提供自评内容、标准和工具,为回顾和分析藏书票过程中的关键节点、挑战和收获提供参照,推进学生的项目学习进程,并使他们获得积极的学习体验,也为项目的改进提供有价值的反馈。

表5-11 "小小藏书票"概念理解评价量表

评价指标	金牌设计师	银牌设计师	铜牌设计师
问题清单及解决方案	能够提出两条以上的问题,并根据问题提出有效的解决方案。	能够提出两条以上的问题,并根据问题清单提出一条以上的解决方案。	能够提出一条以上的问题,未提出解决方案。
对藏书票文化的了解程度	能够通过多种途径全面了解藏书票文化,并能向其他人介绍。	能够通过多种途径全面了解藏书票文化。	能够通过某一种渠道,了解部分藏书票文化。

续表

评价指标	金牌设计师	银牌设计师	铜牌设计师
思维导图评价	内容完整性：全面反映主题的相关内容。正确性：知识点正确。结构性：思维清晰。设计图文并茂、主题明确、重点突出、逻辑清晰、色彩协调、特色创新。	内容完整性：较全面反映主题的相关内容。正确性：知识点较正确。结构性：思维较清晰。设计图文并茂、主题明确、重点突出、逻辑清晰、色彩协调。	内容完整性：反映主题的部分相关内容。正确性：无明显知识点错误。结构性：思维不够清晰。设计图文并茂、主题明确、重点突出、逻辑清晰。
作品量化评价	积极参与作品量化的评价，能够提出三条以上准确的量化评价。	积极参与作品量化的评价，能够提出两条以上准确的量化评价。	提出一条及以上量化评价。
创意说明评价	能够熟练运用信息技术制作进行作品说明，作品说明清晰有创意。	能够比较熟练运用信息技术制作进行作品说明，作品说明较清晰。	能够结合信息技术制作进行作品说明，作品说明不够清晰。

表5-12 "小小藏书票"素养能力评价量表

评价指标	☆☆☆	☆☆	☆
创作能力	能熟练掌握吹塑纸版制作方法，独立完成作品。	能够比较熟练地掌握吹塑纸版画的制作方法，独立完成作品。	无法独立完成作品。
创新能力	藏书票作品构思巧妙，创意独特。能够反映书籍主题。	藏书票作品构思合理，有一定创意。能够反映书籍主题。	藏书票作品没有创意。
沟通团队合作能力	能够在小组中积极参与讨论，认真倾听他人建议并及时给予反馈。	能够参与小组讨论，并与小组其他成员互动。	能够参与小组讨论，与小组成员无互动。

表5-13 "小小藏书票"情感态度评价量表

评价指标	♡♡♡	♡♡	♡
爱书藏书情感	能够增加学生热爱阅读的情感,能主动阅读,借阅量有较高的提升。	能够增加学生热爱阅读的情感,能主动阅读,借阅量有一定程度的提高。	借阅量无明显程度的提高。
藏书票的热爱	更加了解藏书票文化,能主动积极进行藏书票设计。	一定程度上了解藏书票文化,能比较积极地进行藏书票设计。	兴趣程度一般。

3. 评价方法

评价指标的测量依赖于可观测的载体,以表现性评价为主。嵌入式评价贯穿于学习中,针对每个项目,根据评价目标,可以设计相应的评估方式,如观察记录表、展示、口头陈述、小测验、调查问卷、资料卡片、访谈提纲等工具,收集关于学生学习情况的数据,包括统计分析、主题分析等,找出工具嵌入对自觉性学习的促进作用,更有效地评估学生在整个过程中的表现,同时也可以促进学生能力的更多发展。根据评价结果,提出改进建议,并多次迭代,以跟踪改进的效果。非正式评估包括语言、行动等,可以用于鼓励遇到困难的学生坚持完成项目学习。

评价还采用量化评价、质性评价或两者相结合等综合方法。量化评价可使用数学统计模型作客观计量,获取学生发展的持续、客观的数据。还能以阶段性学习成果作为质性评价方法,开放性的采集和沟通的方法,也体现了学生在项目实践过程中的学习和成长。真实性的评价内容、多元化的评价标准和即时性的评价特点能提高学生学习的积极性、主动性和有效性。

(三)评价模型实践分析

促进学习的形成性评估需要在项目中频繁地出现。学生是项目化学习过程中的积极参与者和思考者,在项目伊始,教师与学生商讨评价方案,一起制定评价量规。在整个项目开展的过程中,评价的结果不仅起到提示、建议的作用,还能够不断积累,构成学生学习的多维图景,从制定标准、多元评价、调整优化,达到改进学习的效果。项目化过程中,教师可以运用评价模型解决"评什么""如何评""结果怎么用"等问题,发挥评价模型的"蓝图"作用。

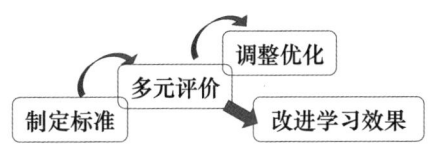

图5-5 学习过程评价模型

【案例】

一、案例简述

比如,"自制柠檬汽水"项目基于小学科学六年级下册"物质的变化"单元,以"物质的变化"为核心概念,学生通过运用科学、数学、信息技术、艺术等知识,进行以科学学科为主的学科项目化学习,以"调制一款安全、好喝的碳酸饮料"为驱动任务展开学习。实践过程中,学生通过老师提供的量规进行项目量规设计,形成科学、数学评价量表(见表5-14),选择合适的材料,对不同材料用量进行同比例换算,多次测试,再结合学生自评、组评、师评,对汽水配方进行优化迭代。

二、项目评价

表5-14 "自制柠檬汽水"科学评价量表

评价指标	A	B	C	D	自评	组评	师评	综合等级
选材	会正确选择各种原料,并根据口感及时合理地调整材料的多少。	会正确选择各种原料,但不能根据口感合理地调整材料的多少。	能正确选择部分原料,能根据口感判断出需要调整材料的多少。	不能正确选择原料。				

续表

评价指标	A	B	C	D	自评	组评	师评	综合等级
调试	会分析原因,根据事实作出判断,并及时调整方案。	会分析原因,并试图根据事实调整方案。	能试图调整方案,但不会分析,不能准确判断原因。	不能调整方案。				
配方	有清晰的配方比。	有较清晰的配方比。	有配方,但没有比例。	没有配方比。				
成本计算	能准确估算出成本,并准确定位成品价格,达到盈利。	能基本估算出成本,并给出价格范围,达到收支平衡。	能估算成本,给出价格定位,达到收支平衡。	不能估算成本,导致产品亏损。				
信息处理	能够调研关键信息,并快速整理有效信息。	能够调研关键信息,但不能快速整理有效信息。	能够获取信息,但不能提取有效信息。	不能获取有效信息。				

(杭州市保俶塔实验学校　王轶)

三、如何开展学习结果评价

项目化学习彰显了学生在学习活动中的主体地位。对学习成果进行评价是项目化学习的重要环节,不仅提供了反馈和调整的机会,还能激励学生进步和反思。同时,评价也有助于实现教育公平,使每个学生都能在项目中发挥自己的优势。因此,教师在进行项目化学习的过程中,应该充分重视并利用好学习结果评价这一工具,以便更好地引导和促进学生的成长。针对学习结果设计并实施形式多样、主体多元、致力于学生核心素养发展的评价,是我们在开展项目化学习之路上不断追求的目标。

(一)评价学习结果的价值取向

夏雪梅认为:"项目化学习是指学生在一段时间内对与学科或跨学科有关的驱动性问题进行深入持续的探索,在调动所有知识、能力、品质等创造性地解决新问题、形成公开成果的过程中,形成对核心知识和学习历程的深刻理解,并能够在新情境中进行迁移。"[1]开展学习结果的有效评价,我们应关注评价为学生和教师成长、学习成果的应用迭代以及学习样态的优化所带来的积极作用。

1. 深化项目化学习反思

学习结果的评价,往往是在基本学习流程结束以后所进行的环节,同时也是整个项目化学习必不可少的环节。学生在解决新问题、形成公开成果后,教师应对学生的学习成果和展示环节进行评价。有效的结果评价,应引导学生对学习过程进行深刻的、有重点的反思,这类反思可以是物质性成果,也可以是精神性成果。物质性成果,主要指向学生参与具体制作的成果;精神性成果,主要指向学生在参与活动过程中,个人的成长和收获等,由此帮助学生在反思中收获更好的自己。

2. 强化项目化成果应用

项目化学习指向核心知识的再建构。所谓知识的再建构,就是学生要在新的情境中实现知识的迁移、运用和转化,产生新的知识,并能够在行动中实践起来。当学生完成项目化学习活动时,所形成的学习成果的应用价值就成为评价学习结果的重要内容。成果的应用,可以为未来的学习提供经验借鉴,可以为自己和他人的生活带来便利,也可以是为未来的人生道路奠基。

3. 优化项目化学习样态

所谓学习样态是指具有某种特质的学习形态,不同的学习样态有不同的运行特点,通过对项目化学习结果的评价和反思,不仅可以在活动的优化和迭代中推动项目化学习向纵深发展,也可以实现参与主体的广

---

[1] 夏雪梅.项目化学习设计:学习素养视角下的国际与本土实践[M].北京:教育科学出版社,2018:10,32.

泛性,充分调动学生、教师、家长、社会等多方面的力量,努力实现全方位育人、全链条贯通、全时空服务,积极构建人人皆学、处处能学、时时可学的学习新样态。

(二)开展学习结果评价的建构应用

对学习结果的评价,具体而言是如何开展项目化学习成果的评价,它是帮助学生不断改进学习成果的重要工具。它的评价一般包含两个方面:一方面是对项目化学习的学习成果本身进行评价,另一方面则是对成果的展示进行评价。下面将结合具体的评价维度和评价量表展开论述。

1. 针对学习成果开展评价

学习成果评价是对学生在学习过程中所获得的知识与技能,以及所表现出来的能力和水平进行的评估。简单而言,在评估基于项目化学习的学习成果时,除了考虑学生在项目中发展的知识与内容、技术与能力外,以下是需要考虑的关键方面:

表5-15 基于项目学习成果的项目化评价量表

评价维度		评价指标		
		需要改进 (1分)	正在发展 (2—3分)	熟练 (4—5分)
成果中的知识	核心知识	对知识的理解有限或者理解有误。	部分理解一些核心概念,存在知识漏洞。	深刻理解所有相关知识。
成果中的技术和能力	成果的内容(要素)	采用内容偏离主题,没有出处或依据,内容有错误。	采用内容基本符合主题,基本有出处或依据,内容较为科学严谨。	采用内容符合主题,生动有意义,且有可信的出处和依据,具有一定的科学性和严谨性。

续表

评价维度	评价指标		
	需要改进（1分）	正在发展（2—3分）	熟练（4—5分）
成果的结构（组成）	素材单一，结构比较简单。	素材较为丰富，结构较为合理，具有提升空间。	素材丰富多样，选材具有典型性和代表性，结构非常合理。
成果的形式（风格）	形式简单，显示较为突兀。	形式略体现设计感，但总体比较普通。	形式和谐自然，具有美感，具有很强的设计感。

关于项目化学习成果评估量表，以"红色北山·研学之旅"项目为例加以说明。本项目化学习着眼于爱党教育，围绕"红色北山"这一主题，以研学之旅为活动载体，让学生化身"红色讲解员"制作红色遗址系列讲解视频，真正当好红色基因的传承者、红色精神的践行者。本项目涉及的学习成果评价量表如下：

表5-16 "红色北山·研学之旅"项目化学习成果评价表

	评价维度	评价指标		
		需要改进（1分）	正在发展（2—3分）	熟练（4—5分）
成果中的知识	核心知识	党史知识不扎实；经常无法完成项目任务。	党史知识较扎实；能较好掌握大部分党史知识和学习技能。	党史知识扎实并能融会贯通；能熟练运用所学知识和方法进行资料分析。
成果中的技术和能力	成果的内容（要素）	视频中采用的党史知识空洞乏味，逻辑不清，内容不够科学，用词造句随意。	视频中采用的党史知识比较清晰，但总体内容比较普通，吸引不了观众的目光。	视频中采用的党史知识符合主题，生动有意义，且有可信的出处和依据，具有一定的科学性和严谨性。

续表

评价维度	评价指标		
	需要改进 （1分）	正在发展 （2—3分）	熟练 （4—5分）
成果的结构（组成）	党史素材单一，结构比较简单。	党史素材比较丰富，但是在素材的筛选上还可以提升，配乐虽经过挑选，但与主题内容不符。	党史素材丰富多样，融合文字、图片、视频、实景等，且素材选取具有典型性和代表性，配有符合情境的音乐。
成果的形式（风格）	视频形式简单，显示较为突兀。	视频形式略体现设计感，但总体比较普通。	视频形式和谐自然，具有美感，具有很强的设计感。

2. 针对学习成果展示开展评价

项目化学习成果的公共展示有多种目的，例如与更广泛的观众分享学习体验，培养学生的演讲技能并展示项目的影响。针对学习成果展示开展评价是对学生展示学习成果的能力和表现进行的评估。这种评价通常涉及学生在成果展示过程中所表现的清晰度和组织性、沟通与吸引力、与项目化学习目标的一致性、创造力和视觉吸引力等方面的评估。我们用下表来呈现：

表5-17　基于学习成果公开展示的项目化评价量表

维度	需要改进 （1分）	正在发展 （2—3分）	熟练 （4—5分）
清晰度和组织性	演示或展览缺乏清晰性和连贯性。	组织较好，但有些地方还可以改进。	展示非常清晰，有条理地演示或展览。
沟通与吸引力	未能吸引观众，导致观众缺乏兴趣。	能够在一定程度上吸引观众，但沟通仍有待改进。	通过引人入胜的表达，有效地吸引观众。

续表

维度	需要改进（1分）	正在发展（2—3分）	熟练（4—5分）
与项目化学习目标的一致性	演示或展览与项目化学习目标不符，缺乏相关性。	部分与项目化学习目标一致，但存在一些较大偏离。	明确展示与项目化学习目标的强烈一致性。
创造力和视觉吸引力	缺乏创意和视觉元素，使得演示或展览缺乏吸引力。	具有一定的创意，但视觉效果还可以更加震撼。	展现出色的创造力和视觉吸引力，提供创意十足的演示或展览。

关于项目化学习成果评估量表，以"杭州 City Walk"项目为例加以说明。本项目化学习将学生视角聚焦于亚运举办地——杭州，也是学生最熟悉的家乡，以"设计一条最能体现杭州城市特色的路线"为项目任务，并进行路线的展示和说明。本项目涉及的学习成果评价量表如下：

表5-18 "杭州 City Walk"项目化学习成果公开展示评价表

维度	需要改进（1分）	正在发展（2—3分）	熟练（4—5分）
清晰度和组织性	城市路线的展示缺乏清晰度和连贯性。	城市路线的展示比较清晰连贯，还可以改进。	城市路线的展示非常清晰、有条理，凸显杭州城市特色。
沟通与吸引力	城市路线的讲演过程和方式未能吸引观众，观众缺乏兴趣。	城市路线的讲演过程和方式能够在一定程度上吸引观众，但沟通仍有待改进。	城市路线的讲演过程和方式能够通过引人入胜的表达，有效地吸引观众想要参与该路线的实践。
与项目化学习目标的一致性	城市路线的展示与项目化学习目标不符，缺乏相关性。	城市路线的部分展示与项目化学习目标一致，但存在一些较大偏离。	城市路线的展示明确，且与项目化学习目标强烈一致。

续表

维度	需要改进 （1分）	正在发展 （2—3分）	熟练 （4—5分）
创造力和视觉吸引力	城市路线的展示说明缺乏创意和视觉元素，使得演示或展览缺乏吸引力。	城市路线的展示说明具有一定的创意，但视觉效果还可以更加震撼。	城市路线的展示过程体现出色的创造力和视觉吸引力，提供创意十足的演示或展览。

第三节　引导内省的师生诊断

指向"关怀与创造"的项目化学习作为本校生态课程探索与推进的重要体现，致力于培养具有关爱之心、创新能力和自主发展的新时代人才，发展教师教育教学的能力，实现自我成长，从而推进学教方式的变革。本校在项目化课程建设的十年演变过程中持续更新学教诊断的内容与方式，围绕学习品质调查量表、教师自主发展测评量表、学习载体支撑材料展开设计，形成了引导师生内省的诊断评价。这样的评价方式，有利于教师了解学生的学习情况，及时优化教学方法，增强教师对项目化学习的价值认同，对项目设计与实施的自我迭代进行指导；也有利于学生发现自己的优缺点，在项目化学习过程中不断提升自我的学习能力与学习品质。

一、适应项目化学习的顶层设计

(一)课程的演化

学校课程围绕立德树人根本任务，把身心健康作为首要工作，养成"健康第一"的生命观；把家国情怀作为育人目标，培养"责任担当"的优良品格；把差异发展作为重要手段，追求"自主卓越"的学习品质。本校深刻理解课程育人价值，落实育人为本理念，致力于建设素养导向的学校课程体系。回顾历程，本校经历了"任务活动"视角的项目雏形、"课程建设"视角的社团课程、"素养发展"视角的生态课程等演化阶段。

1. "任务活动"视角的项目雏形

自教育部2000年1月颁布《全日制普通高级中学课程计划(试验修订稿)》以来,研究性学习进入了大众的视野。为推进研究性学习落地,各地教育主管部门也及时开展了研究性学习成果评比活动。为积极拥抱政策,拓展学生学习路径,提升学习层次,培养高阶能力,本校积极开展了研究性学习活动。这些活动有来自研究性学习成果评比任务的,也有来自教材等素材的任务,还有为解决日常教学生活中发现的问题而产生的任务。因此,研究的开展是站在"任务活动"视角进行设计的,研究性学习活动虽然活动流程多样,活动内容不统一,但都是立足真实情境,运用学习的知识解决真实问题,已有一定的项目雏形。

本校以班级为单位,各班自主组织学习小组,并以小组合作的形式,利用寒暑假的时间,联合家长资源,积极研究并申报研究性学习成果,成果涉及各个学科,在一定程度上激发了学生的学习兴趣,满足了学生的成就感和获得感。在研究性学习广泛开展的前提下,为提升研究性学习成果的质量,本校探索将部分研究性学习从课外转向课内,加强教师对学生的指导,延长学习的时长。例如:针对"人文关怀缺少真实行动"的问题,2013年以信息技术组教师为主要力量,在探讨校园服务提升的问题中,创造性地将问题解决与学科知识进行意义整合,形成首个跨学科项目化课例"运动场上的关怀"。在这个课例中,教师通过头脑风暴等形式,引导学生从现场观众、运动员等不同人群的视角,对运动会上计时不精确等情况进行思考,通过论证将需求转化为准确计时等具体目标。师生经过讨论汇总,从而确定"自动喷淋系统"等可以实施的项目(如图5-6)。这些项目一经推出就广受好评,师生研究热情高涨。

以该课例为种子,学校联动高校,在同年12月成立学校少科院,充分开展了多个项目实践,提出了"以关怀激发创造,以创造实现关怀"的教育主张,形成"关怀→创造→关怀"的学习实践逻辑。

本校不仅充分利用校内资源,还面向社会招募合作教师,以校内开展为主的形式,引领学生进行研究性学习。我们充分利用社会资源,借助合作教师能够全身心研究的优势,形成了一批高质量研究性学习成

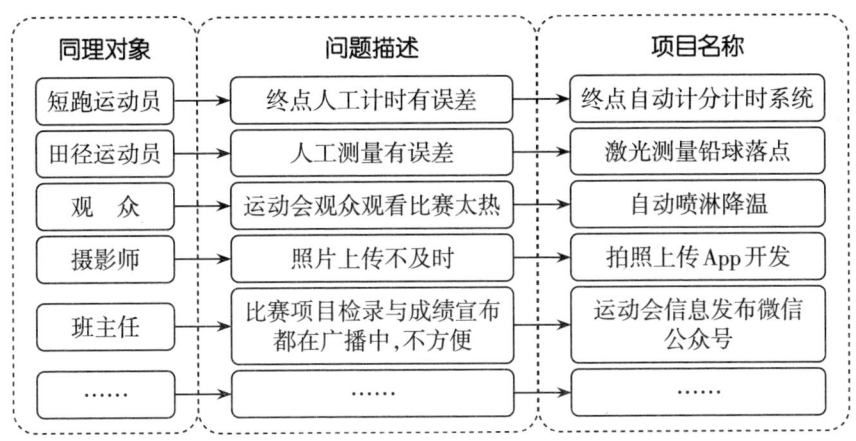

图 5-6 "运动场上的关怀"项目形成

果,其中一些优质成果还获得了较高的奖项,如"西湖蓝,我们在行动"活动成果获得了浙江省一等奖。

自2013年,本校着手开展跨学科项目化学习,直至今天的"项目化学习学科+",研究活动从未停止。在这个过程中,本校开发了一大批优秀案例,如"杭州市路段人行道信号灯感应控制""关于杭

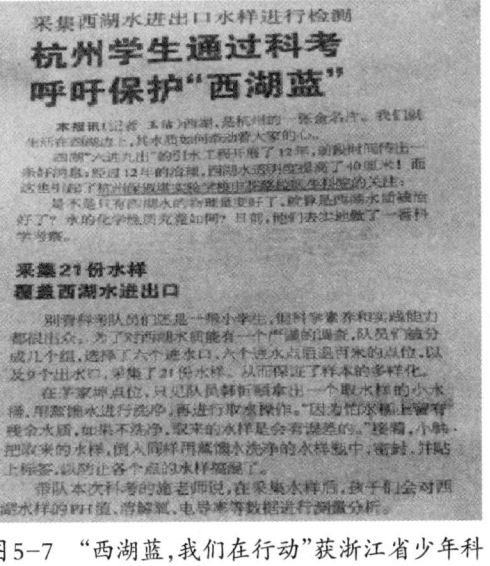

图 5-7 "西湖蓝,我们在行动"获浙江省少年科技创新大赛一等奖(科技实践活动类)

州城郊旅游发展的调研报告""'茶豆套种'解决茶叶种植非粮化的科学建议""随手可得的面具""关于公共场所口罩使用和处理的科学建议""花椒类植物提取物用于木材抗白蚁侵害研究实验"。本校充分挖掘研究性学习活动的时代特征,借助其可塑性强的特点,探索将研究性学习活动作为学校课程开发的起点。同时,我们还借助研究性学习的方式,吸引学生、家长积极参与学习活动,从产生的学习活动中挑选出优秀的、

可复制的、具有持续育人功能的活动，进一步开发为社团课程或项目化学习课程。这一方式也成为了学校课程推进的原生动力。

2."课程建设"视角的社团课程

本校的社团课程是将一批有共同兴趣爱好、特长的学生聚集在一起，每周开设一次，每次两节课时间，以某一主题贯穿整个课程的连贯性趣味活动课程。随着探究式活动的不断开发，学生的学习兴趣在一定程度上得以激发，但探究式活动是以教育主管部门设置的比赛的形式进行，导致活动的开发和开展集中在比赛进行阶段，而其他时间很少涉及。此外，活动的内容散乱，整体表现为活动内容虽然注重与学科关联，但所涉及的内容分布在各学科、各学段，关联性较弱。同时，活动的延续性也不足，活动虽然在不断开展，但多数活动仅在刚开发出来时开展了一次，未能形成稳定的开设学段，使得后续的其他学生无法继续学习。为解决以上问题，本校站在课程建设视角，开发以项目化学习为主要学习方式的社团课程，以期整合学教内容，持续研究，实现深度学习。通过逐年完善的方式，让每一届学生都能参与项目，并不断进步。"课程建设"视角的社团课程的发展主要经历以下阶段：

（1）内外联动建构"学习资源"

针对"跨学科课程资源缺乏"的问题，2015年，项目组以"社会资源课程化"省级课题立项为契机，携手高校和机构按照，"内外联动—系统建设"的思路研发资源；2016年，以市特色课程论坛展示为范例，培育了"智造生活"在内的一大批精品项目课程；2017年，与省内外兄弟学校、国外友好学校开展交流学习，组织师生赴境内外参加"未来工程师博览""目的地想象"等竞赛，并对典型项目开展校本化改造。在此基础上，学校形成了"关怀与创造"的"综合+"课程与6大跨学科项目课程群（如图5-8），共计136项。

全面实施"1+X"模式（必学"综合+"课程与自选6大项目课程相结合），安排每周2次、每次2课时的连排长课，每学年一到九年级人均体验至少3项。此外，同步开展硬件建设，更新CCTSS创客空间、机器人空间，新建种植园、气象站、航空航天等创新实验室，对接校外科研院所和

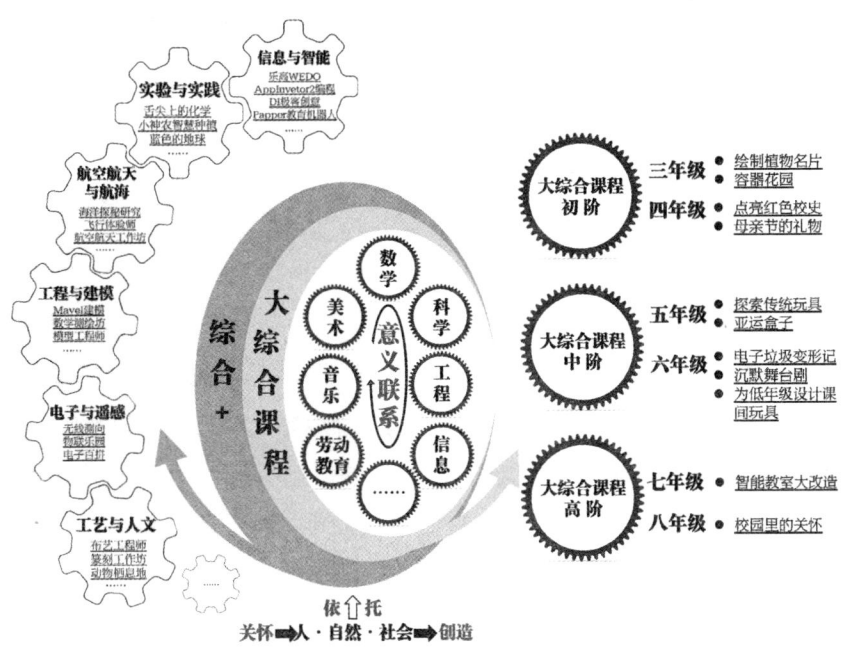

图 5-8 "综合+"课程与 6 大跨学科项目课程群

专业场馆,做到教学资源、时间和空间等要素保障,相关成果获得 2017 年省教科研优秀成果一等奖。

（2）理性实践生发"学教样式"

针对"跨学科项目化学习缺少可迁移实践样式"的问题,2018—2019年,课题组以核心素养为导向,结合"做中学""三元智力"等理论,开展跨学科项目化学教样式探索。其间,学校承担省教育厅组织的两届项目课程国际平移、省初中科学课程改革 30 年高峰论坛暨科学教育国际研讨会等活动,分析总结"水净化""火星家园""真假与虚拟"等项目的学教过程,初步形成四阶学教样式。例如,对放学期间学校门口人车争道引起的拥堵现象进行"分析",联动多个学科,围绕增强结构稳固性,提升桥梁承重性进行过街天桥方案"设计",分类制作桥架、支座和附属构造物等组件,"建构"天桥原型,最后针对牢固度、负载量等维度测试已有模型。同时,在防滑、遮雨等方面优化方案设计和制作,将此模型提供给区域城建部门,实现把方案"应用"于现实生活。

项目组提炼了指向"关怀与创造"的跨学科项目化学习模型,形成以"分析""设计""建构""应用"为中心的学教样式,使学教过程更具操作性。相关课题成为全国教育科学"十三五"规划教育部重点课题,案例被中国教科院收录,部分成果正式出版,本校成为省典型样态学校。

(3)聚焦行为形成"评价模型"

针对"过程评价落实难"的问题,学校坚持"设计—评价—优化"的实践路径,聚焦表现性任务,研制四阶学习过程16个关键行为的项目评价指标。教学时,适时"嵌入"评价量表,以评价来驱动学习,以学习来优化量表。例如,为解决小区垃圾分类后用户投放错过时间等实际问题,学生制作了与手机App互联的垃圾桶模型。在"应用"环节,学习小组围绕"App是否实现预设功能""垃圾桶的开盖方式"等方面对照量表进行评价。有小组提出,当垃圾桶已经上锁时,应通知住户不再投放;当垃圾桶被装满时,应通知环卫所及时清理。在多次分享、多轮评价中,推动了学习进程,优化了评价量规,培养了学生的反思意识和创新实践能力。

经历这三个阶段,学校开发了基于项目化学习的社团课程。具体实践流程为:由学校课程中心牵头,以各课程小组为单位,以社团课为开展形式,辅以每周一次,每次2课时的时间保障,以"学校征集……学校调配"的形式完成社团课程申报。同时还形成了以"关怀和创造"为核心理念的课程评价。

3. "素养发展"视角的生态课程

中国学生发展核心素养以培养"全面发展的人"为核心,分为文化基础、自主发展、社会参与三个方面,综合表现为人文底蕴、科学精神、学会学习、健康生活、责任担当、实践创新等六大素养。《义务教育课程方案(2022年版)》提出,聚焦中国学生发展核心素养,培养学生适应未来发展的正确价值观、必备品格和关键能力,引导学生明确人生发展方向,成长为德智体美劳全面发展的社会主义建设者和接班人。

本校探究实践活动和社团课程均是以教师主导、学生参与的形式实施,是根据行政要求,自上而下发生的课程体系建设,虽然在课程开发中,尽量对课程标准、相关政策性文件、学生特征进行了综合考量,但对学生的品格、关键能力的培养和发展仍然存在未能面向全体、缺乏发展梯度、未能发展学生自主性等方面的问题。由此,本校站在"学生发展"的视角,以核心素养为引领,建设以社团课为精英培养、以学科项目化学习为全员实践、以学生自主社团为兴趣发展的生态课程,从而实现全学科、全学段、全过程的学科实践,以10%的时间,撬动100%的全员实践,达成立德树人、为党育人、全科育人的目的。

(1)从"甜点"到"配餐":开展项目化学习的全员实践

本校实践"跨学科项目化学习"和"学科项目化学习"双线并行的校本化路径。以上两种样态分别在拓展性校本课程和基础性国家课程中落实,前者学生可以自由选择,我们称之为"甜点";后者在各个学科内开展,面向全体师生,指向全部学科,我们称之为"配餐"。开展跨学科项目化学习,我们采用"1+X"模式(必学"综合+"课程与自选6大项目课程相结合),安排每周2次、每次2课时的连排长课,一到九年级每学年人均体验至少3项。

学校借助一年两次的"学术节"助推"学科项目化学习"落地。经过为期三年的"学术活动",我们形成了一批典型课例。比如语文教研组,聚合每个教师一个实践案例,出版了著作《追求高品质的项目化学习》。学科项目化学习于教研组"开花",于教研组"结果",是改变学教方式的重要途径。

为了让众多"项目化学习"优秀案例"活"起来,让更多的老师认识到"项目化"学教方式的实践路径,惠及师生,我们实践了变"个人的课"为"大家的课"的教研模式,具体操作流程如下:

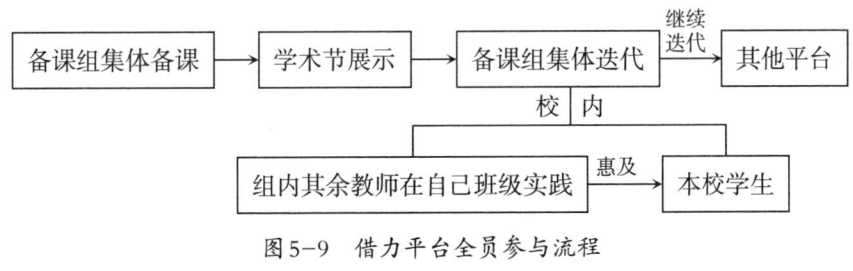

图5-9 借力平台全员参与流程

以一课多构、反复迭代的方式,让"个人的课"变成"大家的课",实现全员参与。如此,不仅整合全体备课组教师的力量,推动全体教师积极参与,实现课例的创生、完善,更可惠及全体学生。同时,借力各类平台实现项目化学习的全员参与、全员获得、全员进步、全域共享。

(2)从"接受"到"指导":转变项目化学习学生的角色

传统项目化学习以学生为主体,教师为主导,由教师开发项目、学生参与的模式开展。本校在保证学生为主体不变的情况下,站在发展学生创造、决策等高阶能力的视角,发动学生通过"自主申报项目课程→自主宣讲招生→自主筛选生源→自主实践课程"的全程自主形式,以学生为主导,引导学生具身式建设自主项目课程,打破师生之间的时代代沟,以有趣、有意义的学生课程吸引学生参与,培养学生兴趣,有力地补充了学校的课程体系。

本校不仅为教师开发、开设项目课程提供支持,同时也为学生开发、开设项目课程提供支持。以分管校长、课程中心、团委、年级组等相关部门作为学生自主项目课程的管理机构,借助晨会、集中反馈、科技节等机会为学生自主项目的开发提供招生、修正、展评的平台。学生自主项目具体实施流程如图5-10所示。

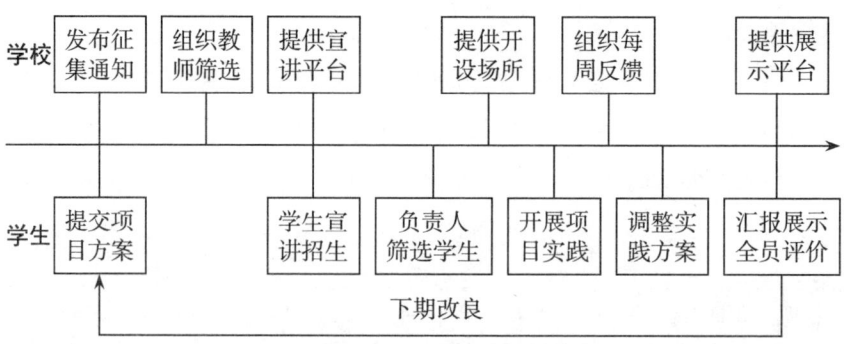

图5-10 学生自主项目实施流程

借此生态课程的成功建设和推进,激发学生的好奇心、想象力和创造力,使学教方式面向未来时代,突破学科实践育人难的困境;对标核心素养确定高价值议题,师生共研项目方案方式,以真实情境拓宽实践时空,自觉躬行巩固实践效果,使学科实践落地国家课程,突破学科实践常态难的困境;以有挑战的真实问题切入,注重合作实践,指向问题解决,实现项目化学习的高品质实施,突破学科实践深化难的困境。

(二)学教的诊断

学校的学教诊断围绕师生的自主发展,把核心素养的培养作为首要任务,养成"指导为先"的评价观;学校的学教诊断以学生和教师的学教行为作为评价的重要指标,形成"行为探因"的评价方式;学校的学教诊断注重师生发展的动态变化,把师生评价进行分阶段综合对比,形成"等级赋分"的增值评价方式。本校着力提升评价的质量,促进"教—学—评"有机衔接,致力于建设引导内省的学校评价体系,形成了针对课堂教学的具有客观评价指标的课堂观察量表和包含学习动力、学习习惯、学习方法三个维度的学生学习品质调查表。

1. 课堂观察量表

课堂观察量表是一种用于记录和分析课堂教学情况的工具。它可以帮助观察者系统地收集关于教师教学、学生学习、课堂环境等方面的信息,为改进学教方式提供有价值的反馈。现在,课堂观察量表作为教学评估的重要工具,正积极推动着学与教方式的深刻变革。随着项目化学习逐渐融入学科教学体系,它促使日常课堂教学模式发生了根本性的转变。在这一进程中,传统的课堂观察评价量表也随之发生了适应性的调整与改进。回顾本校的常规课堂观察量表,主要经历了三个阶段:

(1)"完整实践"阶段

表5-19所示量表聚焦教学设计、教学实施和教学效果三个指标,关注一节课的完整性,聚焦教师在课堂中的引导作用。如在教学过程中,要求教师"引导学生进行小组合作,组织多种形式探究、讨论、交流等活动",并由此逐渐形成课堂上学生合作活动的范式。

表5-19　杭州市保俶塔实验学校课堂观察表(2010版)

指标	维度	标准	得分
教学设计（25%）	教学目标（10%）	1.符合学科课程标准、教材要求、学情。	
		2.明确、合理、具体、可操作性强。	
	教学内容（15%）	1.知识结构合理,重难点明确,难易适度。	
		2.融入学生经验之中,适时适量拓展。	
教学实施（55%）	教学过程（15%）	1.引导学生进行小组合作,组织多种形式的探究、讨论、交流等活动。	
		2.鼓励学生大胆质疑问难,发表不同意见,以学生问题为出发点,形成动态生成的教学过程。	
	教学方法（15%）	1.根据教学实际科学运用教学方法,充分体现学科特点。	
		2.现代教育技术应用适时适度,操作科学、准确、熟练。	
	学生活动（15%）	1.参与态度:热情高,主动参与,自主学习意识强。	
		2.参与广度:全班不同层面的学生参与学习的全过程,有充分参与的时空和有效的合作。	
		3.参与深度:学习内容,感受体验由浅入深,学生能提出有意义的问题和新的见解。	
	教师素养（10%）	1.有较强的组织协调能力、应变能力和即时评价能力,有教改创新精神,有良好独特的教学风格。	
		2.语言生动、准确,教态亲切有感染力,板书规范。	
教学效果（20%）	教学目标达成度（20%）	1.学生学习积极主动,获得的知识扎实。	
		2.在学习过程中形成一定的能力和方法。	
		3.学生的情感、态度、价值观都得到相应的发展。	
评语:			

(2)"学为中心"阶段

为适应教学的发展变化,表5-20经过长期实践与不断打磨,在校内被推广开来。该量表的评价标准更为清晰,同时更关注教学过程中凸显的"学为中心"理念,尤其是在自主开放性上,将"设计富有挑战性的学习活动或任务"作为重要的评价指标,鼓励教师不断更新知识和教学方法,助力教师的专业成长,学生也可在克服挑战和完成任务的过程中收获更加丰富的学习体验。

表5-20　杭州市保俶塔实验学校课堂观察表(2019版)

指标	标准	分值	得分
教学目标	1.教学目标定位准确,重难点突出,指向学科关键能力和素养的提升。	5.3.1.0	
	2.目标中有学习策略、情感态度的集中体现。	5.3.1.0	
教学组织	3.教学指令清晰,注重激励引导,关注学习习惯培养,学生能根据要求有序参与学习活动,乐于表达,听讲或同伴发言时能专注倾听。	10.8.5.2	
	4.能关注全体学生,课堂参与面较广,同时能关注到学生个体差异,提供满足不同层次学生需求的学习内容和活动,并及时提供必要的帮助和支持。	10.8.5.2	
教学结构	5.教学各环节层次清晰,能突出学生自主学习和课堂小结等环节;教师能根据学生掌握情况及时调整。	10.8.5.2	
	6.课堂教学与作业、练习相融合,注重知识的灵活运用,练习体现差异性,注重反馈指导。	10.8.5.2	
自主开放	7.课堂提问精练,富有探究性,善于追问,有效促进学生思维发展。	15.10.7.2	
	8.能设计富有挑战性的学习活动或任务,提供适切的方法指导,引导学生在自主学习和合作探究中获得有效学习。	15.10.7.2	
媒体运用	9.教师能合理使用多媒体设备和信息化手段开展教学,辅助学生学习,提升课堂教学效果。	10.8.5.2	
目标达成	10.学生的知识能力在学习过程中有明显的提升,学生能按时完成学习任务,获得满足、成功与喜悦等积极的学习体验。	10.8.5.2	
对观察点进行具体评价:		总分	

（3）"行为指引"阶段

根据之前两个阶段课堂评价量表的实施反馈，本校经过认真的研究与反思后发现，原有的课堂量表在标准的制定上更倾向于根据学生课堂表现做出对学习效果的主观判断，并在此基础上进行量化打分。但是，不同的听课者有不同的标准，因此在系统分析学生行为时，容易出现偏差，不能完全真实客观地反映学生的学习情况。由此，本校力图以评价指引教师的课堂教学行为，对课堂观察量表做出了进一步修订，表5-21由各个行为指向衍生出十四个观察要点，如"学习设计"这一行为指向的观察要点在于"有开放性、实践性的问题或任务，指向学科关键"，不仅体现了项目化的特点，更使得课堂具有更高的学科实践属性。

表5-21 杭州市保俶塔实验学校课堂观察表（2023版）

行为指向	观察要点	分值 0	1	2	3
课堂管理	①教师不需等较长时间学生就安静下来。				
	②学生发言时，其余同学会专注倾听。				
学习设计	①板书简明、结构化，有设计感。				
	②板块清晰，有开放性、实践性的问题或任务，指向学科关键。				
	③课堂设问有效而富有挑战性。				
学习组织	①至少有1次同伴互助或小组合作学习。				
	②一节课上起立发言同学多于5人。				
	③善于课堂追问，学生之间能产生思维碰撞。				
	④下课前师生对所学内容进行梳理总结。				
学生状态	①老师布置做、练、记等任务时做到全员参与。				
	②学生乐于表达自己的想法，有创造性观点。				
	③学生有满足、成功与喜悦等表现。				
媒体运用	①使用多媒体呈现的内容具有不可替代性。				
	②使用同屏等信息技术呈现学习活动或成果。				
总分					
最终档次（A档：　　B档：　　C档：　　）					

从表5-19到表5-21的更新迭代,体现了本校在学教诊断之路上正在孜孜不倦地探索与追求。从关注教师引导到关注学生学习,从"教为中心"到"学为中心",从注重教学效果判断到注重学生具体学习行为的指引,本校将始终坚持以评价促进学教方式的变革,为培育学生关键能力和必备品格提供生长依据。

2. 学习品质调查

学习品质是学生在活动过程中表现出来的积极态度和良好行为倾向,是众多影响学业发展因素中的重要中介变量。根据2021年浙江省教育质量监测反馈可知,学生学习品质通常包含学习动力、学习习惯、学习方法三个维度。

学习动力是引发和维持学生进行学习活动,推动其向学习目标前进的内部动力,它反映了学习主体的需要和动机,是学习主体对学习行为选择、维持、调节和优化的主要动力来源。学习习惯是在学习过程中经过反复练习形成并发展,成为学生需要的一种自动化学习行为方式。良好的学习习惯有利于激发学生学习的积极性和主动性,形成学习策略,提高学习效率,培养自主学习能力和创新精神。学习方法是学生通过学习实践总结出的快速掌握知识的方法,学习方法直接影响掌握知识的效率,对于提高学习质量至关重要。

初中阶段是学生学习品质养成的关键期。我们注重提升学生学习品质,开展关于学习品质调查的实施,这对于全面把握学生的学习特点和需求、发掘学生潜能、培养学习习惯、增强学习动力、帮助教师进行教学调整等方面有显著作用,有助于培养具有综合素质的人才,为学生未来的成长和发展奠定坚实基础。据此,本校针对学生学习品质的调查围绕学习动力、学习习惯、学习方法三个维度展开设计。在学习动力方面,关注学生对于学习新知识、学习过程以及在遇到学习困难时所作出的选择,关注学生对学习的兴趣程度和成功体验;在学习习惯方面,从问题讨论、制定计划、借鉴学习方法等角度了解学生是否形成自动化的学习行为;在学习方法方面,关注学生在学习过程中所运用的具体的学习方法,由此可在后续的教学过程中着力培养学生更有实效的学习方法。具体

调查表见表5-22。

表5-22　杭州市保俶塔实验学校学生学习品质调查表(2023版)

维度	问题	选项
学习动力	1.我对学习新知识的兴趣程度如何	A.非常感兴趣 B.比较感兴趣 C.不太感兴趣
	2.我对学习过程的态度是	A.非常积极 B.比较积极 C.比较消极
	3.在学习中遇到困难时,我会	A.坚持到底,不放弃 B.寻求他人帮助 C.放弃学习任务
学习习惯	1.我会主动与老师、同学们讨论问题	A.完全符合 B.比较符合 C.基本不符合
	2.我会主动制定适合自己的学习方法	A.完全符合 B.比较符合 C.基本不符合
	3.我会主动借鉴他人优秀的学习方法	A.完全符合 B.比较符合 C.基本不符合
学习方法	1.我有整理错题和进行学习反思的习惯	A.完全符合 B.比较符合 C.基本不符合
	2.我会针对不懂的知识点进行巩固或练习	A.完全符合 B.比较符合 C.基本不符合
	3.我会在听课时将学习重点记录下来	A.完全符合 B.比较符合 C.基本不符合

当然,不同的学科有不同的学习方法,在完成调查之后,对学生进行指导的过程中,亦可根据学科特征和学生实际学习情况进行学习方法的指导和培养。

(三)测评的要求

为了适配教师与学生的项目化素养的发展,作业设计与检测目标就是项目化学习过程中很重要的环节。作业设计需要结合学科特点突出引领性、综合性、开放性和思辨性,以激发学生真实学习为目的,使学生在解决问题中接近学科本质、学科方法和学科价值,激发学生的情感体验和参与热情,呈现出不同于传统的课后作业的育人价值。检测目标要立足学生能力发展需求,引导教师积极探索基于情境、问题导向、深度思维、高度参与的教育教学模式,充分发挥测试对推动教育教学改革、提高学生综合素质、促进学生全面健康成长的导向作用。

1. 作业设计

基于"双减"背景,倡导创建项目化作业设计,以真实情境、系列活动的设计为载体,使有关价值观教育的学科内容生活化、生动化、结构化,为学生的体验活动、探究活动提供运用资料方法、探究策略和表达阐释机会等,激发学生的探究兴趣和欲望,并使学生在探究和解决过程中不断发现自我、发现学习的乐趣,实现心智蜕变,提升学科核心素养。在设计项目化作业的探究任务中,引导学生把关注点放在探究过程中的合作与分享、质疑与验证、解释与重构上,在阶段性学习中综合连贯地运用学科知识分析解决实际问题。

基于"双减"的需求和"双新"的背景,本校的校本作业设计要求也随之发生变化,由表5-23可见,学校作业设计要求中增加了"实践性",这一要求适应了项目化学习的需求,加强了学科实践。例如,科学校本作业的第四部分就变"学习整理"为"学科实践或学习整理",在"学科实践"栏目中设置了制作温度计、自制三球仪向同学演示月食过程、设计制作简易显微镜等实践活动,使作业变得情景化、人性化和趣味化,以实践性作业激发学生从真实生活中去实践学习,以真实的学习探索过程替代传统的纸笔练习,使学生在实践探究中提升综合能力。

表5-23　杭州市保俶塔实验学校中学部校本作业设计要求

2020版	2022版
(1)不重复。与义务教育配套的作业本。 (2)不超标。不超出课程标准以及考试细则要求。 (3)不超前。不涉及本课时没有学习的知识。 (4)层次性。由易到难排序，"基础巩固"与"能力提升"的题数约为2∶1,共约12题。 (5)关键性。题目多指向核心知识和关键能力；若知识非核心，则多聚焦科学探究。 (6)综合性。少量题目在知识、方法、探究能力上体现综合性。 (7)科学性。避免出现科学性错误，务必仔细校对。 (8)规范性。图片要清晰，并标出"第几题图"。	(1)不重复。与义务教育配套的作业本。 (2)不超标。不超出课程标准以及考试细则要求。 (3)不超前。不涉及本课时没有学习的知识。 (4)层次性。由易到难排序，"基础巩固"与"能力提升"的题数约为2∶1,共约12题。 (5)关键性。题目指向核心知识和关键能力；若知识非核心，则多聚焦科学探究；控制选择题数量，建议将部分选择题整合改为选择说理题。 (6)综合性。少量题目在知识、方法、探究能力上体现综合性。 (7)实践性。每一节设置一项实践性取向的任务，以引领学生开展课外科学实践活动，栏目为"科学实践",置于"基础巩固"前或"能力提升"后,视内容而定。 (8)科学性。避免出现科学性错误,务必仔细校对。 (9)规范性。图片要清晰,并标出"第几题图"。

2. 检测目标

《义务教育课程方案(2022年版)》提出,要全面推进基于核心素养的考试评价,强化考试评价与课程标准、教学标准的一致性,促进"教—学—评"有机衔接,增强日常考试评价的育人意识,增强考试评价的适宜性、有效性,优化试题结构,增强试题的探究性、开放性、综合性,提高试题信度与效度。

项目化学习选取真实的情景,引导学生在真实情景中运用多学科知识,在综合能力的支撑下完成分析、设计、建构、展评等学习过程。真实情景往往是开放的,真实问题的解决具有探究性、综合性、跨学科性等特点。因此,项目化试题也成了推进新课程改革的重要手段,且随着项目化学习的推进,与此相适应的学校纸笔测试目标、内容也需同步调整,使检测与学习形成良性互动关系,发挥检测的导向作用。本校对2022学年第二学期期中质量检测命题要求进行了调整,具体如下:

杭州市保俶塔实验学校2022学年第二学期期中质量检测命题要求

1. 科学性:内容科学、无差错,无政治性、科学性错误;试题表述准确、用词规范,图文匹配、题意明确;参考答案与评分标准科学合理,易于操作,评分标准要体现过程性和思考性。

2. 适标性:以学科课程标准与考试说明为依据,重点考核学科核心知识、学科基本能力和综合运用所学知识解决问题能力。

3. 导向性:体现新课程改革理念,面向全体学生;加强与社会实际、学生生活实际的联系,重视过程与方法的考核。

4. 有效性:试题代表性较好,能力考查全面、恰当;试卷结构简约、题量(阅读量)与杭州市各级各类考试要求基本保持一致,编排科学、梯度合理;试题尽可能新颖,鼓励改编或自编,避免偏题、怪题。试卷采取分点压轴,压轴题避免陈题。

5. 难度达成度:实测难度与标准相比正负0.02为合格,正负0.04为基本合格。

命题要求上,本校提出的科学性、适标性、导向性、有效性、难度达成度五个方面的要求与课程方案的要求相吻合;试题内容上,本校试题立足学科概念,在严格遵守课标要求的情况下,结合了项目化学习形式,进行了考查形式上的创新,形成了递进层次分明的试题结构,由此以评价指导学习、带动学习、修正学习,实现"教—学—评"一体化的考试评价,追求"让课标指导教学,让教学跟上评价,让评价反推教学,让教学符合课标,朝着教学评一致的方向不懈努力"[①]的目标。

项目化试题命制需要有明确的问题引导,清晰的研究路径,完整的

---

① 贾龙弟.用项目化命题推进教学和评价改革——以2021年中考嘉兴、舟山语文卷为例谈[J].语文教学通讯,2021(35):77-81.

思维过程。它以命题为抓手，推动教学方式的变革。整卷命制中，根据各学科不同的特点，项目化学习试题比重和类型也不同。例如，语文学科的项目化学习试题比重相对较大，而科学学科的项目化学习试题更多地倾向于以物化产品为载体的试题。以下就是典型的以物化产品为载体的试题。

【案例】 科学项目化试题举例

【设计背景】我国设计的"蛟龙号"潜水艇最大下潜深度达到7062米，希望保实八年级的同学们也能像我国潜艇设计师一样，设计出一艘属于你自己的潜艇！

【产品设计】保贝组用硬质塑料瓶制作潜水艇，塑料瓶厚度不计，两个舱之间密封且不连通，水舱与注射器通过塑料软管相连，移动注射器活塞可以实现潜水器的浮沉。模型如图甲。

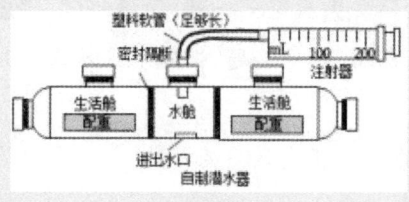
图甲

图乙

【检验产品】下表为该小组制定的量规：

表5-24 自制潜水艇评价量规

验标评价指标	验标评价等级		
	优秀	合格	待改进
功能舱分区设计	生活舱和水舱独立分开，生活舱不进水，且舱区较大。		生活舱和水舱没有独立分开。
浮沉情况	潜水艇能顺利实现下潜、上浮、悬浮、漂浮。	潜水艇能下潜、上浮、悬浮、漂浮，但较困难。	潜水艇不能实现下潜、上浮、漂浮。

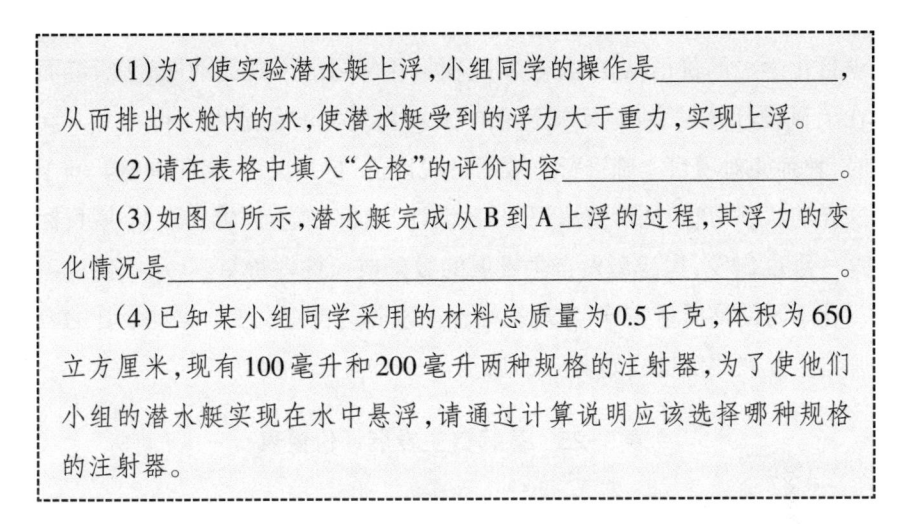

(1)为了使实验潜水艇上浮,小组同学的操作是_____,从而排出水舱内的水,使潜水艇受到的浮力大于重力,实现上浮。

　　(2)请在表格中填入"合格"的评价内容_____。

　　(3)如图乙所示,潜水艇完成从B到A上浮的过程,其浮力的变化情况是_____。

　　(4)已知某小组同学采用的材料总质量为0.5千克,体积为650立方厘米,现有100毫升和200毫升两种规格的注射器,为了使他们小组的潜水艇实现在水中悬浮,请通过计算说明应该选择哪种规格的注射器。

　　2023年11月发布的《浙江省教育厅关于实施初中学业水平考试全省统一命题的通知》指出,中考的命题方向要坚持"落实立德树人根本任务""依据课程标准科学命题""发挥引导教育教学作用""提升试题科学化水平"四个导向,要求提高探究性、开放性、综合性试题比例,积极探索跨学科命题。本校将继续探索以项目化学习为载体、以核心素养为目标、统筹兼顾学生的能力发展水平、坚持素养导向的试卷命制。

二、激发自主发展的教师成长性评价

　　我们倡导通过教师自主发展的方式来提升教师的专业素养。自主发展型教师主要是从自身和社会需要出发,站在有歧义的角度,以完善自我为目的,并以此实现自我价值。自主发展型教师往往具有专业发展的自主意识与能力,能够不断反思、探索、实践、进取,自觉对自己的专业发展负责,主动适应社会发展需要,成为自身专业发展的主人。激发教师自主发展的成长性评价,有利于教师在设计、实施项目化学习中不断自我反思、自我建构,进而提升项目化学习的效果。

(一)教师评估通用量表

　　项目化学习指向教育改革的核心,即学教方式的变革。这对教师来说既是一种新的挑战,也是一个能与学生共同成长的有利途径。教师对

项目化学习的价值认识越深,实践项目化学习的主观能动性越强,继而在项目设计开发、项目实施过程中发挥出更大的创造性与行动力。同时,教师能对项目实施进行有效的自我评价、自我反思、自我调整。基于这样的认识,我们从价值认识、开发设计、项目实施、评价反思、学期目标这些维度出发,构建激发自主发展的教师成长性评价量表,从而促进项目化学习的高质量实施,实现教师专业素养的自主发展。据此设计的教师自主发展评价量表如表5-25所示。

表5-25 教师自主发展评价量表

评价维度	教师自主发展水平评价	星级评价
价值认识	☆认为项目化学习能兼顾学生核心素养提升和学习成绩提升。 ☆认为项目化学习的设计与实施能帮助教师提升教学设计的能力。 ☆认为项目化学习不会影响正常教学进度。	☆☆☆
开发设计	☆能引导学生关注身边的人、自然、社会,基于责任担当发现真实问题,生成项目创意。 ☆能基于课程标准,建立学科教学与真实问题的联系,进而制定真实情境和学科核心素养相结合的学习目标。 ☆能基于需求设计出激发学生学习兴趣的项目,并与学生一起制定较完善的项目实施计划。 ☆能引导学生制定项目实施中每个阶段的评估标准。	☆☆☆
项目实施	☆能组织学生有序地开展项目化学习。 ☆能基于学生学情搭建学习支架,提供学习支持。 ☆能结合评价标准,引导学生对项目化学习进行评价反馈,并根据学生反馈调整项目实施过程。	☆☆☆
评价反思	☆能在项目实施中进行阶段性反思总结,明晰改进方向与策略。 ☆能借助技术工具,对项目化学习实施效果进行多维度评估。 ☆能在项目反思中形成新的思考与项目实践设想。	☆☆☆

续表

评价维度	教师自主发展水平评价	星级评价
学期目标	☆结合学科教学,每学期至少设计并实施一次项目化学习。 ☆结合教学进度,每学期至少设计并实施一次项目化学习作业。 ☆能及时对实施的项目化学习进行总结反思,形成案例或论文。	☆☆☆

激发自主发展的教师成长性评价,首先体现在对项目化学习方式的价值认识上,认为项目化学习是落实国家课程标准的有效方式,也是学生核心素养落地、个人专业发展的有效路径,愿意积极主动地投入项目化学习的实践中;其次体现在教师项目开发设计、实施的能力上,能根据课程标准、教学目标,联系生活和学生实际,开发设计项目,并能指导、帮助学生有序有效地实施项目;第三体现在教师在项目实施中的自我监控上,能对项目的设计、实施作出目标制定、自我评价、自我反思,自我梳理总结,实现专业发展的自主发展。

(二)评估的组织与实施

项目化学习是一种支持、促进和调整学习过程的学教方式。教师所具备的项目化学习素养是高质量实施项目化学习的先决条件。学校通过建构有利于激发自主发展的教师成长性评价,促进教师素养的有效提升。

1. 自主制定专业发展规划

基于课改要求,教师要突破传统教学方式的束缚,勇于变革学教方式,实践项目化学习,这需要教师的自我导向和自我驱动。学校首先进行顶层设计,明确学校整体发展方向,进而引导教师对自身专业发展环境、个人专业发展需求和发展水平进行客观而深入的分析,以自身已有素养和兴趣为基础,结合学校发展方向,进行专业发展的自我设计、自我规划。教师自主制定的专业发展规划有利于实现教师专业成长的自我

引导和自我监控。实践项目化学习作为教师专业发展的"必修课",也是教师专业发展规划的一部分。教师在规划、实践、反思总结中提升对项目化学习的价值认识和实践能力,实现专业自主发展。

2. 开展多形式的项目化教师培训

教师素养很大程度上决定学生核心素养能否真正落实。面对项目化学习给教师带来的种种挑战,学校要重视项目化学习中教师素养的培育。学校通过开展以项目化学习为核心的教师研训,让教师参与到项目化学习中,经历项目化学习的完整过程,丰富教师自身的项目化学习体验与实践能力;通过项目化学习专题行动研究,帮助教师探究项目化学习设计和解决实施中的困惑,提升教师的项目化学习设计、实施和研究能力;通过开展学科融合式研讨,开阔学科视域,获得项目学习中的技术支持,为项目实施提供更有利的实施条件。

3. 建设项目化学习共享交流平台

学校基于项目主题,组建来自不同学科的教师项目团队,在团队协作中,实现学科专业知识技能互补,凝聚智慧与力量,共同计划并实施一个完整的项目。团队成员在实施中互动评价,聚焦困难,探寻改进策略,及时调整项目实施,推进项目的有效实施,形成项目化学习研究共同体。共同体的建立更有利于教师获得项目化学习的实践智慧与成就感。

学校借助一年两度的"春韵"和"秋霞"学术节平台,开展项目设计、项目展评等交流评比活动,让教师在相互学习观摩中获得对项目化学习的深刻认识,在多元互动评价中相互借鉴,实现对自我项目的反思,提高适应项目化学习的专业素养。

三、基于行为指引的学生过程性评价

随着终身学习理念的提出和实践,学生在学习实践过程中通过评价以实现自我,进而拥有终身发展学习能力显得尤为重要。而基于行为指引的过程性评价,是对学生项目化学习中学习动机、过程和效果的三位一体评价。它倡导学生主动参与、自我评价、同伴之间的评价与师生互动,利用不同评价方式发挥学生的主动性和个性,充分发挥评价的诊断、调节、促进作用,增强学生学习过程中的自我监控、自我调整。

(一)学习实践指导手册

学习实践指导手册(以下简称《手册》),将项目学习中的项目背景、项目目标、项目内容、项目评价标准、项目反思等统一成册,于项目化学习启动之时下发给学生。引导学生在学习过程中主动自我规划、实施、总结、反思、改进,形成学习行为改进的优质循环,在同一项目中找到最适合自己的个性化学习发展之路。

1. 学习实践指导手册的作用

学习实践指导手册作为学生学习过程的载体,有助于学生形成对于学习项目的整体认识,并对学生学习过程的自我诊断与改进起到指导性作用。

(1)促进学习实施。《手册》为学生呈现了该项目化学习的完整步骤。项目背景及目标的明确有助于学生在学习之初就清楚"为什么"做任务分析,项目阶段性内容的完整布置让学生对"做什么"了解更加系统,而总结与展望则引导学生更深刻地思考"做得如何"或是"还能怎么做"。《手册》以完整的项目呈现,增强学生在项目实施过程中的自我规划,更有利于项目的进行。

(2)指导学习过程。《手册》中还呈现了以思维导图为主的项目核心概念梳理框图、项目实施小贴士、项目实施过程记录表以及评价量表等,用于指导学生的策略使用和自我监控活动。通过有效的过程性评价,能够帮助学生意识到想要学习的是什么、实时的学习进展以及如何推进下一步学习。反馈作为过程性评价的核心,激活了学生的认知和元认知过程,确认了学生自身在学习过程中的核心作用。

(3)引发学习反思。包括对学习结果的自我评价和自我反应。当学生建立了明确的学习目标,并且能够正确认识到自己当前表现和期望目标之间的差距之后,最后一步便是采取一定的行动来缩小这一差距。基于行为表现,自我反思是伴随自我监控的过程而来的,经过反思之后,学

生进行自我判断,并且在情绪和行为上做出反应,以刺激他们思考下一步的补救措施。

2. 学习实践指导手册的设计

《手册》的设计应以学生为主体,遵循学生项目化学习的程序,基于恰当的学习支架,引导学生对所进行项目的规划与实施。

(1)问题发现。《手册》应帮助学生在真实问题和真实情境中瞄准观察的角度,可以采用现状调查、影视资料发现等手段进行观察。同时,《手册》还应给出发现的方向与维度,并引导学生在发现中确定有价值的、指向学习目标的研究问题。面对复杂问题,则可以通过不同的思维支架,引导学生分解问题。

(2)任务分解。《手册》应将项目大任务分解为若干个具有逻辑关系的小项目,并帮助学生理清任务与任务之间的联系。同时,在每一个子任务中,也应通过各种任务提示的形式,引导学生规划出切实可行的实施方案。

(3)学习评价。《手册》应在重点、难点环节提供过程性评价或终结性评价,对学生学习过程起到指导性的作用。此外,还要确定评价的目的、具体评价的内容或领域、指标和维度,编制具体的评价项和描述,确保评价项能够准确、全面、客观地反映评价的内容。

(4)学习反思。在项目结尾还应设计"项目反思"专栏,引导学生从概念、技能、方法、策略、协作等角度反思个人或团队在项目实施过程以及项目成果运行过程中的优势与不足,为后续其他学习活动提供经验及教训。

【案例】《点亮红色校园——红色校史项目化学习实践手册》

"点亮红色校园"项目化学习以本校是新中国在浙江省建造的第一所学校为背景,引导学生回顾学校红色校史,寻找学校的红色基因。通过参与项目实践活动,学生将利用自己所学知识,点亮红色校园,让红色基因能获得代代传承。在学生项目实践手册中,用思维导图形式建构学习支架,引导学生梳理核心考查内容;通过"小贴士"等形式,对学生实践活动进行规范性的指导;还建构"5W"项目计划制定表,指导学生梳理计划步骤、合理安排时间,并选择合适的方法来展开项目研究,以促进项目的实施。

【案例】《保实绿SSI-L——学生项目化学习实践手册》

"保实绿"SSI-L课程立足于"情境化、真实化",突出"实践性、开放性"特点。课程以环保议题为载体,展开科学观察、科学讨论、科学探究等各项活动来培养学生的核心素养。课程包括开展有关水污染、水净化、水资源保护、全球气候变暖、一次性筷子等主题。在"一次性筷子"为主题的社团实践中,以"是否选择一次性筷子"为议题,引导学生检测与比较餐饮店一次性筷子、循环筷子的微生物和SO_2等化学残留,并组织购买SO_2检测试纸、ATP微生物检测仪与检测棒。以小组为单位,按照操作步骤完成上述两项指标的检测,推测市场中的筷子两项指标的含量情况。在《手册》中主要以量表的形式引导学生实施项目,也加入了思维导图、活动提示等元素指导学生的项目进行。

(二)项目学习PTA量表

PTA(Primary Trait Analysis)即"基本要素特征分析法"。它是一种评价学生任何一种表现或若干综合表现(如实践操作、研究报告、问题回答等)的评分方法。其理论假设是,任何一种行为表现,无论是行为上的还是认知上的,都包含一系列基本的要素。这些要素构成学生学习某些知识、技能或行为表现的基本单元,并对学生在这些基本单元上的行为表现作出准确的评定。由此判断学生在完成这些具体任务时的

总体特征。

1. PTA量表的作用

PTA量表能够引导学生积极主动地思考、分析、抓住问题的关键。同时,它还能够帮助学生,形成良好的思维方式,并在思索过程中建立自信心,产生成就感,激发并延续这种学习兴趣。

(1)有效反馈行为。PTA量表首先要确定每一个要素中的表现性任务,任务主要涉及概念、技能等方面。每一个表现性任务编制2—5个水平量表。PTA量表能够提供及时的反馈和指导,帮助学生了解自己的行为表现,明确改进的方向,在促进个人发展的同时,也能提高团队的协作能力。同时,学生在依据量表进行项目开展的过程中能够及时地看到自己的成绩并获得成功的体验,以及能够通过反馈来纠正自己认知和行为上的错误。

(2)有机嵌入项目。评价量表能成为课堂教学的有机组成部分,引发有效的课堂讨论,并促进学生自我激励及独立学习。PTA量表可分为四种形式:量表前置,即先解析量表后对标量表开展项目;量表后置,即先进行项目活动,后对标量表进行修改完善;量表前生,即根据表现性任务讨论生成量表,后对标实施;量表后生,即在项目进行过程中明确评价标准并进一步修正改进。这四种形式都与项目推进相辅相成,通过评价帮助学生在未知事物的学习中找到方向与标准。

(3)发展学生思维。PTA量表能将学生隐性的思维可视化,学生可以通过量表重新审视自己的行为,并不断修改完善。在这一过程中,学生的思维漏洞同样也能得到弥补。此外,PTA量表还有助于培养学生的批判性思维,为生生间、师生间相互理解与评价提供统一的标准,以便达成共识、促进与他人的沟通,创造公平的竞争环境。

2. PTA量表的设计

PTA量表的设计应是基于学生的项目活动,通过师生观察、生生观察的形式评价学生在完成项目任务过程中的行为举动和项目成果。量表的设计应指向概念理解,与项目化学习设计落点相统一,让学生在真实情境中学习知识,把知识应用于复杂问题的解决。量表的设计还应具备通过支架搭建指导学教行为的功能,并能促进学生养成自主学习能力、合作能力激发关怀与创造能力。

表5-26　PTA量表设计标准

评价维度	具体指标
概念理解	☆能促进学生对学科概念的发现、归纳、理解与运用。 ☆能引导学生建立知识与知识、知识与情境的关联。 ☆能让学生感受到所学知识的意义与价值。
学教行为	☆能引导学生主动分析、设计、建构、展评。 ☆能引导学生将生成性问题内化为学习设计的有机组成部分。 ☆能呵护恻隐之心、发展共情能力、指导关爱行动。
支架搭建	☆能为学生分解项目任务提供指导。 ☆能全程渗透到学生的项目学习过程中,提供适切的指导与帮助。
合作学习	☆能指向小组合作学习过程中的行为记录。 ☆能指引小组对项目化学习实施效果进行多维度评估。 ☆能指引学生在项目反思中形成新的思考与项目实践设想。

在量表的使用过程中首先要做到心中有数,即教师和学生应清晰知道量表的评价标准与规则。而后则是眼中有物,即依据量表进行评价。最后,交流反馈,即师生达成共识,在项目阶段成果中,师生间根据量表打分后,依据评分情况进行互评,为下一步项目迭代提供方向。

【案例】　自制耳机

一、项目简述

基于初中科学八年级"电与磁"中的主要学业内容设计了"自制耳机"的学习课例。项目以"市面上最新款的耳机售价在两三千元"为情境,引导学生通过拆解简易扬声器,明确耳机的结构和原理,建构耳机组装模型,利用线圈、漆包线、纸杯、磁铁等材料,自制耳机并进行评价与检测,最后升华到我国技术发展的需求。学生在课堂上,将知识转化为技术,成功制作出一副简易耳机,这极大地激发了学生的学习热情。

二、评价量表

表5-27 "自制耳机"PTA量表

表现性评价任务	学习记录	PTA检核量表 (每条标准满分3分,请根据真实表现程度按照0、1、2、3四个分值打分)	学习得分
任务一：认识耳机	找出关键结构	◎耳机的关键结构判断准确 ◎简图中各结构顺序位置正确 ◎能明确说明线圈所起的作用 ◎能明确说明磁体所起的作用 ◎能明确说明纸盘振动的原因	
	画出结构顺序		
	表述工作原理		

以上为该节课量表之一，以"认识耳机"为表现性任务，通过量表评价内容，为学生认识耳机这一大任务提供分解任务的方向，还能促进学生主动运用概念，分析线圈、磁体、纸盘等关键结构的作用，但该量表还缺少指向合作学习的意识引导，可做进一步的迭代改进。

第六章
项目化学习的推进策略

加拿大教育改革家迈克尔·富兰在《突破》一书的序言中提出:"我们的目标不仅是语文和数学,而是关于怎样学习,关于学生成为独立的思想者和学习者,关于解决问题,团队合作,了解世界,增强适应性,自如应对全球化的技术、冲突和复杂情况,关于快乐地学习并且有效地将其所学应用于工作和生活的各个方面。"

2015年,上海成立了儿童学习基础素养项目组,启动"指向终身发展的儿童学习基础素养的课程与教学培育研究"项目,其中一项重点研究内容就是项目化学习;浙江省自2016年启动STEAM教育探索以来,逐渐聚焦项目化学习,研究推进项目化学习,并取得了一定的成效;杭州市保俶塔实验学校的项目化学习研究在2013年就开始萌芽。学校历经十年,走过典型样例指向"关怀与创造"、内外联动建构"学习资源"、理性实践生发"学教样式"、聚焦行为形成"评价模型"的四个阶段,如今正深入推进项目化学习的学科探索(见图6-1)。

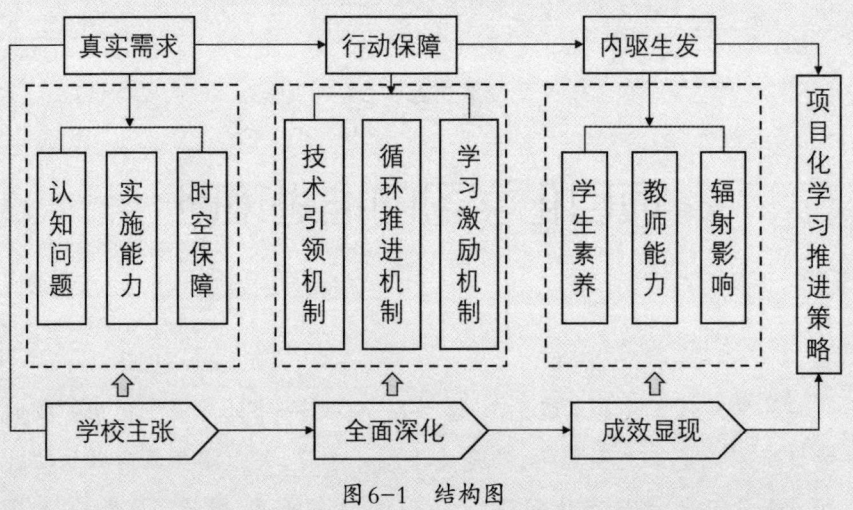

图6-1 结构图

1. 聚焦真实研修需求。学校按样例、课程、模型分阶段完善主张"关怀与创造",凝练以项目激发自我实现,以点到面推进主张同化对象,落实顶层设计,完善组织框架,从技术、支持等多方面推进,凝聚教师共识。

2. 全面保障深化推进。学校基于问题的解决、机制的创建、成果的导向开展项目化学习的探索,核心组以课题带动,构建学教样式,提炼学习模型。

3. 内驱生发显现成果。学校以样例导航、跨科研讨、成果展示为主要途径,实现项目化的多维迁移;以机制推进学教样式可持续化发展,使得项目化学习不断由外力驱动转向师生的自觉行动。

第一节 基于问题开展项目化学习探索

在项目化学习的推进过程中,面对教师认知、实施能力和时间保障不足等问题,学校通过顶层设计教师研训活动,改善内容和形式,分层分类整体规划项目化学习的时间,提供充足的实践资源,提高教师对项目化学习的认知和理解,提升教师项目化学习的实施能力,推进项目化学习的有效实施。

一、认知问题

项目化学习改变传统的教学方式,它指向的是学习本质。学校开展项目化学习初始阶段面临的第一个挑战,就是如何帮助教师建构关于项目化学习的认知,理解为什么要开展项目化学习。

(一)问题调查

开展项目化学习前需要对教师进行调查,了解教师对项目化学习的认知程度,为后续项目化学习如何实施做参考和准备。问卷调查后,我们对教师在项目化学习5个方面的了解和认同度进行了描述性统计,结果如下表所示:

表6-1 教师对项目化理念认同度的总体情况

	了解程度	学科教学帮助	学习成绩关系	综合素养关系	愿意程度
M	4.125	4.328	4.012	4.249	4.011
SD	0.829	0.831	0.786	0.839	0.809

从调查中可知，教师对项目化学习的总体认知度不够。他们认为项目化学习对学科教学、学习成绩、综合素养的帮助并不是很大，因此，教师对实施项目化学习的总体意愿不强。

1. 对项目化学习理解不深

在理念层面，教师虽然听说过项目化学习，但对其理解不深。其核心要素是什么？项目化学习与普通教学方式有什么区别？项目化学习对学生的学习有怎样的益处？开展项目化学习的路径有哪些？如何依据教材开展项目化学习……这些是许多教师关于项目化学习的困惑和问题。

2. 开展项目化学习意愿不强

在实践层面，我们关注教师是否具有开展项目化学习的意愿。研究结果显示，许多教师虽对项目化学习有所听闻，但由于缺乏专业指导、欠缺资源整合、耗费时间过长、与考试内容冲突、与教育评价体制不匹配等问题，教师不愿意开展项目化学习。"现在学校事务已经很繁杂了，老师们的精力是有限的，所以才不想开展"，这是老师们普遍的想法。

(二) 解决策略

针对以上问题，学校采取了包括专家引领、借鉴观察、对比优化等系列措施，助力教师开展项目化学习。

1. 专家引领促认同

学校借助专家的指导，全面开展了项目化学习的通识培训。在这一进程中，每位教师不仅是项目化学习的积极学习者，更是作为参与者和创造者融入其中。培训结构层次分明，涵盖全校范围、学科组以及研修团队等多个层面。专家们结合项目化学习的实际案例，深入剖析了项目实施中的关键难点，并慷慨地分享了他们的实践经验和应对策略。这样的培训重点帮助教师深化对项目化学习的基本理念、丰富内涵、教学方法以及教学环节的理解，从而为项目化学习在教育实践中的有效应用奠定了坚实基础。

2. 项目观察促理解

学校采用项目化学习独特的教学方法，推进了基于课堂观察的实践研修活动。教师们以分组学习、小组合作任务和一对一精细化培训为主要形式,专注于解决在项目化学习教学实践中遇到的实际问题。在确保各研修小组具有相互比较和借鉴价值的同时,教师们积极设计面向学生的项目化学习活动。通过阶段性的观察与反思,教师们深刻体会到项目化学习的独特魅力,他们纷纷表示将模仿优秀课例并加以改进后应用于自己的课堂,同时在充分理解课例精髓的基础上,也勇于尝试自主创新项目进行教学实践。

表6-2　教师观察记录

课题名称:用较大密度的材料造船	
项目化学习目标是什么?	学生体验用不同的材料造船,在制作的过程中学习到将船的底面积做大,高度增加,可以增加船的载重量、稳定性。
项目化学习驱动性问题是什么?是如何设计的?	借助KWH表,发现选择"为什么像钢铁这样沉的材料能够造船"这一问题进行研究的学生比较多。
项目化学习过程中有哪些任务?任务具体用了什么样的支持性活动以及工具?	任务:选择橡皮泥、铝箔纸造船,使船的载重量增大,稳定性增强。 支持性活动:评价量表、画廊漫步、PDQ。
项目化学习成果是什么?	借助展板帮助学生更好地进行过程性记录,以及成果的交流展示。
我的收获	在这一堂课中运用了项目化学习的一些方式方法,能够帮助学生在探究实践过程中深化对知识的理解,并培养他们的综合能力。

3. 项目体验生追求

要使教师真正接纳并认同项目化学习,关键在于让教师深切体验到其独特的优势。为此,学校精心组织了教师参与项目化学习设计体验活动,并将设计后的项目进行教学尝试,并将其与原有教学模式进行对比,引导教师对项目化学习产生更为深刻的认识。通过这一系列的深入体验,教师们逐渐领悟到,项目化学习能够有效地改变学生以往在知识理

解上存在的碎片化、孤立化问题，它能够将知识与知识之间、知识与现实生活之间的问题有机地整合起来。这种整合不仅有利于促进学生跨领域、跨学科的理解，更能够帮助学生形成对知识的整体认知和全面把握。

例如，学科课程、学科拓展课程要转型为问题驱动的探究式学科课程，学科课程的内容不变，但是实施方式采用项目化学习的理念，教师在课堂上使用问题驱动，引导学生用探究的方式完成教学目标。这样以项目为核心进行整合统筹后，课程体系的理念和课程架构更加清晰，结构更加紧凑，联系更加紧密，功能更加显性。

学校积极组织教师参与多样化项目活动，并通过专家引领、观察思考与专题研究等方式深入开展项目化学习的研修，旨在解答"项目化学习是什么"及"其重要性何在"等核心问题。随着研修活动的不断推进和实践经验的逐步积累，结合专业的研究指导和科学的评价体系，学校成功培育出一批项目化学习的种子教师。他们的实践经验为学校在项目化学习领域的推进提供了宝贵经验。同时，随着研究与实践的不断创新，学校的关注点逐渐超越单一的项目实施，转向更为深入的推进机制与实施策略的思考，从而推动项目化学习在学校层面的系统化发展。

二、实施能力问题

在解决了认知问题之后，我们还需要解决教师在实施时所面临的挑战和问题，设计多元的研修形式助力教师实施能力的提升。

(一)问题识别

为了精准推进项目化学习，必须明确教师在实施过程中面临的问题及个性化需求。通过调研教师的"需求与困惑"，我们可以确定其专业发展的项目类型和研究方向，整合不同教龄和团队的需求，为"异质"与"同质"分组的项目化学习研修提供依据。这样的研修旨在促进教师有效发展，提升学习效果。

1. 不知道需要做什么

在传统教学中，教师主要依赖直接讲授和测试，但在项目化学习中，他们面临多重挑战。首先,教师在项目中的角色定位模糊,需要在指导者和设计者间权衡,且在项目前后角色可能转变,这要求教师重新思考自身角色。其次,项目化学习旨在深度学习,但教师在设计教学方案时可能过于注重项目本身而偏离课标,变成为了项目而设计项目。最后,如何构建有效的项目化教学流程也让教师感到困惑。

2. 不明白怎么做

有效的项目化学习是基于关键能力与核心素养的综合模型,但教师在实际操作中常感迷茫。他们在"以学定教""以教引学""以评促学"等教学理念的实践上缺乏明确指导,难以真正实现教学模式的革新。选择恰当的主题、设计项目内容、生成与拆解驱动性问题,以及为学生提供符合其需求的思维支持,还有评价量规的设计与应用,这些均成为教师推进项目化学习的难题。教师必须克服这些障碍,才能确保项目化学习的有效实施。

(二)解决策略

针对以上实施能力问题,学校通过校本研修进行系统规划和顶层设计,架构实践模式,进行全局管理。

1. 浸润式的研修

教师的浸润式学习研修是在"问"中学和"做"中学。通过浸入问题情境和置身真实课堂,形成自觉自主、积极向上的研修文化,营造体系完备、浸润深入、动力充足的研修新态势。

(1)浸入问题情境

我们学校的项目式研训采用了浸润式的方式,为老师创设了项目化教学中诸如"如何基于真实情境设计项目化学习任务"等的情境性问题。通过这种方式,我们引导教师置身于真实、复杂的项目化教学问题情境中,以学校核心问题为驱动,鼓励他们在解决问题的过程中主动探索、实践和创新。

(2)置身真实课堂

项目式学习的研修,需要教师立足真课堂,开展真实践。一个项目可不可行,只有通过课堂实践才能作出评价。创设的情境是否真实?学

生是否喜欢？设计的驱动性问题，是否有驱动力？能否真正驱动学生主动探究？设计的方案中有哪些地方有待改进？基于真实课堂的实践，通过与专家面对面的形式来剖析这些问题，经历论证小组的深入研讨，并将研讨的结果转化为学生学习的成果，促进项目的成功。

【案例】 置身真实课堂的浸润式研修

学校围绕项目化学习，以"浸润卷入"为抓手，从备课、说课、上课、听课、评课等方面，进行置身课堂的浸润式研修。

比如，以小学数学"包装设计小达人"项目式学习为例，对于本课的情境引入，西溪湿地中蕴含着丰富的数学问题，如何根据已有情境设计驱动性问题，如：(1)芡实糕有不同的包装规格，如何设计"省材料"包装攻略？(2)包装盒里的东西用完后，如何有效回收利用，并进行创意改造？(3)生活场景中的不同包装方式蕴含着哪些数学原理？通过老师们清晰表达自己的设计理念，就具体的课堂提问或片段，分析设计理念与课堂实践之间的差距及原因，倾听同伴和专家的意见，确定新的教学改进点，进行新的设计和新一轮的实践。

综合真实课堂的同课异构经验和改进，以及与专家面对面的比较、交流等方式，备课小组进一步完善项目的几个要素和环节，优化项目设计，开展数学为主，科学、美术等为辅的小学五、六年级学生的单元项目化学习活动，形成典型课例。例如：①"项目墙"助力"问题聚焦"；②"6-3-5头脑风暴法"助力"省材设计"；③"公开展示记录单"助力"成果发布"；④"结构化反馈模型PDQ"助力"优化迭代"；⑤"创意提问"助力"包装智造"等5个项目站。

通过对案例的深入分析，我们可以清晰地看到，教师在真实课堂环境中进行细致入微的观察、亲身的实践体验、深层次的研讨交流以及深刻的反思创新。他们在浸润式的教学情境中深度参与、深度学习,从而不断推动项目化学习的设计理念和实践思维的迭代升级。教师经过同课异构及优化改进的项目化学习,更加注重学生的真实学习状态和课堂的实际需求。教师基于对学生真实体验的价值判断,开展学教评一致性的教学活动,有效促进了学生的学习成效。

2. 团队式的互助

推进项目化学习的过程中,学校始终高度重视师资队伍建设,尤其注重分层分类结对带教,并以专业化、结构化、制度化为愿景,积极开展同伴互助的研修。学校成立"项目化学习工作坊",通过"研究型""进阶型""竞合型"三个工作坊的进阶推进,让更多的教师卷入项目化学习研修当中。

(1)分层式互助

根据学校教师队伍的能力层次、掌握程度等具体情况,进行分层式互助,成熟期教师向"培训者"转变,从"输入"到"输出",成长期教师能从互助研讨中得到行之有效的方法和策略,从而实现不同层级教师的双向成长。

(2)工作坊研修

学校运用工作坊研修,通过团队理论学习、团队互动评价、团队共同实践等方式,改变教师的学习方式。从单一备课真正走向集体研修;再者,学校开展有挑战竞赛形式的评比活动,实现深度研习,形成共享资源。在项目化学习工作坊研修中,注重实践和讨论的结合,提供实际的教学案例和教学资源,教师们从学生角度思考问题,找到解决问题的方法,并在体验中把握项目化学习指导的关键点和突破点,从而促进教师自身专业的成长。

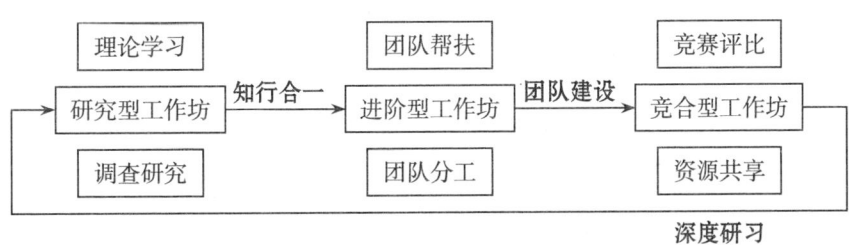

图6-2 工作坊研修的构成及其运行机制

【案例】 设计优质的驱动性问题项目研修支架示例

要设计出一个好的驱动性问题,一般要这样做:首先做一个生活中的有心人,善于发现和收集各种情境素材,比如社会性议题、当前热点问题、应用领域、身边及社区所要解决问题、单元综合练习等等;其次将情境素材与课标标准、教学内容、学生经验紧密结合;最后设计驱动性问题。我们通过研修,讨论并形成了如下所示的驱动性问题表达框架,以供老师们实践。

表6-3 驱动性问题的表达框架

框架词	主角或角色	行动或挑战	对象或目的
怎么能	我/我们	建造/创立/产生	现实问题
怎么做	我们作为(角色/职业)	设计/规划	对于人
应该吗	机构	解决	对于事件
可以吗	社区	写	对于公众
什么	城市	倡导	对于学习
如何	国家	决定	对于班级

3. 反思式的提升

教师的项目式学习研修是在"悟中学"。教师在参与体验评价反思的过程中,相互借鉴,不断修改,从而提升自己的反思能力与研究能力。

(1)自我调节中的个体反思

教师通过观摩其他教师的教学片段和参与互动研讨,在自身开展项目化实践之后,撰写反思笔记。这一过程有助于将原本散乱无序的思考凝聚成更为集中、理性的思想观点。研修结束后,教师对自己的分析、感悟、体验以及新获得的认识和改进策略进行系统的记录、总结和反思。这包括:教师自主进行简洁明了的介绍;有条理地归纳优点或特色;识别存在的不足或问题;并提出针对性的未来改进建议等。

(2)共享调节中的团队反思

教师通过与其他教师研讨交流、与学生交流来反思自己的教学观念、教学行为等。团队反思的过程涉及集体关注、集体回顾、集体识别、集体评估、讨论和分析、团队计划等过程行为。此外,教师还要通过行动研究反思法,运用观察、谈话、测验、调查问卷等多种手段,了解并分析问题产生的原因,对整个研修过程进行理性的复盘和反思。

【案例】 自我反思 持续发展

> 为像评价学生的"学"那样来评价教师的"教",我们设计了项目化学习实施评价量表,让教师在自我反思中,不断总结和积累教学知识和经验,提高教师解决课堂问题和决策的能力,同时帮助教师建立良好的反思习惯,实现教师专业能力的持续发展。

表6-4 自我反思评价表

评价角度	评价细则	自我反思 分值	自我反思 反思结果	同行评价 分值	同行评价 反思结果
课程标准 (20分)	对课程标准的解读是否深入准确(10分)				
	学习内容与课程标准的内容要求、学业质量要求是否一致(10分)				
学生经验 (20分)	学生的学习基础是否被充分考虑(10分)				
	学习过程是否有利于思维进阶(10分)				
学科内容 (30分)	课程主题是否鲜明(10分)				
	驱动问题是否明确(10分)				
	强有力的学科核心知识是否被强调(10分)				
教师选择 (30分)	呈现核心知识、学习方式是否恰当(10分)				
	是否遵循学生主体、教师主导原则(10分)				
	是否树立更长远、更宽泛的课程目标(10分)				
总结					

我们通过过程性反思和总结性反思,对现有项目进行反思复盘、迭代更新,并积极开发反思支架。自我反思帮助教师审视个人的教学实践,识别优点与不足,促进专业成长;团队反思则汇聚集体智慧,通过交流讨论,共同发现问题、探讨解决方案,实现资源共享与经验互补。两者结合,有助于提升教师的教学理念与实践能力,推动项目化学习研修的深入发展,更好地服务于学生的全面发展和教育质量的持续提升。

三、时空保障问题

在开展项目化学习的过程中,时间、空间和资源的合理配置和保障,是项目化学习得以推进的基础。

(一)时间安排

项目化学习强调学生的主动探究和任务完成,以最终获得具有实际意义的项目成果,这一过程通常需要相对充裕的时间。然而,教师在实施项目化学习时,常常面临时间紧迫的挑战。因此,教师必须妥善解决如何在不影响其他课程的前提下,既不过度占用学生的日常学习时间,又能确保项目化学习的有效进行,从而避免扰乱正常教学秩序的问题。

1. 基础性课程

我们认为,项目化学习的终极目标应当是与基础性课程的教学相融合的。唯有在教学中彻底打破传统的课程设置、设计和实施模式,使项目化学习深深扎根于日常课堂之中,才能真正实现学生综合素养的全面提升。2022年版课程标准明确提出,各门课程应至少将10%的课时用于设计跨学科主题学习,强调了课程之间的综合和关联,这是深化课程教学改革的重要动向。

然而,在实际操作中,课时紧张的问题不容忽视。为了在原有基础上推动课堂变革,学校采取了双管齐下的策略:一方面,在课堂教学中灵活嵌入微项目课程,以短小精悍的项目形式高效利用课堂时间;另一方面,根据教材内容精心设计单元项目,确保项目化学习与课程内容紧密结合,有序推进。这些举措旨在确保在有限的课时内,最大限度地发挥项目化学习的优势,促进学生全面发展。

(1)微单元项目化学习时间设置

微单元项目化学习是提炼项目化学习的设计技巧而产生的,根据课程标准的要求,以学科具体概念为中心,以微项目为载体,通过任务驱动,引导学生在真实情境中开展系列探究活动,自主构建知识框架,具有微、精、活、融等特点,可以在单一课时中实施。

比如,在劳动教育课中以常态性课程开设的课程"篆刻艺术"。项目化教学核心组于学期初进行学期教学的整体规划,根据教材原有内容设置、嵌入篆刻学习微项目,培养学生传承文化艺术的兴趣。在课堂中,学生以小组合作的形式展开项目化学习,高效地学习小篆、雕刻和设计创作;在操作中掌握刀法、字法和章法;实践后各组展示成果并交流,从而实现相互欣赏、相互促进。

微项目嵌入课堂教学中,以真实任务驱动学生开展高效学习。教师是教学的设计者、课堂的组织者、引导者、旁观者、协助者。学生以论证、合作、实践等方式进行体验式的设计型学习,学教方式在其中悄然转变。

(2)大单元项目学习时间设置

学校通过单元重构的"大单元项目化学习",以学科课程为根基,厘定学科大概念,对接其单元高层次认知目标,以项目化重组单元课时和结构,实现项目化学习的推进。我们还引导学生在学科知识、思维方法、价值观念的建构或应用过程中解释世界,解决生活问题,解读时代与人生"试题",实现有意思、有意义的深度学习。通过单元的重构,基于教材的单元在重组中设计项目化学习。

比如,小学数学三年级下册第一单元"位置与方向(一)",在传统学教中,学生一般将经历四个课时的学习。第一课时,学生认识东、南、西、北四个方向;第二课时,认识地图上的方向;第三课时,认识东北、东南、西北、西南四个方向;第四课时,会看简单的路线图(八个方向)。以上的学习内容主要基于教材例题。

学科项目化团队根据教材内容的目标,设计了"欢迎来到我们学校"的大单元项目化学习。本项目以数学学科为核心,涉及语文和美术学

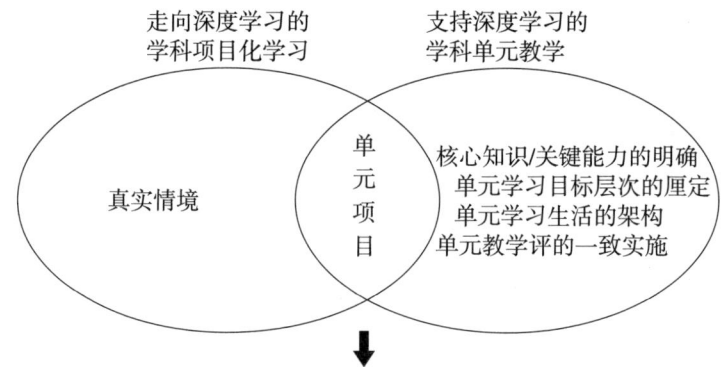

图6-3 "大单元项目化学习"内容的逻辑关联

科,学生将通过现实的需求设计参观校园的路线,学会从数学的角度思考,并初步学会在项目活动中综合应用数学的知识解决实际问题。项目的学教实施仍为4课时:第1课时,学生进入真实任务情境,了解为幼儿园小朋友设计参观路线的任务;第2、3课时,学生以小组为单位,经历设计、实践、调整参观路线的过程,提高分析问题和设计、执行的能力;第4课时,各小组汇报路线,互相评价反思。

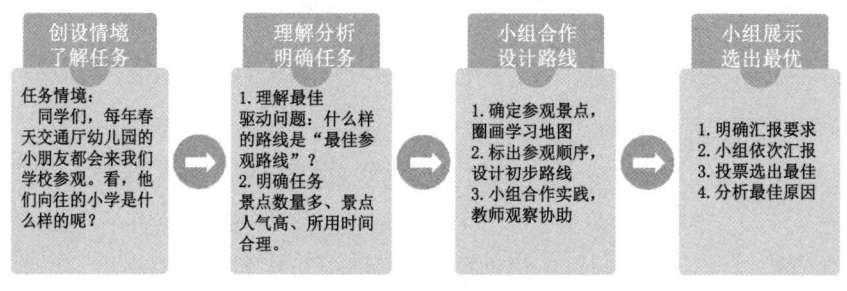

图6-4 活动任务设计流程图

2. 个性化课程

在项目化学习的实施过程中,面对大多数项目需要比较长的时间开展的困境,学校全面实施"1+X"模式,即必学课程与自选六大项目课程相结合,安排每周2次、每次2课时的连排长课。实施策略上可实行"X+1"模式。"X"是多点分布,围绕一项主题任务分散安排上课时间,可以是一个周期内固定一天的两节课连排;"1"是固定一周为跨界学习周,一周时间学生都在跨界形态下开展项目化学习。

(1)大综合课程时间设置

学校为了更好地开展项目化学习,以每周二上午连排两节课来落实"大综合"课程,通过自然班形式,年级组整体设计项目化学习内容,围绕一项主题任务分散安排上课时间。

比如,"玩转亚运盒子"是四年级大综合课程中的一个项目,本项目一般设为10课时,历时约2个月。学生以"制作亚运盒子"为项目任务,搜集杭州亚运资料、设计亚运盒子方案、调试改进亚运盒子,最后在班级与校园中进行评价、分享、展示。

(2)社团课程时间设置

学校现有的社团课程包括"航空航天与航海""工程与建模""电子与遥感""工艺与人文""信息与智能""实验与实践"六大类。学校课题组、教导处、教研组对已经开发的课程内容进行梳理、精选,以学科整合的视野,结合学生社会生活经验,开发具有普适价值的"综合+"课程。

比如,小学部在每周二下午安排完整的一小时,学生自选课程发展个性特长。中学部依据学生在校时间,开辟了更灵活的学习时间——每周五,学生可自选社团课程;周一至周五晚自修前,学生可自选加入感兴趣的课程。各学科教师在自身学科特色的基础上,融合基础性学科,融入真实问题情境,从而满足学生学科理解与生活理解的发展需求。

3. 寒暑假课程设计

学校教学的中心任务是培养具有适应未来社会环境能力的人才。为满足学生持续性学习与发展的需求,学校在学科项目化及拓展性课程的基础上,以年级组为单位鼓励各科教师合作设计寒暑假等假期时间内的长周期项目化学习,改变了原来以纸笔为主的假期作业方式。以项目主题的方式开展假期项目探究,让学生面对真实情境的挑战性问题,经

历应用和探索的学习,形成自己的意义建构,并在展示学习的过程中经历深度学习,既优化了假期作业的形式,又培养了学生的综合素养。

表6-5　大单元项目化学习小学1—6年级寒假学习活动

年级	项目化学习主题	融合学科
一年级	萌娃过大年	语文、体育、美术、劳动教育
二年级	缤纷冬日　兔年集福	语文、数学、体育、美术、英语
三年级	小鞋柜　大世界	语文、数学、科学、美术、劳动教育、英语、音乐、体育
四年级	"保贝"迎冬奥	数学、语文、英语
五年级	我是冬奥小主播	语文、数学、信息技术
六年级	初中生活畅想曲	语文、数学、体育、美术、劳动教育、信息技术

(二)空间创建

项目的设计和实施密切依赖于师生所处的教学环境及可利用的教学资源。学校的支持力度、项目式学习场所的可用性、学生获取资料信息的途径(如图书馆、微机室等),以及学校设备仪器的兼容性,都是我们在推进项目化学习时必须细致考量的问题。在实施过程中,我们既重视新教学空间的开拓,也关注既有教学空间的优化升级,力求充分发挥教学空间的学习、育人和创新功能。学校通过打造更多具有特色内涵的学习空间,提升办学品位和教学效果,从而为学生提供更加丰富、多元、高效的学习体验。

1. 空间打造,特色创建

为了解决项目化学习实践空间的问题,我们对学校的整体进行了设计,通过"五学园"打造特色课程与空间。

(1)人文社科类

"红学园"以心理辅导室、保贝团队室、校史室为基础,融合品德、少先队等学科和活动打造红领巾项目;"文学园"融合语文、英语、艺术等课程,打造具有辨识度的保实文学项目。

(2)科技工程类

"科学园"以科技楼为基地,以CCTSS创客空间、机器人实验室、气象站、航空航天创新实验室等为基础,融合数学、科学、信息等学科打造特色园区;"农学园"以种植园、养殖园等为基地,融合劳动、综合实践等课程,打造学生劳动实践项目。

(3)艺术美育类

"艺学园"以民艺坊为基地,以民乐、管乐、绘画、书法等课程为基础,融合音乐、美术等课程,打造学生审美创造能力的项目。

CCTSS空间　　　　航空航天教室　　　机器人教室

图6-5　学习空间图(部分)

2. 项目智库,资源优化

在深入研究中,我们致力于精准地选择与构建项目化学习,尤其关注不同学段同一课程知识能力体系的螺旋式上升设计,以体现目标的分层递进。同时,我们强调不同课程之间的差异化特色,确保基于基础学科的项目能够针对具体学段进行合理安排,从而实现基础性课程与拓展性课程之间的有效衔接。学校的项目化学习始终以服务教学和学生为中心,通过持续的动态更新与优化,课程内容将更为精致,并能更好地促进教学方式的创新转变。借助"凡龙科技"等数据智慧系统,通过智慧课堂"资源中心",实现资源共建共用、资源分类管理,能通过平台、个人资源上传及分享,实现教学资源课前、课中、课后的教学服务。

3. 平台搭建,品牌打造

承办浙江与美国印第安纳州STEM课程平移、科学课程30周年高峰论坛等高层次研讨活动,开展以"保俶春韵"等为主题的学术节,为教师项目化教学探索创设交流学习机会。项目化学习作为课程整合的重要方式,是学生学习多样化知识和技能的载体。在课程目标上,强调以学生的核心素养为价值取向,增强学生对世界的整体认知;在课程内容上,它以学生的学习和生活为逻辑起点,围绕某一主题整合组织相关学科内容;在课程价值上,它充分认知并重视其引发学生学习兴趣、关怀意识、创造能力、合作能力、解决问题能力的强大助力,为学生形成对问题解决的全局观念,并达成自我实现、帮助他人、贡献社会的价值认知奠基。

图6-6　学校承办全国跨学科与项目化学习国际学术研讨会

第二节 基于机制引发项目化学习行动

学校落实顶层设计,完善组织框架,凝聚教师共识,并持续采取系列策略,通过技术引领、循环推进、激励学习三个方面的机制创建,使得项目化学习不断地由外力驱动转向师生的自觉行动。

一、"技术引领"机制

学校以"关怀与创造"为指向,发掘学科间的意义联系,坚持问题导向、学为中心,从主张凝练、样式引领两方面开展跨学科项目化学习的机制引领,积极探索素养导向下的教学变革,利用"技术"带领教师开展跨学科项目化学习活动。

(一)主张凝练

学校以项目研究引领教学实践,采用"实践—总结—实践"的方式,系统推进项目化学习,在十年的探索过程中经历了五个发展阶段。

1. 凝练的过程

以关怀激发创造,以创造实现关怀,选择不同学科间有意义关联的任务,为现实需求提供创造性的解决方案,确定项目化学习不同阶段的实践重点,学校主张循序渐进,有层级地引领教师开展项目化学习行动。

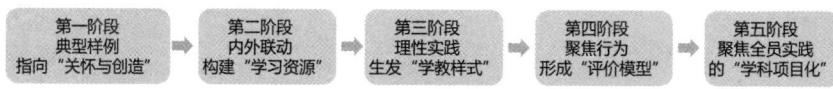

图6-7 指向"关怀与创造"的项目化学习主张凝练阶段

第一阶段用典型样例指向"关怀与创造",利用跨学科项目化课例带领教师学习,构建新知;

第二阶段内外联动构建"学习资源",借助校内校外资源,构建"综合+"课程及6大跨学科项目课程群,大幅度开展跨学科项目化学习活动;

第三阶段理性实践生发"学教样式",学校课题组以核心素养为导向,结合"做中学""三元智力"等理论,开展跨学科项目化学教样式探索;

第四阶段聚焦行为形成"评价模型",针对"过程评价落实难"的问题,学校坚持"设计—评价—优化"的实践路径,聚焦表现性任务,研制四阶学习过程的项目评价指标等。

第五阶段聚焦全员实践的"学科项目化",针对进一步深化项目化学习的问题,通过学科项目化的开展,全学科全员深化项目化学习。

2. 同化的过程

学校通过教师个人的主张、核心团队的构建、教师团队的同化三个层次进行跨学科项目化学习的推进,由点到面推进项目化学习。首先是个人专项研修,一般为学科内的知识建构与实践,掌握一定的项目化学习的方法,成为个体的教学主张;在有了一定的研究基础后,学校组织教师建立核心团队,形成团队的研究,团队将设计模板课例供全校教师参考;最后,整个教师团队依据课例进行自身课堂的重构,从而达成整体的共识。

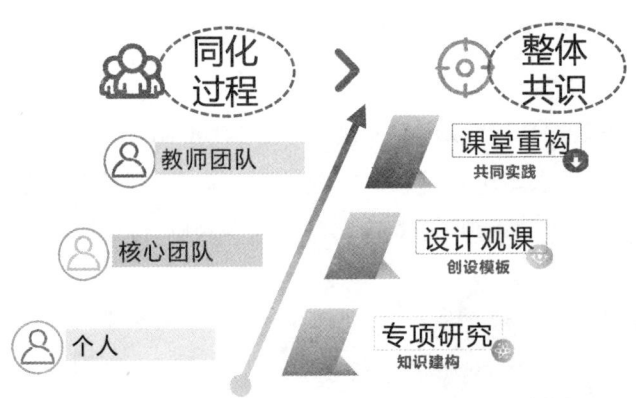

图6-8 教师团队共识同化流程

(1)教师个体主张实践

项目化学习开展初期,在整体推进的过程中,教师可以挖掘一些主题进行设计实践,从而得出一些心得体会,再把这些方法融入跨学科项目化学习中,以支持教师开展真实的跨学科项目化学习实践。以"专项研究"为重点,将学科主题的研究深入到平时的教学中,通过专题研修的方式推进成熟的项目化学习研究方式,在此过程中,项目化学习在教师个体中慢慢形成教学主张。

例如,科学组团队教师进行个体的专业学习,以组内研修为手段,进行跨学科项目化专项的主题研修活动。

科学组组长汪霞老师(区学科带头人)引领,在科学单元教学中渗透项目化学习理念和实践,利用团队力量进行研修,从人的需求出发,发现科技节的情境与五年级船单元相结合能体现"关怀",于是开展了五年级船单元"小小'造船'"项目,利用头脑风暴等形式设计每个环节的教学任务。

图6-9 科学组团队研究实践

在这个项目中,利用专用教室后面的大黑板清晰呈现学生在项目环节中的思考过程和成果,团队教师在每个环节进行实时跟踪与调查,不断改进各个环节和思路,深化迭代项目。

在团队研修过程中,本次项目从科技节的情境出发让学生学会如何设计并造好一艘船,也就是再次让项目回归到了人的需求,这就是"关怀"的体现。学生的成长归功于每位教师的新成长,在本次科学的系统项目化学习过程中,教师有了新成长,为跨学科项目研修打下了坚实的基础。

(2)核心团队深度实践

通过学校专家专题研修以及学科项目化主题研修,教师们有了一定的理论和实践支撑。此时,学校组建跨学科教师核心团队,共同研究

跨学科主题,设计课例并提供范例,助力更多教师的共同学习与成长。以"设计课例"为抓手进行突破,从现实需求出发,挖掘主题,设置跨学科研修团队,通过团队研讨学习,借助项目化学习资料不断挖掘项目的具体环节和措施,在实施后形成成熟的案例助力更多教师深入思考和实践。

表6-6　各学科团队研究实践过程

跨学科研修团队	设计课例
 组建跨学科项目研究团队	从需求出发,体现关怀,创建团队。同学们也有切身的体会与发现:在校园里,不是今天A同学弄丢了铅笔、橡皮,就是明天B同学丢了书籍、作业本,更有甚者把校服、红领巾都弄丢了。而丢了物件的同学,除了个别人会在主席台寻找,大部分都会不了了之。 基于这样的背景,各学科教师团队需要共同研究跨学科项目化主题。
 团队教师项目研讨	团队教师利用学科优势进行项目研讨,根据需求确定项目环节以及具体措施 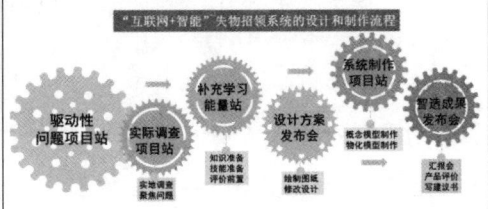
 形成项目学习实践案例	利用学为中心的理念,借助项目化案例的拆解视频帮助教师深入理解跨学科项目化学习的深度内涵,同时详细的拆解案例能帮助更多的教师借鉴学习,是一种共同进步的良好措施。

(3)教师达成整体共识

以"案例分享"为重点进行推进,将每个团队的案例进行相互交流分享,其他教师可以利用"观察员"的身份进行反馈,提出自己的感想,从而在原有的跨学科项目化案例中找到问题或者优点,在思维碰撞中再次迭代案例。通过案例分享方式推进成熟的项目化学习研究,部分教师作为观察员迭代学习,提升自我,最终使教师整体达成共识,共同促进跨学科项目化学习。

【案例】 杭州智慧公交站改造设计

> 案例背景:(基于社会需求)亚运会即将在杭州举办,如何对杭州公交进行智慧改造提升,让来杭州乘坐公交车的人拥有不一样的美好体验?
>
> 观察员:孙静,杭州市保俶塔实验学校
>
> 观察感想:该团队在浏览待改进项目后,相互分享发现的问题,然后依次对驱动性问题、任务链、学习目标和项目简述进行了改进。过程中合作无间,交流顺畅,分工明确。另外,团队中老师思维灵活,富有创意,多次快速提出合适的方案提议,或是列举平日积累的优秀案例中的成熟做法,并将其迁移到迭代项目中为己所用,值得学习。

(二)样式引领

学校通过项目化学习的系列实践,从中总结出经验和方法,利用表格工具为教师项目化教学设计提供样式引领。

1. 项目设计

学校基于项目化学习的实践,统整了项目化学习教学设计模板,包含跨学科项目化学习以及学科项目化学习模板,如下表所示:

表6-7 项目化学习设计模板和说明

项目名称	提示说明
【0】学科项目化学习 类型:【0】A.微单元项目 【0】B.小单元项目 【0】C.大单元项目 学段:【0】小学 【0】初中 学科:＿＿＿＿＿＿＿＿ 【0】跨学科项目化学习 类型:【0】A.综合 学段:【0】小学 【0】初中	项目化学习是以项目为核心,融合多个学科的知识与技能来解决问题。根据学习过程中不同学科整合的程度,项目化学习可以分为学科项目化学习、跨学科项目化学习。学科项目化学习可以是以某一学科为主体加入其他学科元素(单学科),也可以是多个学科围绕某一个主题进行组合(多学科)。学科项目化学习中学科界限明晰。跨学科项目化学习则深度整合多个学科,学科界限融合。
面向年级	
实施时间	
项目简述	200字以内,介绍项目背景,描述生活中的现象、问题等,说明为什么要做该项目,要做什么。说明项目时长、涉及学科和年级。
驱动性问题	驱动性问题是指具有凝练意义的能引发学生自主探究并推动学生问题解决的关键性问题。
核心概念	核心概念包括学科核心概念和跨学科核心概念,学科核心概念是指向学科本质的概念,跨学科概念指应用于多个领域、超越学科界限的共通概念。核心概念须依据课程标准确定。
学习目标	学习目标是结合项目内容、核心概念、素养(能力)水平、学习手段的综合表述。学习手段应体现自主、探究、实践等学习方式。学习目标采用素养目标表述,跨学科项目化学习另外设分解的学科目标(如科学目标、技术目标……)。

续表

预期成果与评价	阶段性成果		预设不同阶段成果和汇报具体形式。
	个人：	团队：	
	终结性成果		
	个人：	团队：	
	评价		评价量表体现过程式评价内容。
汇报形式			
教学准备	学习制作材料：		说明教学前学习、材料及推进项目化学习成果达成的具体思维工具。
	思维支架工具：		

项目总览

驱动性问题：亚运会即将召开，怎样对杭州公交站进行智慧升级，满足乘客的需求，使其更便捷、智能、舒适。

核心任务 —— 支持性活动 —— 支持性工具

任务一：调查公交站台的不足及不同人群对公交站台的需求
1. 学生在课堂上头脑风暴，抓住目前公交站的设计痛点。 —— 痛点分析法、观点激荡
2. 设计调查问卷，旨在厘清目前公交站的不足与不同人群的需求。 —— 调查表
3. 在线上和线下发布调查问卷，对实际问题和需求进行收集。 —— 云调查、采访

任务二：对收集的数据进行整理分析
1. 对收集的数据进行整理、归类（安全、便捷、智能、舒适等），根据频数分析筛选出具有改造价值的问题。 —— pov工具
2. 各小组自主选择1-2类问题，利用POV表进行数据分析。 —— pov表

任务三：商定项目评价量规
1. 商定过程性量规（包含态度、能力、合作、素养）。 —— 核查表、分值系统
2. 商定成果评价（安全、舒适、便捷、智能、绿色等）。 —— Think-Pair-Share

项目实施

任务一	时长		支持性活动	设计意图
	学习目标			
	核心问题			
	核心任务			

续表

任务二	时长		支持性活动	设计意图
	学习目标			
	核心问题			
	核心任务			
任务三（可根据实际进行增减）	时长		支持性活动	设计意图
	学习目标			
	核心问题			
	核心任务			
项目成效	（教师对案例迁移实践可以填写该部分）		项目成效包括学生的成长、教师的发展、项目的成果等	
项目反思	（可以填写实践后的反思，或者拆解优化后的反思）		项目反思包括对项目拆解优化或实践后的反思	

说明：此表为西湖区教育发展研究院指导下学校形成的项目化学习设计模板

2. 项目实施

依据项目化学习基本流程，学校建构"指向关怀与创造的跨学科项目化学习实践模式"，项目化学习是在一系列组织样态的推广中形成的学校品牌，学校通过以下方式进行学科项目化学习组织样态的推广，包含学期规划、课例设计、团队实践、调整完善、多元推广等循环模式。

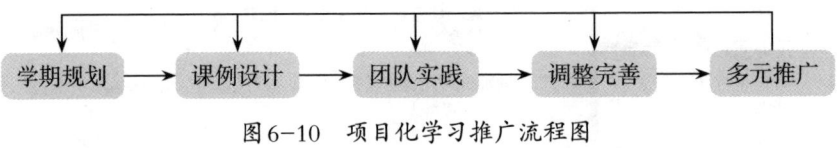

图6-10　项目化学习推广流程图

首先，学校在学期前设定一个总体的规划，每个学科进行哪些项目化的学习活动；其次，教师对所设计的项目化学习活动进行课例的设计；然后，团队进行同课异构、同课同构等多种方式的实践；最后，在课程实施较完善的基础上进行课例的推广，通过校内、校外、线上、线下等多元的推广。

学校形成研究团队，通过共同打磨一堂项目化学习课，将理论付诸实践。在这一过程中，我们将采用集体备课—课堂实践—研讨修改—同伴研讨修改的流程进行研磨。这样的团队磨课，既增强了团队共研的能力，又提升了老师们的专业水平。

比如，本校科学组围绕"灵活巧妙的剪刀"这一节课进行同课异构，第一周，教师分团队开展研究，孙静老师以"剪刀说明书"为任务开展课堂教学，沈颖颖老师以"裁缝师裁衣"为导入开展研究；第二、三周每位教师分别对这节课进行实践、研讨修改；第四周同伴互相观摩研讨，将教学设计迭代，形成项目化学习课例。形成优秀课例后，学校在不同领域进行展示推广，可以是校园内推广，也可以是片区教研组活动、西湖区学术节等。

二、"循环推进"机制

学校以"关怀与创造"为指向，通过顶层规划及行政推动，教学、科研、师训的联合推进，诊断、调整、升级的实践评估，多维度创立循环推进机制，推动项目化学习走向深处。

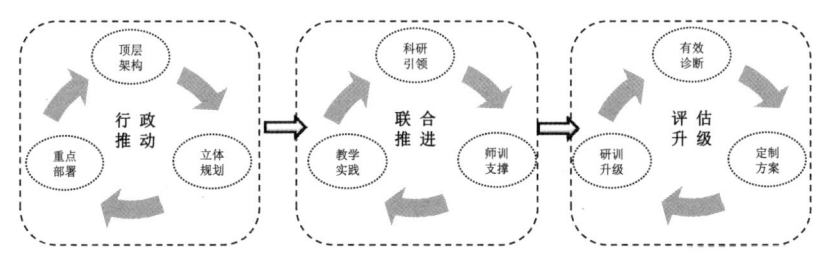

图6-11 学校项目化学习"循环推进"机制

（一）行政推动

学校积极开展常态化项目化学习的研究与实践，通过顶层架构、立体规划、重点部署等形式将项目化学习融入学科学习、融入课程发展、融入学校教学制度，促进学生认知学习与社会性发展，让更多教师自觉参与到项目化学习中。

1. 顶层架构

学校顶层架构为教师提升项目化学习实践素养明晰方向。顶层架构的广度、深度、厚度直接影响实践的效度。项目化学习的教学应向"以学生为中心,以学习为中心"的模式转变。秉持这一理念,学校选拔并确定了推进核心团队。

学校在校领导班子的高度重视下,以四层级教师体系为依托,结合中层干部及三长人员的优势特长,选拔确定了学校层面项目化学习的核心推进团队。

2. 立体规划

项目化学习是面向学生未来能力的一种学习方式。推进愿景应与教师全员培训、个人规划紧密结合,因此学校从"学校推进规划—部门落实方案—教师个体目标"的立体层面进行统筹设计。

学校项目化学习的核心团队,将项目化学习的相关推进工作撰写成工作计划,经校领导班子讨论审核后写入学校总体规划。学校教导处、科研处依据学校推进规划设计部门工作安排,并报校办公室列入学期行事历。学校教师在教导处、科研处的指导下,将项目化学习的理论学习、学教实践、案例撰写等写入个人学期计划。

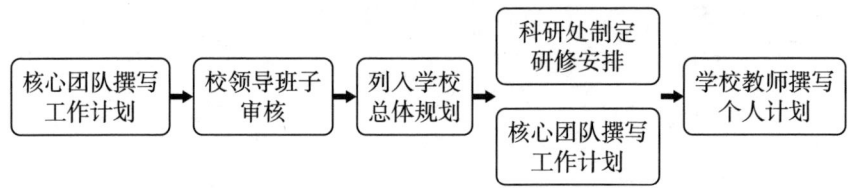

图6-12　学校项目化学习立体推进图

3. 重点部署

学校的项目化学习实践已历经十年,其推进是一个长期的过程,因此在学校总体规划的基础上,核心推进团队应根据学校及教师的实际情况,确定各阶段的实施重点。

学校以项目研究引领教学实践,采用"实践—总结—实践"的方式,系统推进跨学科项目学习,十年探索经历了四个阶段,包括典型样例指向"关怀与创造"的第一阶段、内外联动建构"学习资源"的第二阶段、理性实践生发"学教样式"的第三阶段、聚焦行为形成"评价模型"的第四阶段。

(二)联合推进

学校联合校学生发展支持中心和教师发展支持中心,将项目化学习的理论学习、实践迭代、物化撰写融合为一体。在扎实推进学校项目化学习实施的过程中,学校的影响力不断提升。

1. 科研引领

项目化学习缘起于美国,在国内已经过较长时间的本土化,具有一定的理论与实践基础,但对广大一线小学教师而言仍是"新事物",因此科研处是学校项目化学习实践的"先锋军",肩负向全校教师宣讲推广、指导实践等重要责任。

以学校四层级教师培育体系为依托,学校科研处引进校外专家,组织项目化学习的专题讲座,鼓励骨干教师与青年教师围绕学校大课题开展子课题的申报与实践研究,指导全校教师进行项目化学习的案例撰写,做到以理论引领实践,扎实推进学校项目化学习的实施。

表6-8 四层级教师项目化学习研究主题调研

姓名	学科带头人层级	骨干教师层级	年级组和教研组	学期研究主题
鲍哲洲	2	3	八年级社会道法组	大单元、项目化
刘慧芬	2	2	九年级语文组	语文项目化学习
魏炜峰	2	3	七年级语文组	写作项目化
郭文嘉	3	3	八年级语文组	项目化学习、批判性思维
章世杰	2	3	九年级语文组	项目化学习教师核心素养提升
夏承俊	3	3	九年级科学组	初中科学学科项目化

续表

姓名	学科带头人层级	骨干教师层级	年级组和教研组	学期研究主题
叶佳炜	3	3	九年级社会组	历史与社会项目化作业设计
葛玲华	4	3	九年级语文组	大单元诗歌教学与项目化学习的结合
李一帆	1	2	六年级综合实践组	小学设计制作活动的项目化实践
宋晶晶	3	3	五年级综合实践组	指向学科核心素养 设计单元项目化作业
杨荇淇	3	3	六年级数学组	数学学科项目化的学习任务设计
储曼	3	3	六年级语文组	习作项目化
杨琼英	3	3	三年级语文组	小学语文第二学段单元习作项目化学习策略研究

2. 师训支撑

系统有效地组织师训活动,是学校推进项目化学习的有力支撑。学校教师发展支持中心在校领导班子的指导下,参照核心团队推进计划,每学年或学期设计全校教师项目化学习的培训活动。

学校教师发展支持中心以项目化学习为主题制定师训计划,依托区师训联盟、科研联盟、K9联盟等平台,联动校"希望杯""鸿雁杯""保俶春韵学术节"等特色活动,扎实推进项目化学习,并向区域辐射影响。

3. 教学实践

项目化学习的本土化推进,需要持续迭代地进行实践探索。学校教师发展支持中心依据校领导班子与核心小组的推进精神,参照各阶段推进重点,基于全校教师学习与探索的实际情况,指导教师开展有广度、有深度的教学实践。

学校教师发展支持中心组织同学科教研组和备课组开展学科项目化学习的实践研究,从而深化了项目化学习探索在基础性课程中的探索

图 6-13　学校项目化学习"保俶春韵"学术节活动

深度；不同学科教研组以拓展性课程为落点，跨科统整，拓展了跨学科项目化学习的广度；各年级组设计了寒暑假长周期项目化作业，紧密结合学生生活实际，彰显了项目化学习的温度。

(三) 评估升级

学校对教师的项目化学习实施状态与效果进行多维度观察评估，编制《"项目化学习"课堂观察量表》作为评估工具，广泛运用于项目化学习课堂的反思评价活动之中。

1. 把脉，有效识别诊断

项目化学习是"学为中心"的课堂，在教学的价值取向上突出以学生发展为本，强调学生能动、自主地学习。《"项目化学习"课堂观察量表》从学教目标的制定、学教过程的互动、教师指导的效果、迁移运用的提升等方面来设计。

从"甜点"到"配餐"项目化学习的学校探索

学校对教师的项目化学习实施状态与效果进行多维度观察,从而精准把脉,为教师提供具有针对性的建议、指导、培训。

表6-9 "项目化学习"课堂观察量表

维度	评价细则	分数评价(1为最低分,5为最高分)				
项目设计	☆项目的主题和目标明确,与核心素养、课程内容和学生的学习目标一致。	1	2	3	4	5
	☆项目的设计具有一定的挑战性和趣味性,能够激发学生的探究欲望和学习动力。	1	2	3	4	5
	☆项目的设计能考虑到学生的个体差异和学习需求,能够满足不同学生的发展需要。	1	2	3	4	5
学生参与度	☆学生积极参与项目活动,表现出浓厚的学习兴趣和热情。	1	2	3	4	5
	☆学生主动提出问题和思考,与教师和其他学生进行交流和讨论。	1	2	3	4	5
	☆学生能够自主探索和解决问题,发挥自己的主观能动性。	1	2	3	4	5
教师指导	☆教师能够引导学生发现问题、分析问题和解决问题,提供必要的帮助和支持。	1	2	3	4	5
	☆教师能够给予学生及时的反馈和评价,帮助学生发现自己的不足并改进。	1	2	3	4	5
	☆教师能够根据学生的学习情况调整教学策略和方法,提高教学效果。	1	2	3	4	5
团队合作	☆学生能够有效地进行团队合作,分工合作完成任务。	1	2	3	4	5
	☆学生之间能够相互支持、相互鼓励,共同解决问题。	1	2	3	4	5
	☆学生能够及时沟通、协调和解决团队内部的矛盾和问题。	1	2	3	4	5

续表

维度	评价细则	分数评价(1为最低分,5为最高分)				
问题解决能力	☆学生能够针对项目中的问题进行分析、推理和判断,提出有效的解决方案。	1	2	3	4	5
	☆学生能够从多个角度思考问题,尝试不同的解决方案。	1	2	3	4	5
	☆学生能够及时调整和改进解决方案,提高解决问题的效率和质量。	1	2	3	4	5
创新能力	☆学生能够打破传统思维模式,提出新的想法和创意。	1	2	3	4	5
	☆学生能够在项目中尝试新的方法和技巧,创新性地完成任务。	1	2	3	4	5
	☆学生能够从多个领域获取灵感,将不同领域的知识和技能进行融合和创新。	1	2	3	4	5
时间管理	☆学生能够合理安排时间,确保任务的按时完成。	1	2	3	4	5
	☆学生能够在面临多个任务同时进行时进行优先级排序。	1	2	3	4	5
	☆学生能够在项目进行的过程中关注自己的进度,发现不足并及时调整。	1	2	3	4	5

2. 定制,个性突破方案

通过数据精准分析每位教师的教学优势和不足,更加深入地了解每个教师的教学风格和特点。基于这些信息,整理提炼出教师在项目化学习实践中的共性问题与个性问题。

对教研(备课)组老师从年龄层级、课堂教学组织、教材解读能力、教学策略运用等多角度进行数据分析、诊断,明晰群体优势与弱项,以此精准定位教研方向。将教师分成不同的组别,并为每个组别提供专业化的指导培训,以帮助他们发现并发挥自己的优势,同时改善和克服不足。

3. 迭代,升级研训模式

基于学习金字塔研究理论,AI数智平台通过数字形式直观展示深度

学习所带来的学习效果进步,根据"S-T教学分析图""RT-CH曲线图"、教学轨迹、高频词、提问、语速等课堂行为报告进行追踪分析,从而迭代升级卷入式的精准研训模式。教师提出的问题逐渐转变为学生主动探究的沉浸式学习,讲授型课堂转变为混合型课堂。通过真实学习过程的推进和学生的学习方式转变,提升了学习品质。使这种学习方式最终培养出学生主动学习和创新学习的意识与习惯。

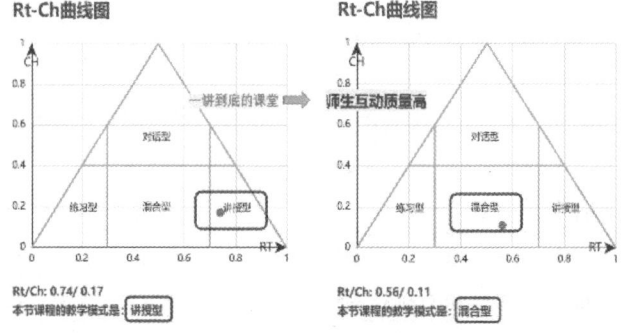

图6-14 AI数智平台分析图

三、"学习激励"机制

在项目化学习实践的过程中,我们需要建立学习激励的机制,从而推动研究的持续开展。对于学生而言,项目化学习能让学生对学习的知识有更加深刻的理解,发挥学习的主观能动性,快速提高学习的兴趣、实践、语言等各个方面的能力;对于教师而言,项目化学习能提高教师整理信息的能力、专业素养和专业知识。

(一)提升学习的内生动力

项目化学习着重于培养学生的自觉性、主动性和参与性,通过多元自主的课程设计、交流平台的搭建、优化多元的评价,提高学生的合作能力和创新能力,培养学生的核心素养。

1. 课程的自主选择

多元的课程体系,能够为学生的个性发展、未来发展和深度发展奠定坚实基础。尤其是项目化学习,需要一个个生动的课程培养学生的学习能力。学校开设丰富多元的课程，让学生有多种选择，从而让兴趣相同的孩子聚集在一起，深入开展项目化学习。

项目化学习是一个自主学习的过程。学生有充分的自主权，在项目化学习的过程中，制定学习目标和学习计划、收集和整理数据材料、实施和开展过程、成果展示与评价交流，都由学生自主决定，这种自主不仅体现在选题自主、实施自主上，还体现在评价的多元和自由上，从而大大提升了学生学习的内生动力。

项目化学习是一个合作学习的过程。项目化学习通常以小组合作的方式展开，在该过程中老师、学生以及涉及该活动的其他人员相互合作。在团队的创建上也体现了自主选择，对同一任务感兴趣的同学可自行组队，对学习任务进行合理的分工，并且适时地进行协商和讨论，通过协同学习解决问题、提升能力。

2. 交流展示的平台

学校坚持开设项目化系列拓展性课程，小学分低段和高段，初中按三个学年段，均设置不同的内容和难度。每个学年安排8—10个项目，每个项目安排3—5个课时。课程教师定期组织带领学生走进实地和实验室，开展各种实践活动，自主探究式地开展项目化学习。同时，区域和学校共同推进线上与线下、课堂与课外相结合的项目化学习，这使学校的教育模式焕然一新，同时也促进了学生主动学习、合作学习和探究学习。学生自觉地将对学科知识真实世界的问题解决联系起来，创造性解决问题的能力得到了极大的提升。

学校通过组织开展主题式的项目化学习成果展示月，为学生提供项目化成果展示交流的平台。展示月的成效为学生综合评价、评优评先等提供充分依据。为促进协同学习，学校每学年都会根据学情不断完善评价标准，力求评价主体多元化，评价形式多样化，评价内容丰富化。

3. 评价维度的优化

学生的学习能力是多元的，每位学生都有各自的优势。在项目化学习的过程中，通过分组合作，尊重学生的差异化发展，开展有效的小组互动，以适应和满足不同层次学生的需求。学生在这个过程中，表现出来

的能力也往往不是单一的维度。为此,学校对学生的评价采用"以终为始"的逆向评价方式,从项目化产品或成果出发,分析其所体现的知识与能力目标,寻找能够反映目标达成的依据。

如何评价学生的学习过程和成果?通过嵌入评价体系,从而内化学习品质。在评价过程中,重点关注学生的信息搜集和整理能力、知识运用能力和实践创新能力,更多注重提升学生思维素养。学习评价强调对学习实践和最终成果的有效评价,通常采用量规设计的方式。借助合适的评价量规,一方面可以促使学生对照自身和同伴的表现,引发自我反思,进而引导学生在更深层次上进行探索、创造与合作;另一方面也有助于培养和提高学生的高阶认知能力。

项目化学习的评价聚集于学习目标,利用评价前置、构建评价体系、搭建思维支架的方式,确保目标—实践—成果—评价的一致性。通过师生共同设计评价量规,强调评价前置,将学习成果及其评估同时纳入考虑,实现多维度的评价。此外,注重对思维的评价,通过使用如思案、KWL表、KUC表等思维工具将评价嵌入任务,帮助学生突破最近发展区,实现思维可视化。

【案例】"自制耳机"项目化学习

协同学习,团队合作:通过分组,让学生之间讨论交流,相互启迪思维,共享学习成果。项目化学习内容较多,学习形式多样,通过合理分组,每组成员在有限时间内分工合作,顺利完成项目。通常每组4—6人,组员相对固定,通过长时间磨合,组内成员逐渐达成默契,大大提高了学习效率。

图6-15 小组活动要求

形式多样,探求自主:每个学生都能将课堂当成自己的舞台,而不是作为旁观者。在教师的引导下,明确项目中各项活动的内容和要求。在活动设计时,由易到难、由浅入深。项目学习中,学生的学习内容和方式可以因人而异。组内成员根据自己的兴趣和擅长,选择自己负责的环节任务,如可以拆解耳机、认识耳机、制作耳机、组装及调试耳机、评价耳机等,通过自主选择与探究,学生更好地参与项目化的实施过程。

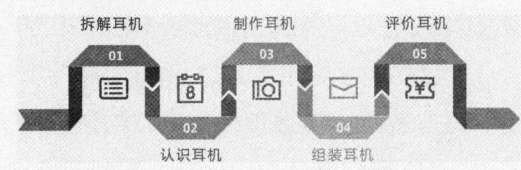

图6-16 制作耳机项目实施过程

加强指导,多元评价:项目实施中,教师加强巡视,给予遇到困难的学生支持,发现并集中讲解全班同学的共性问题,并对个别问题进行面辅纠偏。在核心素养视阈下实施项目管理,融合评价多元评价量表,进行自评、组评、互评等多元主体评价。评价形式多样,注重过程性评价和表现性评价,强调评价方式和手法的多样化。

(二)提升教师的成长力

在赋能教师发展的项目化研修中,学校通过调查和研讨,发掘教师专业需求,聚类适切于教师发展的目标,形成顶层设计,通过团队研修和活动的机制创设来推动教师个性化的发展。

1. 团队机制

为了更好地推进项目化学习,学校组建了一支核心攻坚团队——项目化学习领衔团队。这支队伍有着优秀的成员,拥有着强大的创造力、研究力、执行力。在成为"项目化学习"的市级试点校后,面对这一全新的学习方式,领衔团队集智攻坚,钻研理论。团队负责老师尝试以语文、数学、英语等学科为切入点,进行学科项目设计与实践。积累了一定的经验后,领衔团队大胆尝试开展跨学科项目实践,打破学科界限,统整学科资源,从驱动性问题、任务开发,到过程撰写、成果汇报,直至评价检测,完成了项目化学习的全流程设计,勇敢迈出了跨学科项目化学习研究的第一步。

此外,每个年级组在核心攻坚团队的指导和引领下,将其余老师分为年级组研究团队和年级组实施团队。在个性化专业发展需求方面,研

究团队主要关注项目化教科研能力的提升、探索教学行为背后的规律等;而实施团队则重点聚焦于学生项目化学法指导、对教材教法的精进、课堂教学把控,以及教育信息技术的应用等方面。

项目化学习的开展,每个项目团队的组建均遵循双向自主选择的原则。每位教师可根据负责人发布的研修简介,结合自身阶段性发展需求,自主选择希望参与的项目。项目负责人则综合考虑项目的研究目标、教师的个性化选择、研修的方式与资源等因素,最终确定项目组成员构成。每个项目组由一名项目负责人、一名领衔团队成员以及若干名研究团队和实施团队成员组成。项目负责人负责顶层设计、项目统筹,并寻求资源支撑和推广成果。领衔人承担经验分享、实战指导、理念更新和价值传播的任务。一方面,他们可以结合专长为研修主体提供学科教学、德育工作等实战指导;另一方面,项目研修也推动领衔人的专业素养提升,促使其在指导过程中实现学术精进。项目研修场域中,每一位教师既各司其职,又紧密协作。项目组采用扁平化管理,提倡教师组内轮值、组外流动。

明晰教师阶段发展特征与个体内需,精准把握教师研修方向。通过对教师"需求与困惑"的调研梳理,明确教师个性化专业发展的项目类型与研究方向,整合不同教龄教师的专业发展需求,为实现"异质"与"同质"分组并行的研修形态提供依据。同时,顶层设计的研修项目对接教育主管部门、学校和教师个人的发展目标与需求,回应了传统校本研修中科层化运作、任务导向的问题。

2. 活动机制

项目化学习活动实践主要分为"项目准备、项目实施、项目总结"三个阶段,每个项目组通过系列课题纵向推进和迭代深化,利用协同编辑、平台交互等信息技术,助力研修项目的发展。

在项目准备阶段,校科研室在研修群内发布活动贴士,各组根据项目目标讨论次月研修重点,填写"项目组织月报表",落实研修安排。学校通过金山文档等协同模式整合各组的研修信息并进行发布。教师根据研修的主题和内容自主参与。

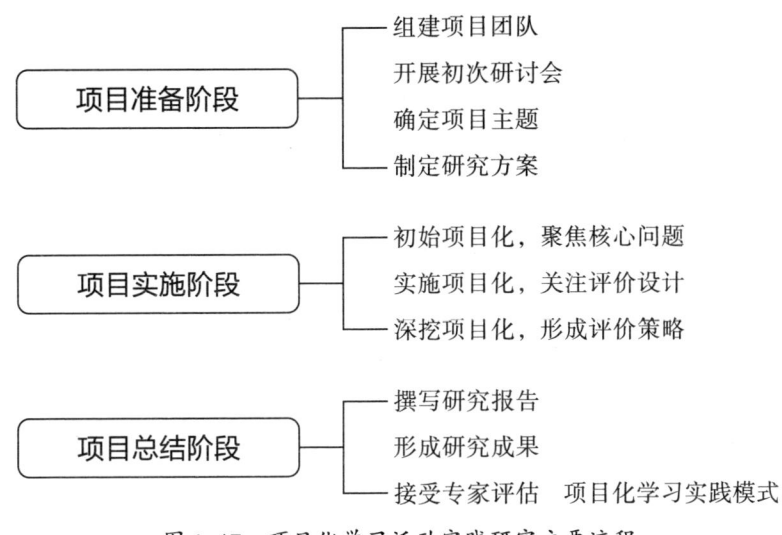

图6-17 项目化学习活动实践研究主要流程

在项目实施阶段,项目组成员通过展示和研讨,将阶段成果的亮点呈现出来,使个体的思考显性化。参加的教师使用"项目活动观察表"对项目研修活动进行评价,在自我学习的同时,也为优化项目提供建议。

每学期期末,学校会组织各项目组进行成果展示和交流。一方面,各组通过"项目成果推送表"在钉钉平台进行宣传,并通过校园网进行在线互动;另一方面,优秀成果还会在科研沙龙、区学术节等更高平台进行推介交流。此外,学校的校刊《生长》也会刊发项目研修的精彩成果,传播优秀教师的教育智慧,激发更为全面而深入的思考。

过去,有经验的教师仅从教研组层面指导学校的教学工作,而青年教师则大多只能在个人教学中进行实践。然而,如今在共同愿景的引领下,教师团队构建了深度学习共同体,形成了专业合作的伙伴关系,开阔了研修视野,提高了研修层次。通过有组织、有计划的学习、交流和反思,青年教师业务能力得到了快速提升。基于项目的研修不仅让教师在学科研究上有了全新的认识,还在团队学习中获得了更多的归属感、认同感和价值感,这对学校乃至区域教育教学质量的提升具有重要意义。

学校通过推进制度建设和专项平台建设，形成了长效保障机制。先后制定了《项目化研修管理办法》《项目化研修奖励办法》等规章制度，确保项目化研修有章可循、有序推进，并为其提供了全方位的资源保障。学校引进了"智学网""极客"等数字化平台以及讯飞录音、平板学习机等设备，为教师的科学研究提供了硬件支撑；同时，订购教育期刊帮助教师及时获取科研新动态，更新教育科研理念。学校鼓励教师对课程资源进行科学、合理的校本化整合，并提供相应的经费支持，鼓励教师开展个性化的教育教学实践。此外，学校还聘请专家提供科学指导，提升研修成效；同时聘请学科教研员、区学科带头人与部分教师结对带教，助力教师个性化发展。学校还为教师提供"走出去"的机会，如参与中英数学教师交流项目等；为激励教师积极参与项目化研修，学校承办了浙江与美国印第安纳州STEM课程平移活动、科学课程30周年高峰论坛等高层次研讨活动；并开展了"生态课程、灵性生长"等主题的学术节、沙龙讲座等活动，为教师跨学科项目化教学探索创设了交流和学习的机会。

第三节 基于成效厚植项目化学习内驱

通过实践研究,项目化学习为校园注入了独特的生活节奏和磁场氛围,对学生的身心健康、学习效能和综合素质发展产生了深层次的影响。学生的内驱力、表现力、创新力得到了提升,积极践行主动参与,展现自我,绽放个性,内驱力不断增强。项目化的研究实践推动了学教方式的变革,随着项目化学习的深入,教师自身素质、专业化水平和创新能力也在不断提高。此外,项目化学习的研究实践在推进过程中,学校特色品牌的影响力不断扩大,学校以"指向关怀与创造"的六大领域跨学科课程为主要实施载体,丰富了课程内容,提升了学校的办学美誉度。

一、学生视角

基于项目化学习理念,学校通过创新项目化学习的内容,丰富项目化学习的内涵,从而改变学生的学习方式。让学生从被动参与的学习转变为主动学习,提升了学生的综合素养,实现了学生的自我价值。

(一)从"被动参与"到"主动学习"

学校依据学生身心需求和现实需求,以关怀与创造为指向,自主研发并开设跨学科项目化学习活动,结合校园生活的每个细节、场景、环节融入其中,培育学生积极的学习品质。通过引导学生运用积极的方法看待和解决问题,帮助他们认识自我、认识世界,促使学生从被动的参与转变为主动的学习。

1. 学习驱动机制

基于真实任务的跨学科项目化学习活动,以解决生活中的现实问题为导向,充分利用时政热点、地方特色文化、校园活动等资源,激发学生学习的内驱力。在多渠道利用和创设真实、丰富的生活情境中,学生自发地产生解决问题的欲望,不再仅仅以知识获取来驱动力,而是以解决真实情境中的问题解决为目标,最终实现学习驱动机制的转变。

【案例】 "互联网+智能"失物招领系统的设计和制作

> 同学们有着切身的体会与发现:在校园里,不是今天A同学弄丢了铅笔、橡皮,就是明天B同学丢了书籍、作业本,更有甚者把校服、红领巾都弄丢了。而丢失物品的同学中,除了少数人会在周一的晨会上到主席台看一眼是否有自己的"失物",大部分都会不了了之。同时,学校大多数公共场所缺乏完善的失物招领硬件设施和处理系统。基于此,学生们就提出了一个问题:如何设计并制作一个校园智能失物招领系统,以满足我们的需求?

以上案例中可以发现,学生能够自发地找到问题,并提出解决问题的想法,这就是学习驱动机制的改变。

2. 学习承载机制

学校学生在德智体美劳等多方位全面开花,不是通过题海训练来实现,而是通过丰富且深入的学科以及跨学科项目化探究活动作为承载,这些丰富多彩的实践活动为学生持续性学习提供了有力支持,助力学生在多维度上不断成长。

表6-10 "互联网+智能"失物招领系统的设计和制作表

任务安排	学生学习活动安排
任务1 情境驱动,生生共商,确定"失物招领"主题	1. 找寻资料:学生根据自己的兴趣和生活实际选择其中一个学校区域进行调查并分析。 2. 汇总意见:基于大范围的真实调查,学生进行统计和梳理,各抒己见,总结现有失物招领设备的主要不足之处。 3. 商定主题:生生共同商议后确定项目主题。
任务2 知识储备,技术辅助,指明研究方向	1. 知识准备:①了解动植物界的分类对于搜索不知名动植物的作用;②迁移分类方法到失物招领上,方便搜索与认领。 2. 技能准备:①体验各种小程序的使用过程和步骤;②掌握各种辅助工具的安全使用方法。
任务3 绘制图纸,设计成品,总览"失物招领"方案	1. 绘制图纸:想一想:如何方便准确地认领?如何利用现代科技,如App、人脸识别系统等。画一画:至少2种视图(正视图、侧视图、俯视图)。算一算:根据模型大小以及重量情况,合理设计尺寸,标注材料。写一写:设计原理或想法,记录下来。 2. 设计成品:以小组为单位展示设计图,并说一说小组的设计思路,其他小组成员就每个设计的不同优势和缺点进行批判性评估,提出修改建议。
任务4 系统制作,概念物化,框定"失物招领"模型	1. 概念模型:迁移动植物界分类与搜索的方法,整合各种现代科技产品概念制作失物登记(物寻人)和认领失物(人寻物)的操作路径。 2. 物化模型:基于小学生对小程序、人脸识别等高科技产品的操作能力有限,在制作时只能以模型的形式来物化。
任务5 成果展示,产品发布,呈现"失物招领"设备	过程性评价:在汇报会进行时,每个小组依据过程性评价表中"分工合作—设计方案—研究过程—产品展示"四个指标的评分细则进行汇报准备和自我评价。终结性评价:是对模型进行测评,从环节、外观、智能化、系统化四个方面具体评估产品。

在项目学习中学生全程主动参与,每一个学生都有充分发挥聪明才智的机会,展示各方面的能力,并在参与体验中,学生不仅提升对知识的认知水平,还改善了自身的行为表现。通过体验式实践,学生亲身参与解决各类事件,从而深化了对道德和责任的认知。

3. 学习指导机制

在项目化学习的过程中,学生是学习的主体,教师则承担促进和引领的角色。学生通过使用支持性工具自主学习,持续推动学习进程。同时,过程性评价和终结性评价也是助推学习的重要工具,帮助学生更好地反思和改进学习行为。

【案例】 包装设计小达人

支持性工具:"6-3-5头脑风暴法"——"省材设计"

内容介绍:教师为学生提供开放的学习空间,利用"6-3-5头脑风暴法"开展组间具身式探究"省材设计"方案。

首先让学生"想一想"如何包装最省材料,然后让组内成员自主分工合作,通过小长方体道具"摆一摆",进而"判一判"哪些方案是有竞争力的,最终得出最优方案。

1. 分工合作,激活参与

小组讨论决定包装方案,利用头脑风暴猜想如何实现最省材料的包装设计。组内成员分工明确,阐明选择该方案的理由,最后通过"记录单"记录成果,并得出最优方案。

2. 实践探究,优化策略

通过实验活动、动手操作、团结协作,学生利用头脑风暴,自主探索"小长方体组合成新长方体的最优方案",并在头脑风暴中自主建构知识,并将其融会贯通,从而提升综合实践能力和几何空间直观知识能力。

【"6-3-5头脑风暴法"使用步骤】

在头脑风暴前,学生进行分组分工,每组人数在3~6人之间,明确研究的问题和方案。在头脑风暴过程时,强调个人思维的发散。学生产生的众多方案,需要进行分析对比,将方案整合或选取最优方案进行。

【"6-3-5头脑风暴法"设计意图】

"6-3-5头脑风暴法"能充分激发学生的创造性思维和发散性思

维,通过集思广益为团队获得更多想法。基于学生个体差异,该方法在合作探究中能有效提高团队整体参与度,确保每个学生都有机会参与合作。

(二)学生成就自信与关爱

实践表明,学校的各项学习活动非常受欢迎。通过不同学科的项目化学习内容挖掘,丰富多彩教育形式,激发了学生学习热情。大部分学生都能积极参与各类学习主题的实践活动,释放个性,展示创新能力。有些学生擅长动手操作,有些擅长表达,有些理解活动内容,有些传承活动精神。在跨学科项目学习中,学生深入感受到跨学科学习的价值与内涵,获得了跨学科学习的新认识,提升了自我成就感,逐步建立了自信心,并在过程中逐渐意识到关爱他人的重要性。

学生自信的建立,主要体现在他们面对挑战性学习、活动和解决生活问题的过程中。学生在这些过程中不断地悦纳自己,逐渐相信自己在适合条件下能够克服困难,完成具有挑战性的任务。在跨学科项目化学习过程中,学生通过具体的学习和生活实践克服了困难,逐步积累了成功体验,逐渐建立起自信。

通过指向关怀与创造的跨学科项目化活动、过程性评价等方式,学生展现自我的同时,也认识到了在集体建设中每个人都有着不可推卸的责任。随着责任感的增强,学生积极参与到班级管理和建设中来,争着主动承担打扫美化、准备道具、上交表格、摄影摄像等各项事务,齐心协力为集体争光。

(三)学生创造力发展

项目组委托第三方机构进行了为期两年的跟踪评估,每学期随机选取五门跨学科项目化课程,两年共评估了20门课程,每门课程参与的中小学生45人,前后均采用"威廉姆斯创造性倾向量表"测试学生创造性倾向及其变化。实验前测试表明,试验组和对照组在体现创造力的冒险性等四个维度上无显著性差异。通过独立样本t检验方法分析代表性跨学科项目化课程对各组学生创造力的影响,结果如表6-11:

表6-11 代表性跨学科项目化课程中学生创造力倾向t检验

所属领域	课程名称	组别	配对差值 平均值	配对差值 标准偏差	配对差值 标准误	差值95%置信区间 下限	差值95%置信区间 上限	t	Sig.(双尾)	显著性
信息与智能	小学DI极客创意社	实验组	8.489	8.872	1.323	11.154	5.823	-6.419	0.000	***
		对照组	-1.022	3.940	0.587	0.161	-2.206	1.741	0.089	
电子与遥感	小学电子百拼	实验组	6.178	5.162	0.770	7.729	4.627	-8.028	0.000	***
		对照组	-0.333	3.561	0.531	0.737	-1.403	0.628	0.533	
工艺与人文	儿童哲学	实验组	5.200	8.693	1.296	7.812	2.588	-4.013	0.000	***
		对照组	0.733	3.695	0.551	1.843	-0.377	-1.331	0.190	
工程与建模	模型工程师	实验组	4.622	4.988	0.744	6.121	3.124	-6.217	0.000	***
		对照组	0.222	2.670	0.398	1.025	-0.580	-0.558	0.580	
实验与实践	蓝色地球	实验组	7.733	5.119	0.763	9.271	6.196	-10.135	0.000	***
		实照组	-0.378	3.851	0.574	0.779	-1.535	0.658	0.514	
航空航天与航海	我来设计跨洋航线	试验组	11.689	9.067	1.352	14.413	8.965	-8.648	0.000	***
		对照组	0.422	4.540	0.677	1.786	-0.942	-0.624	0.536	
…	…	…	…	…	…	…	…	…	…	…

创造性倾向t检验结果,所有参与测试的学生在未干预前均具有相似的创造性倾向。经过一学期的跨学科项目化课程实验教学,17门课程有明显的干预效果,创造力倾向总分与对照组有显著差异,3门课程有较显著的差异。如在信息与智能课程中,为解决桌面杂乱又不善整理的问题,学生运用3D打印技术、机械结构设计,创作的"智能课桌管理系统"获全国学生信息素养大赛一等奖。DI极客创意社的同学综合运用人工智能算法、电子电路等方面的知识,设计出能依据表情与语音作出反应的"AI解忧机器人"。可见,跨学科项目化学习对学生创造力发展有显著

的促进作用。

指向关怀与创造的项目化学习育人起到实效,相关表现不断涌现:如张璟华同学关注盲人行走不便开发的"智能主动导盲杖"获2017年国家实用新型专利;DI极客创意社针对同学们面对错误时的消极、畏惧情绪,自编自导自演童话剧"塑月",在全球DI创意思维大赛中获世界第六名;八年级陆源同学为阿尔茨海默病患者设计的"勿忘我"人像识别语音报告仪,被27家全国、省、市主流平面及融媒体深度报道,包括央视《新闻直播间》栏目、《人民日报》等,点击量超2亿。

二、教师视角

学科项目化学习实践探索在专家引领和教师钻研中行稳致远,项目化学习也成为促进师生能力不断生长的动力源泉,进一步完善了师生的知识结构和思维方式,增强了创新意识和实践能力,实现了深度学习,促进了教师专业素养的提升。

(一)从"学校推动"到"自觉实践"

作为浙江省深化课程改革重点项目基地学校、浙江省STEM教育与项目化学习基地建设学校及杭州市深化课程改革试点学校,学校通过不断深化课程改革,推进学教方式变革,逐步将学校学科课程项目化实施融入课堂教学。每学期,学校分初中和小学举办"学科赋能:项目化学习的保实实践"———"保实春韵""保实秋霞"等学术节暨学科项目化学习专场展示,为教师提供展示项目化成果的舞台。

1. 学校推动

为更好地聚焦项目化学习,学校围绕五大主题"温度教学、教学改进、素养育人、智慧校园、综合评价",八个层面"学科建设、教育科研、专业发展、德育研训、年级协同、三长研训、教育联盟、青年发展",六条路径"岗前培训、青年学堂、青蓝学堂、项目工作室、校本研修、保实论坛(全校)",探寻适切主题,以项目制推进重点课程项目,引领课程改革。

例如,在"指向关怀与创造"的跨学科项目化学习的带动下,学校把

握学科综合性教学的发展趋势,研究学科项目化学习的多样形态,提炼学科项目化学习典型经验,组织项目化学习交流研讨、课堂展示(学术节),形成转变学教方式的共识和策略,梳理出"六阶运行体系"。

学校推动模式主要分为以下几个阶段。阶段一:理论先行,专家导航。邀请浙江大学张旭升教授等专家来校指导;阶段二:卷入研修,头脑风暴。围绕项目化学习,进行全员的教学设计和案例征集;阶段三:分享交流,取长补短。利用研修时间,进行学科间的分享。阶段四:搭建平台,把脉方向。聚智学科项目化教学,以此推进学校"名校强科"计划。阶段五:学以致用,多科合作。开展跨学科项目化学习设计。阶段六:迭代优化,再度起航。为教师准备项目化学习礼包和体验课堂,聚焦大概念引领、驱动性问题设置以及支持性思维支架设计,在关键点上形成突破。

2. 自觉实践

学校通过精准共研,推动项目化学习走向常态化项目化学习作为一种教学方式,教师通过设计项目、理解项目、认同项目并内化其理念之后,逐渐形成对项目理念的自觉应用,无论在其工作中还是生活中都可以应用项目学习。"教学真实"的项目就是在此背景下产生。教师通过更新观念,从"全知者"转变为"求知者",将理论与实践相结合,对项目学习有了一种顿悟,对自己的教学方式有了一种提升,从而形成良性循环。

随着项目化学习的推进,项目化学习已成为常态化教学方式的一部分,被广泛地应用到基础教育教学中。微项目、小项目的实施更多地贯穿在日常课堂教学过程中,教师不断将项目学习从外围引入核心,通过情境化、项目化的教学设计,使学生在真实情境下建构知识,提升解决实际问题的能力。

(1)"语"你相遇　品味美好

常见的单元复习、大型考试前的复习,语文老师在中考前复习古诗文时,往往会设计一次大型赛诗会,同时设计出具体的比赛环节和明确的评价标准。学生在完成项目的同时,对重点篇目、重点作品、古诗文名句进行梳理和整合,有效避免了死记硬背的碎片化学习。例如语文组老师复习口语交际一课,带领学生设计图书借阅公约。真实问题和真实交际情境会引发学生表达自己真实想法的需求。师生沉浸在讨论之中,主动发表管理班级图书的想法,在小组的有序讨论中找到解决问题的办法,形成大家共同遵守的图书借阅公约。

(2)"数"观世界　算出精彩

贴近生活世界的学习方式,能够超越分学科教学局限,在真实的问题解决中培育学生知识技能与跨学科应用的能力。例如数学组老师从道路地砖铺设入手,以问题串的形式,让学生自主合作"道路设计师的畅想"。通过地砖的选择、拼接、多边形的角度计算,动手解决问题,算出精彩。有别于常规的课堂,这样的数学课堂既是一个探究创新的过程,也是一个情境式体验的过程,还是一个小组协作的过程。

(3)"科"堂创新　探索无限

科学复习课,教师通常会利用项目学习的理念,形成对所学知识的梳理总结报告并作为最终产品,以达到对所学知识体系掌握、深刻理解、灵活应用为目标。用项目开展复习教学,成了教师首选教学方式,使学生明确任务、完整展示、融会贯通,显著提升复习的有效性。科学教师自发设计"制作简易照相机",引导学生探索并应用凸透镜成像知识,将理论学习和项目化实践相融合;设计"电热水袋为什么会爆炸",深化电热学知识,进行项目式推进,锻炼学生动手和实践能力,亲身体悟科学的魅力。

(二)教师获得感自我实现

在学校的推动下,教师通过理论学习和实践体验,逐步了解到项目化学习的基本内涵、教育功能,认识到它是培育学生学习素养、激发学生主动学习的重要学习方式,对发展学生的分析思维、创新思维等高阶思维的重要性。同时,学习研发或应用各种可视化的学习工具作为学习支架来引领学生掌握学习方法,推进学习进程,帮助学生完成从入项到出项的完整学习闭环。

项目化学习极大地激发了教师对大观念和核心概念的关注。项目本身是有趣的、有张力的,项目化学习吸引更多教师思考如何创新教学

设计,如何通过富有创意的教学设计让课堂焕发活力。在项目的探索过程中,教师体验到新奇感,并且在项目化学习实施中,与不同领域的专家和同事交流,拓宽了视野,打破了仅局限于本领域的思考,这种跨领域的交流促使教师不断发现新知识和新观点,进而优化教学过程。项目化学习过程中,教师由传统知识的传授者转变成学生成长道路上的引导者,师生之间由"主—客"的二元对立关系升华成了"你—我"的主体间关系。教师获得的内在满足感有效提高了教师的自我效能感,激发了教师的教学热情,促使教师在教学中更富有创造力。

1. 助力学教方式变革

首先,变革体现在师生交往关系上。教师在以往教育教学过程中,往往先教知识,之后让学生学习。随着项目的推进,教师明显转变了教育教学行为方式,开始放手让学生自主学习,之后确定教学内容,真正地做到"以学定教"。同时,根据学生不同的特点与优势,带领学生从"要我学"转变到"我要学""我能学",提高其自主解决问题的能力。同时,当教师们日常遇到疑惑或者迷茫的时候,也开始主动与学生进行沟通,孩子们多样的、灵动的思维方式不断激发教师教育教学的灵感,从而实现师生共同成长。

其次,变革还体现在教师之间合作关系上。教师不再是孤军奋战,而是转变为团队合作。项目化学习从个别教师的行为,逐渐扩展到全体教师的共同行为。当遇到困难,大家齐头并进、迎难而上、共同努力;从单个学科拓展到跨学科融合,项目难度和意义不断加深,增加了学科之间教师的沟通与协作。在此过程中,教师的责任感不断增强,积极参与到整个项目的实施与推动中,打破了学科限制,促进了跨学科知识的深度融合,这不仅为学生的探索和成长提供了更广阔的弹性空间,也使教师之间的交流也更为密切,形成了显著的相互带动作用,关系更加和谐。

2. 提升教师个人素养

首先,体现在对专业知识的理解和掌握上。在项目化学习实施过程中,学生的自主探究意识增强,对教师提出了新的要求和挑战。教师需要不断汲取营养,通过阅读书籍、视频学习、聆听专家讲座、专题培训会来提升自己、丰盈自己,以满足学生日益更新的学习需求。

再次,体现在对教学行为的反思上。教师在生命叙事写作过程中,不断反思经验与体验,记录自己与学生的行为,在反思中加深对生命教育的理解以及对学生的认知。同时,教师建构起具有个人特色的生命教育知识框架,并以此为指导不断改善教育教学行为。除此之外,他们关注的重点不再限于学生的知识与成绩,而是更关注学生的思维、合作、创新、交往等综合素养的提升。无论是在教育教学中、班级管理中,还是师生交往中,教师逐渐建构起发展性的教育理解,其看待学生问题的眼光也更为长远、深刻、全面,以此实现师生生命的健康成长。

通过项目化学习的几年实践,本校教师专业素养趋于综合。跨学科项目化的研究实践助推了学教方式变革,可视化指标提升明显:近三年来,区以上相关课题立项42项,其中全国2项,省市级12项,各级相关成果、论文获奖81篇,发表65篇,学术交流152人次。相关成果获浙江省2017年教科研优秀成果一等奖,杭州市2016年、2018年教育科研优秀成果一等奖等奖项;在《物理教学》《中学物理》《民族教育》等各类期刊发表100多篇,下载量2000多次;《生态环境综合实践》《面向未来的教与学》等书籍出版,其中《综合实践活动》作为浙江省义务教育教材被两次印刷。学校新增省市区学科带头人30名,教改之星20名,教坛新秀22名,且有225人次在省、市、区教学技能评比中获奖。跨学科研修团队合力、博采众长,形成学习共同体,并且在全省校本研修会议上分享了经验。

三、学校视角

学校根据学科项目化学习实践教师的培训需求和特点,设计符合学科课程要求的教学理念、教学方法和教学技能的培训方案。从点状的典型课例探究到全员卷入的研训样态推进,以稳步实践提升教师综合能力。

(一)从"点状探索"到"全科行动"

聚焦专题研究,建立了项目化学习各级交流平台,促进学校教师之间的经验分享和资源共享,提高教师专业素养和教学质量。

1. 优化·深入:专题深入

学校引入保实新苗、中坚、领衔、名师四层级教师培养梯队,明确不同层级教师发展目标。我们鼓励教师开展跨学科课程建设,形成了由58名语文、数学、科学、信息、综合实践、美术等学科教师组成的核心团队。此外,学校还成立了项目工作室,以专题形式开展跨学科课程的实践研究。

学校学科组借助"跨学科课堂观察量表",围绕观察重点记录跨学科课堂教学过程。通过基于课堂观察的实践研修,教师们体会到了跨学科任务设计的特点,包括素养导向、任务开放性、活动设计(递进性、层次性、持久性)以及工具支持等设计要点。通过观察、分析,教师们形成了对教学结构设计的共识。

2. 多元·进阶:样态推进

带动全体教师的全员卷入是跨学科学习研训的价值所在,在教师发展支持中心及课程中心的整体策划下,研修以项目赋能为核心,借助"理念迭代、科研提升、效能管理、专业修炼、多读勤思"五大模块,关注跨学科学习进阶,以"专题讲座、案例分析、观点报告、团队建设、技能学练、课例研讨、说课上课"七种形式展开,通过全员与分组研修结合,开展了基于个体改进、团队进阶的实践研究新形式,形成多元、多样、进阶的循环推进样态。

例如,小学部在跨学科课堂实施的过程中,采用了一课三构的形式循环推进。第一阶段首先聚焦学习主题,教研组采用"同课同构—同课异构—同课再构"的形式说跨学科教学设计,在一课三构的过程中形成共识;第二阶段进行分组研讨,模拟上课,进一步碰撞、重构和完善教学设计;第三阶段为现场磨课,通过实际课堂展示项目化设计意图展示,并在课堂实践中验证想法;第四阶段是论坛展示,通过案例梳理,迁移设计形成对项目化学习的本质理解。

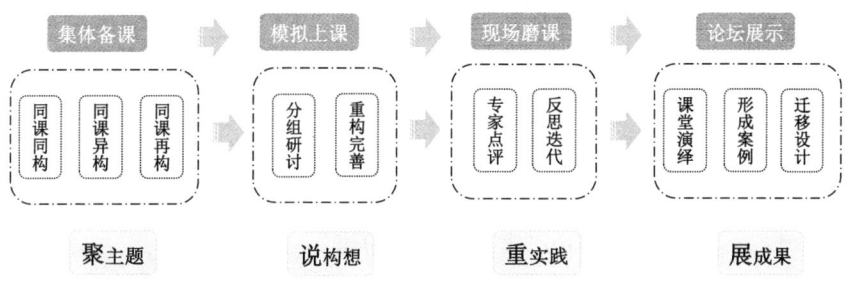

图 6-18 "一课三构"研究流程图

3. 聚焦·深刻：典型孵化

聚焦跨学科学习实施，学校以"保俶春韵"学术节为载体，连续五年聚焦跨学科学习，有主题地设计了系列学术研讨活动。2018年，聚焦"学教范式转型"；2019年，聚焦"跨学科学习主题"；2020年，聚焦"评价赋能"；2021年，聚焦"学教评一致性"；2022年，聚焦"跨学科学习关键问题解决"；2023年，聚焦"常态化实施"，以关键问题推动跨学科学习实施。

以2022年为例，学校以"跨学科学习关键问题"为主题展开连续性、系列化的研修设计，持续提升教师教学实施能力。

表6-12　2022年学校项目化学习主题研修设计

研修模块	研修内容	面向群体	实施途径	研修师资	研修形式	实际学时
理念迭代	跨学科项目化学习案例分享交流与点评	全员	线下	管**	专题讲座	5
	教育信息化背景下的作业改革思考	全员	线下	王**	专题讲座	5
	走进项目·深度学习·赋能未来	全员	线上	徐**	案例分析	5
科研提升	指向"关怀与创造"的跨学科项目化学习的实践研究讨论	全员	线上	周**	观点报告	5
	跨学科学习案例交流	全员	线下	李**	案例分析	5

续表

研修模块	研修内容	面向群体	实施途径	研修师资	研修形式	实际学时
效能管理	职业自觉：教师成长的内生动力之源	全员	线上	刘**	团队建设	5
	如何解决中小学生注意力问题	全员	线下	陈**	技能学练	5
专业修炼	跨学科项目化学习中思维支架的搭建与使用	分组全员	线下	张**	专题讲座	5
	校"希望杯"青年教师研讨课	分组全员	线下	邬**	说课上课	5
	校"鸿雁杯"四层级教师研讨活动	分组全员	线下	孟**	课例研讨	5
多读勤思	四层级教师跨学科项目化读书分享会	分组全员	线下	朱*	团队建设	5
	深化跨学科项目化实施的关键问题	分组全员	线下	何**	专题讲座	5

（二）从"升华理念"到"共筑生态"

在研究过程中，学校不断改进自身的管理模式和教学方法，推动办学品质和美誉度的稳步提升。

1. 管理机制不断优化

项目化学习作为学校课程改革的重点项目之一，在推进过程中，管理机制得到了持续优化，并对其他领域产生了辐射带动作用。如学校成立了七大跨学科项目制工作室，聘请教研员、高校专家作为工作室领头人，开展阶段性、主题性研究，推进课改项目的持续深化，并成功立项为省市重点课题，获得了"浙江省校本研修精品项目"等荣誉称号。

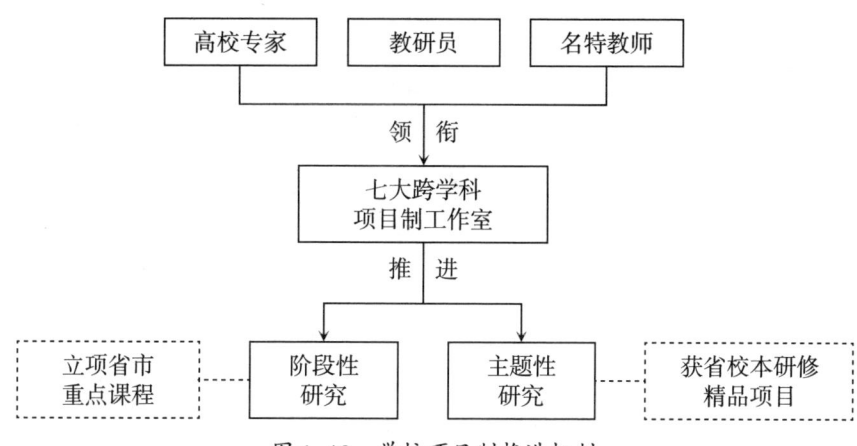

图 6-19 学校项目制推进机制

2. 生态课程逐渐丰富

指向"关怀与创造"的六大领域跨学科课程作为主要实施载体,丰富了学校生态课程内容,在"共同基础""差异发展""社会浸润"三个模块中,既有语文、数学、科学、信息技术、综合实践、艺术等基础性课程的渗透融入,也有对体艺特长类、实践活动类拓展性课程的充实。这些课程内容不断更新迭代,为跨学科课程的开展提供了资源支持和保障。

表 6-13 学校大综合课程

			大综合课程		
生态课程	初阶（三四年级）	三年级	◇绘制植物名片 ◇容器花园	四年级	◇点亮红色校史 ◇母亲节的礼物
	中阶（五六年级）	五年级	◇探索传统玩具 ◇亚运盒子	六年级	◇电子垃圾变形记 ◇沉默的舞台剧
	高阶（七八年级）	七年级	◇智能教室大改造	八年级	◇校园里的关怀

续表

"综合+"课程		
信息与智能	◆乐高WEDO ◆App Invetor2编程 ◆DI极客创意 ◆Papper教育机器人 ……	学生成果举例——智能垃圾桶 学生设计制作了"与手机App互联的垃圾桶"样品后,向同伴分享展示作品从分析到制作的过程。通过集体的论证,其他小组同学提出应该优化App,根据住户和环卫工人两类不同用户的需求,形成产品的迭代方案,在垃圾桶已经上锁的情况下,通知住户不要再进行投放;在垃圾桶装满的情况下,通知环卫所及时清理。在多次分享、论证的多轮评价中,形成了与手机App互联的垃圾桶"标准",展现了对住户和环卫工人的关心,在反复实践中,完成了从"样品"到"成品"的蜕变。
实验与实践	◆舌尖上的化学 ◆小神农智慧种植 ◆蓝色的地球 ……	^
航空航天 与航海	◆海洋探秘研究 ◆飞行体验师 ◆航空航天工作坊 ……	^
工程与建模	◆Mavel建模 ◆数学测绘坊 ◆模型工程师 ……	^
电子与遥感	◆无限测向 ◆物联乐园 ◆电子百拼 ……	^
工艺与人文	◆布艺工程师 ◆篆刻工作坊 ◆动物栖息地 ……	^

3. 跨学科课程获得广泛认同

学校实践循环推进模型不断清晰,学习实践以对人、自然、社会的关爱为导向,聚焦"学习分析"与"项目活动";教育主张、学教样式、学习资源、评价模型等理性总结既源于实践,又指导实践。通过不断推进实践,学校取得了丰硕成果,这些经验已在贵州凯里第九小学,第二十一小学,阿克苏第十五中学,舟山南海实验学校得到推广。此外,全国十余个地区教育局、教研室和学校纷纷前来学习借鉴,如上海闵行区、重庆、苏州、威海、青岛、石家庄、十堰、恩施、长沙、宁波、绍兴等地。学校还作为首批"千校结好"示范校,受邀在STEM创新教育国际论坛等会议上进行交流分享。2023年,学校校本研修项目"项目赋能:以'学科项目化学习'为载体的教师教学素养提升研修"被评为2022年浙江省中小学校本研修百项精品项目;在第八届全国跨学科教育与项目式学习国际学术研讨会暨2023年度国际STEM项目式优秀项目展评活动中,学校教师展出分享数十个案例,其中10人次获一等奖;教学成果"指向'关怀与创造'的跨学科项目化学习十年探索"获国家级教学成果二等奖;语文组著作《追求高品质的语文学科项目化学习》出版;课改案例"从'甜点'到'配餐':以项目化学习撬动学教方式变革的保实行动"入选浙江省基础教育课程教学改革深化行动方案典型案例。

第六章 项目化学习的推进策略

从『甜点』到『配餐』项目化学习的学校探索

后 记

2022年,《义务教育课程改革方案》颁布,要求义务教育课程应遵循"坚持全面发展,育人为本""面向全体学生,因材施教""聚焦核心素养,面向未来""加强课程综合,注重关联""变革育人方式,突出实践"五大基本原则,做到坚持素养导向、强化学科实践、推进综合学习、实施因材施教。①新课程实施要深化教学改革,突出学科思想方法和探究方式的学习,加强知行合一、学思结合,倡导"做中学""用中学""创中学"。在教学实施中,整合启发式、探究式、互动式、体验式和项目式等各种教与学方式的基本要求,设计并实施能够促进学生深度学习的思维型探究和实践,成为一线教师与学校的新机遇与新挑战。

在此新课改开启之际,学校基于已有教学成果《指向"关怀与创造"的跨学科项目化学习十年探索》,期望从拓展性课程到基础性课程、从核心骨干到全员推进、从跨学科到学科+,面向全体学生、全体教师推进项目化学习,让项目化学习成为学校深化教学改革的抓手。我们以"保实春韵""保实秋霞"学术节为契机,展示课变"组内推荐"为"全员抽签",备课组集体设计研磨项目化学习展示课,力求每一位老师、每一个班级都开展实施,致力于变"个人的课"为"大家的课",让每一位师生都亲历项目化学习,让项目化学习走进基础性课程教学。同时,我们约定每次学

---

① 教育部关于印发义务教育课程方案和课程标准(2022年版)的通知—中华人民共和国教育部政府门户网站(moe.gov.cn)

术节不能重复往届的故事,备课组必须研发新的学习项目,以期逐年积累,逐步落实10%课时的跨学科主题学习。在课程开设上,我们还组织学生为指导教师的项目,通过"学生申报→项目评议→宣讲招聘→双向选择→项目实施→展示反馈"的课程实施,探索培养学生组织领导、合作交流、问题解决等通用性素养,丰富学校的课程样态。学校推进项目化学习的做法深得来校参访同行和专家的肯定,案例《从"甜点"到"配餐":以项目化学习撬动学教方式变革的保实行动》入选浙江省《基础教育课程教学改革深化行动方案》典型案例。

为推广国家级教学成果,进一步探索研究项目化学习,引领更多教师以研究的视野开展项目化学习,我们以杭州市第四届教育科研重大课题、西湖区首届重大教育项目培育为契机,组织团队从教育主张、设计与实践、内容开发、评价设计、推进策略等方面开展深入研究与总结,本书记录了我们的行动与思考,以期实现更大范围的分享。在实践研究中,鲍哲洲、郭颖旦、倪幸佳、金敏星、刘慧芬、李一帆、刘丹、楼炬峰、潘鑫源、潘进、孙继婷、沈颖颖、魏炜峰、邬淑颖、王虹、夏承俊、叶佳炜、张红霞、章世杰、张贞莉、邹尧等老师积极参与其中。我们在无数次的智慧碰撞中凝练了对项目化学习的认识,明晰了进一步探索实践的方向。值此成书之际,对老师们的辛勤付出表示由衷的感谢!

在成书过程中,浙江大学刘正伟教授对本书框架结构给予了高位的指导,教育部基础教育指导委员会委员、跨学科专委会主任委员、中国教育学会学术委员、浙江省教育学会副会长任学宝先生为我们作序。在此,表示衷心的感谢和深深的敬意!

本书的顺利出版,还要感谢东北师范大学出版社编辑的指导和付出!

此刻,我们既欣喜又担忧!欣喜的是在专家指点与同伴协力下,我们从学校实践视角形成了对项目化学习的校本认识,完成了学校对项目化学习推进工作的阶段小结,并可能会给予同行以参考和帮助;担忧的是由于水平所限,未能很好地表达出学校老师们的智慧,对项目化学习的认识比较狭隘。因此,书中难免有不当之处,敬请您批评指正!

2024年2月7日

后记

图书在版编目（CIP）数据

从"甜点"到"配餐"：项目化学习的学校探索 / 周华松，沙立国，杨封友著. -- 长春：东北师范大学出版社，2024.9. -- ISBN 978-7-5771-1645-7

Ⅰ. G637

中国国家版本馆CIP数据核字第20240V02A5号

从"甜点"到"配餐"：项目化学习的学校探索
CONG TIANDIAN DAO PEICAN XIANGMUHUA XUEXI DE XUEXIAO TANSUO

□责任编辑：于天娇　　□封面设计：书道闻香
□责任印制：许　冰　　□责任校对：书道闻香

东北师范大学出版社出版发行
长春净月经济开发区金宝街118号（邮政编码：130117）
电话：0431—85690289
传真：0431—85691969
网址：http://www.nenup.com
杭州书道闻香图书有限公司制版
杭州万星印务有限公司印装
杭州市余杭区星桥街道星二路72-1号（邮政编码：311199）
2024年9月第1版　2024年10月第1次印刷
幅面尺寸：170mm×240mm　印张：25　字数：346千

定价：68.00元